山田鋭夫

Yamada Toshio

well-being

ウェルビーイングの経済

藤原書店

ウェルビーイングの経済

目次

序説　「ゆたかな生《ウェルビーイング》」をめざして　9

1　「新しい資本主義」を超えて　9
2　めざすべき経済社会とは何か　11
3　資本主義はどういう仕組みで変化するのか　14
4　「市民社会」という語　17
5　「ウェルビーイング」という語　20

前編　市民社会とウェルビーイング

第1章　人間-自然の物質代謝と市民社会——内田義彦の視座　25

1　はじめに　25
2　マルクスの物質代謝論　27
3　内田義彦の物質代謝視座　40
4　物質代謝の再建と市民社会　54
5　おわりに　65

第2章 見えざる手からあやつる手へ――内田義彦とS・ボウルズ 71
1 はじめに――ホモ・エコノミクスと利己心 71
2 スミスにおける利己心と共感 74
3 利己心の等置と正義 79
4 市場と道徳 83
5 インセンティブとモラルの分離不可能性 87
6 不完備契約の市民化効果 91
7 おわりに 95

第3章 「新しい資本主義」を新しくする――岸田ビジョンを超えて 99
1 岸田政権の「新しい資本主義」ビジョン 100
2 「新しい資本主義」は新しいか 104
3 「新しい資本主義」ビジョンの問題点 110
4 ポストコロナ経済社会の方向性 115

第4章　ウェルビーイング主導の人間形成型社会——R・ボワイエのパンデミック論から——　120

1　パンデミックと資本主義の趨勢　120
2　人間形成型発展とは何か　125
3　人間形成型モデルへの予兆　129
4　人間形成型発展とウェルビーイング　139
5　おわりに——ゆたかさ概念の転換へ　147

後編　資本主義のレギュラシオン理論

第5章　レギュラシオン理論とは何か　153

1　はじめに　153
2　可変性の政治経済学　155
3　歴史的制度的マクロ経済学　158
4　金融主導型の発展様式　161
5　資本主義の多様性　165

6 制度の政治経済学 170
7 制度階層性の逆転と新自由主義連合 174
8 おわりに――ポストコロナの経済社会 176

第6章 資本主義をどう調整するか 178
1 市場経済か資本主義か 178
2 資本主義の社会的調整 184
3 労働力商品の売買と日本の市民社会論 189
4 資本原理と社会原理 195

第7章 社会主義から国家資本主義へ 207
1 はじめに――移行経済論の今昔 207
2 イアン・ブレマー『自由市場の終焉』 210
3 ブレマー国家資本主義論の反響 214
4 国家と資本主義の関係 217
5 国家資本主義概念の諸相 220
6 調整様式としての国家資本主義 226
7 おわりに――市場・国家・市民社会 231

第8章　制度の内部代謝とレジーム危機　237

1　はじめに　237
2　出発点としての経路依存論　239
3　制度変化の諸類型　243
4　制度変化の概念的理解　249
5　新自由主義における経済と政治　255
6　おわりに　260

あとがき　267
参考文献　284

ウェルビーイングの経済

凡　例

一　引用文中の〔　〕は引用者による補足ないし注である
二　引用文中の傍点（、、）は特に断わりのないかぎり、引用者のもの
三　引用文中の……は途中省略を示す
四　引用文中の／は原文の改行を示す
五　引用文が訳文の場合、訳文は必ずしも既存訳書のそれに従わない場合がある

序説　「ゆたかな生《ウェルビーイング》」をめざして

1　「新しい資本主義」を超えて

二〇二一年一〇月、「**新しい資本主義**」の実現を掲げて岸田文雄政権が発足した。「新しい資本主義」とは何であり、具体的にどう実現するのかについては、いわゆる有識者会議や政府部内での検討の結果、二〇二二年六月にはその骨子が閣議決定されることになっている。最新の報道では当初構想からは大幅に後退しているようだ。それゆえ、その変節を含めて岸田政策をフォロウする必要があるが、とりあえず出発点での構想を確認すると、それは、『**成長と分配の好循環**』**による新たな日本型資本主義〜新自由主義からの転換**」として示されていた。

これをいま一歩踏み込んでいえば、賃上げ（分配）を促進し、それが広範な消費へとつながって分厚い中間層を復活させる。そのために賃上げ企業への優遇税制や金融所得への課税強化など、いくつかの分配戦略を実施する。他方、分配の原資として生産性の向上やＧＤＰの拡大（成長）は不可欠であり、そのためにはイノベーション投資、デジタル投資、クリーンエネルギー投資などの成長戦略を講じて、科学技術立国・日本を目指す。わけても「人への投資」は成長と分配の両面からみてカギをなすものとして重視される。こうして、格差と分断の拡大を招き、気候変動問題などの環境破壊を放置した新自由主義から転換し、「人間中心の資本主義」へのバージョンアップを目指すのだという。付言すれば、政府関係資料では、「成長と分配の好循環」に加えて「**コロナ後の新しい社会の開拓**」も、「新しい資本主義」のコンセプトとして追加されていた。

並べられた言葉としては理解できないわけでもない。実質賃金が低下しつづけている今日の日本を念頭におくとき、また地球温暖化の危機が迫っている二一世紀世界を前にするとき、そして新自由主義のもとでの市場万能論的思考が人びとの倫理観を荒廃させ分断と敵対を招いている現実を直視するとき、賃上げであれ、環境の保全と回復であれ、そして新自由主義との決別であれ、誰もが実現を望んでいることであろう。

この構想はその後かなり後退してしまったが、それにしてもこれは本当に実現しうることなのか。というよりも、仮に実現できるとしても、本当にそのまま実現してよいことなのであろうか。あるいはむしろ、そこで終わってよいことなのか。つまり第一に、政治的発言だからという点を割り引いたとしても、**めざすべき経済社会**について、いっそうの深掘りと長期的視野が欠けていないだろうか。

例えば「人間中心」を謳っているが、真に人間中心的でウェルビーイング主導的であるためには、たんに「人的投資の重視」の語ではすまされない課題があるはずである。第二に、岸田ビジョンは新自由主義から転換して「資本主義のバージョンアップ」を図るというが、それはひとり政府政策レベルで実現しうるものではなかろう。もちろん政策は重要な要因であるが、資本主義なり経済社会なりをバージョンアップさせるためには、あるいはそれらが歴史的に変化するためには、どういう諸要因がどう絡み合って「変化」へと至るのか。その分析と見通しが不可欠である。つまり**経済社会の可変性とその仕組み**の理解なしには、まっとうな変革は望み薄であろう。

この本は、「新しい資本主義」や「コロナ後の経済社会」を念頭においてこれまでの私の仕事を整理し、かつ新しく考えたことを前後二編に分けて展開しようとするものである。言ってみれば「新しい資本主義」をさらに「新しくする」ことを意図している。いや、それ以上に、「新しい資本主義」を超えて、その先にわれわれが見据えるべき羅針盤としての「ゆたかな生」（ウェルビーイング）を模索しようという試みである。以下、2と3で本書の構成について、また4と5で本書のキーワードについて、簡単な説明をしておきたい。

2　めざすべき経済社会とは何か

前編「市民社会とウェルビーイング」は、**めざすべき経済社会とは何か**を問いつつ、ウェルビーイングの経済について考える。右にいう第一の問題である。岸田ビジョンも重視している環境問題、新自由主義のもとでの倫理なき強欲や格差拡大の問題、そしてコロナ後の新しい社会を主なテーマとして取り上げる。

環境問題は遅くとも、すでに一九世紀から論ぜられているところであるが、そのときの基軸的概念は「人間‐自然の物質代謝」であった。そして戦後日本においてこれを自らの社会認識の基礎視座にすえて独自な社会科学を展開したのが、内田義彦という思想家であった。内田は同時に「市民社会」の思想家としても知られているが、物質代謝論を軸にすえたことによって、戦後日本の市民社会論にも新鮮な息吹をふきこみ、いわば市民社会論を「新しく」再生させた。物質代謝を人間的発展にふさわしい形で管理調整するシステムとしての市民社会という視座がそれであり、そこにめざすべき経済社会への示唆を読み取ることができよう（第1章）。

さて、新自由主義のもと、株主主権や金融主権が確立し、こうして倫理なき強欲資本主義が世界を席巻し、貧富の格差は拡大する一方となった。そこからこの数十年、経済と倫理の問題が広く問われるに至った。本書でもその解を求めて、一方でアダム・スミス（および内田義彦）に立ち戻って「利己心と共感」のかかわりを、また現代経済学の成果（S・ボウルズ）に即して「インセンティブとモラル」のかかわりを問うてみた。岸田ビジョンが「三方よし」（近江商人）の精神を評価していることの現代版だともいえる（第2章）。

最初に述べたように、「新しい資本主義」を掲げて岸田政権が発足した。「成長と分配の好循環」なるものは本当に達成しうるのだろうか。また、そのままの形で実現してよいものなのか。これまでに出されている資料のかぎりにおいてではあるが、一度、これを真正面から検討してみる必要がある。その先におそらく、そこに足らざる視点があぶり出され、ポストコロナ時代に真に必要な「ウェルビーイング」視点の重要さが浮彫りになってこよう（第3章）。

そして前編最後の章は、ポストコロナにおいてめざすべき経済社会について、真正面から問うてみた試論である。岸田ビジョンは、「成長と分配の好循環」を実現することがとりもなおさず「コロナ後の新しい社会」だとの印象を与える。それでよいのか。それが健康・経済・自由の危機をあれほど経験したのちの経済社会のあり方として、われわれがめざすべきものなのか。また「人間中心の資本主義」をめざすとされていたが、内容的には所詮「人的投資」の拡充であり、そこでは「人間」は「成長」のための手段になっていないか。「成長のための人間」なのか「人間のための成長」（正しく言い直せば「人間のための経済」）なのか。こう問い詰めていくとき、ポストコロナの社会は「人間形成」「人間開発＝人間の発展」を第一目標に掲げる社会であるべきであろう。健康・教育・文化が基軸をなし、物財的成長よりもウェルビーイング（ゆたかな生）に軸足を置いた社会である。それは第1章でみた内田義彦的意味での「市民社会」とはるか呼応しあうと同時に、岸田ビジョンに決定的に欠落している視点である。ただしこれは、政権のいかんにかかわらず、人類にとって長期的な羅針盤となるべきものであろう（第4章）。

3　資本主義はどういう仕組みで変化するのか

後編「資本主義のレギュラシオン理論」は第二の問題、つまり、資本主義のバージョンアップ（つまり変革）を図るというのであれば、やみくもに政府レベルの政策を乱発しても効果はなく、「資本主義の変化」とはどういうことであり、**どういう仕組みのもとで進行するのか**についての省察が必要だという問題にかかわる。

資本主義の変化ないし可変性という問題については、残念ながら伝統的経済学にその解答を求めることはできない。経済学の主流にあっては、少なくともそれが理論体系として整備されたところでみるかぎり、きわめて静態的かつ無時間的な経済学へと堕している。資本主義は時間や空間から切り離された抽象物としてでなく、具体的な歴史や地理と不可分な形で存在している。経済社会やそれを構成する各種制度は時とともにダイナミックに変化し、所とともにまことに多様である。資本主義は安定し成長する時もあれば、不安定な危機を経験することもあり、そして危機のなかで大きな変容をとげる。こうした直感から出発して「可変性と制度の政治経済学」を志向したのが、フランス生まれの「レギュラシオン理論」である。それによれば、かの「成長と分配の好循環」も、資本主義の歴史上かつて経験済みのことであり、今回の岸田ビジョンが特別に「新しい」というわけではない。それを含めて「資本主義のバージョンアップ」とは何かを理解するため方法視点として、まずはこのレギュラシオン理論を一瞥する（第5章）。

「可変性」という視点を押し進めると、資本主義的変化の根底には「資本原理」と「社会原理」の対抗と補完という力学が作用していることが見えてくる。資本原理は利潤動機に動かされて技術や社会組織のイノベーションを起こしはするが、同時に人びとの生活を不安定化させる。他方の社会原理は安定や連帯をもたらすが、時として旧習墨守の弊に陥りやすい。資本主義はもちろん資本原理が優勢な社会であるが、しかし——新自由主義がそうしようとしたように——これを野放しにすると、恐慌の勃発や貧富格差の拡大を招いてしまう。その意味では社会原理の側から資本原理を適切に調整（レギュラシオン）することが、どうしても必要となる。経済政策もそうした視野に立って策定されるべきであろう（第6章）。

最後に、経済社会の変化ということを実例と理論の双方から考えてみたい。まず取り上げられるべきは、この数十年間で最大の変化ともいえる「社会主義から資本主義への移行」という実例である。一九九〇年前後、崩壊した旧社会主義諸国は市場中心的な資本主義（米英型）になるのか、それとも非市場的な諸制度の役割が大きい資本主義（独日型）になるのかが争われた。三〇年後の今日、われわれが中国・ロシアに見るものは、そのいずれでもない「国家資本主義」であり、それは国内的には民主主義の欠落、国際的には覇権主義の強要としてわれわれの眼前に立ち現れている。社会主義という表皮さえ剥がせば、そこからは自ずと市場経済と民主主義の泉が湧いてくるのだといった、当時の素朴な市場万能論者の主張がいかに大きな幻想と害悪をふり撒いたか。経済社会や制度の変化とは、各国の歴史的経路や国民諸層間の妥協のあり方に深く規定されてしかありえないということに、思いをいたすべきであろう（第7章）。

ということから、制度はどういう仕組みで変化するのかという理論問題へと考察を進めざるをえない。制度や経済社会は急進的に変化することもあるが、しかし最も根底にあるのは、制度はそれ自体の作用によって内生的かつ漸進的に不断に変化しつつあるという事実である。この内生的変化のうえに外的な大事件が重なると、後戻りできない制度変化が生ずるが、しかしそのとき政治的媒介が大きな役割を果たす。「新自由主義からの転換」とは大いなる制度変化であるが、そのためには、新自由主義を推進した「多国籍企業−国際金融」連合に代わる新しい政治社会連合の形成と、それを基盤とした政策遂行がなければ、実現は困難であろう（第8章）。

以上、2と3で述べたのが本書のストーリーである。本書は直接には政治的発言の書ではない。「新しい資本主義」ビジョンに触発されて、ポストコロナを見据えた今日において、あらためて「めざすべき経済社会とは何か」（前編）と、それを実現するために押さえておくべき問題としての「資本主義はどういう仕組みで変化するのか」（後編）についての私見を整理してみたものである。それが結果的に、「新しい資本主義」なるものをさらに超えていくことにつながれば、と願っている。「市民社会」と「ゆたかな生（ウェルビーイング）」はそれに向けてのキーワードをなす。

4 「市民社会」という語

すぐ前で「市民社会」はキーワードをなすと言った。事実、本書ではこの語はしばしば登場する。しかしこの用語は、今日の日本語の文脈において必ずしも座りのよい語でもないし、そもそも「市民」とは何なのかとの疑念も生じやすい。これを仮に英仏語で考えたとき、citizen/citoyen はどちらかというと政治的ニュアンスの強い響きをもつとも指摘されている。そこで以下、「市民社会」という用語の歴史を簡単に振り返りつつ、私がこの語に込めた真意を述べておこう。

最初に端的に言えば、ここにいう「市民社会」は civil society ないし bürgerliche Gesellschaft の訳語として戦中期日本に登場し、その後の日本の社会科学界で**独自日本的な含意**をもって展開されてきたものである。世界史(といっても西洋史)にさかのぼって civil society/bürgerliche Gesellschaft を訪ねるならば、この概念の内包はいくつかの変転をへた末、現代では結局、三つほどの内容に落ち着いている。

第一は「市民社会=国家共同体」という理解である。これは歴史的にもっとも古く、アリストテレスの **koinonia politikè**(政治《ポリス》共同体)に端を発し、それがラテン訳されて societas civilis となり、さらにそれが一六世紀末に英訳されて civil society が誕生した。このとき civil society は、ホッブズにおいて「政治体」body politic と換言されているように、何よりも国家を中心とした政治共同体を意味していた。

その市民社会概念は一九世紀のヘーゲルによって転換され、ここに「市民社会=経済社会」という第二の新しい概念が出現した。彼の『法の哲学』(一八二一年)は「人倫」の体系を「家族−市民社会−国家」として構成し、ここに「市民社会」は「国家」とはひとまず区別されることになった。市民社会はいわば「欲望(必要)の体系」であり、利己的諸個人による交換と分業の体系であり、つまりは「経済社会」として概念化された。当時のドイツにあってはcivil societyはbürgerliche Gesellschaftの語でもって受けとめられ始めていたが、ヘーゲルもマルクスもこれを引き継いでいる。

第三の概念は「市民社会=中間団体」と理解するものである。中間団体とは、政府や市場以外の、教会、労働組合、互助団体、NPO、NGO、文化サークルなど、市民の自発的参加による各種組織やネットワークを指し、またこれらが構成する公共圏をも視野に入れた語である。二〇世紀に限ってこの概念を見てみれば、戦間期グラムシの「陣地戦の場」としての理解や、二〇世紀末の東欧市民革命に触発されたフランクフルト学派のユルゲン・ハバーマスによるZivilgesellschat論や、「新しい市民社会論」と呼ばれる議論などがこれに属する。

さて、日本の社会科学界における「市民社会」であるが、最近では右にいう第三の概念も「新しい市民社会論」として浸透してきたとはいえ、日本で独自な概念として発展させられたのは**第二の概念**である。学的系譜としていえば、ヘーゲル=マルクス的な「経済」的市民社会(欲望と交換の近代的体系)と、アダム・スミス的な「商業社会」(社会的分業のもと全員が自らの商品を持ちより交換しあう社会)とが重ね合わされたところに、独自日本的な「市民社会」概念の原型が形づくられた。それは事実上「資本主義社会」と同じといってもよいが、あえて「市民社会」というときには、そこから階級的対立が捨象され、封建的束縛から解放された自由・平等な諸個人が構成する社会といった含意が強い。市民社会論の先駆者たる高島善哉の言葉を借りるなら、「政治的には自由と平等と博愛の精神、法的には正義と契約の観念、経済的には等価と自由競争の思想」が支配する経済社会、ということになる。階級対立が顕在化していない初期のイギリス資本主義を抽象化し、理想化し、さらには規範化した概念だともいえる。

こうした社会科学界の動向を反映してであろうか、かの『広辞苑』最新版も「市民社会」をこう説明している。「市民社会（civil society）＝特権や身分的支配・隷属関係を廃し、国家権力に規制されず自由・平等な個人による議論と合意によって生活が営まれる社会。基本的人権や良心の自由が保障される。啓蒙思想から生まれた概念」、と。その他の国語辞典でも、ほぼ同様な定義が下されている。つまり、**自由・平等な諸個人からなる社会**、あるいは**諸個人を自由・平等にしていく社会**、といった含意が核心をなす（なお、その自由・平等な諸個人は長年にわたる政治闘争によって勝ち取られてきたものであるが、この点を意識した語が citizen/citoyen である）。代表的国語辞典でのこうした規定は、日本における「市民社会」理解の通念を形成するとともに、またその通念を反映したものでもあろう。

そして本書でも、こういった「常識」的理解――少なくとも日本でのそれ――から「市民社会」認識を出発させる。また本書が取り上げる内田義彦という戦後の代表的な市民社会論者も、ほぼこういったところから出発している。ただし内田にあっては、**それに尽きない「市民社会」の概念**に到達していることが肝心な点であって、そこに注目していただきたい。詳しくは本論に譲るほかないが、内田義彦にあっては、物質代謝を人間的発展にふさわしい形で合理的に管理するためには「市民社会の発展」が要請されており、その「市民社会の発展」はたんに形式的な自由・平等といったことに終わるのでなく、各人が「生きているということの絶対的意味」を踏まえ、そのうえで生活上・職業上の諸問題を解くために必要な「学問をする」という、そういうウェルビーイング的社会としての「市民社会」へと、この概念が練り上げられている点に注目していただきたい。

5 「ウェルビーイング」という語

本書は「**ウェルビーイング**」well-being という聞き慣れない語をタイトルに掲げた。実をいうと、この「ウェルビーイング」の語は近年の日本でも少しずつ広がりはじめ、この語を冠した書物も出はじめている。ビジネスの現場でも、社員の健康や仕事満足感などがよい状態にあることを指し、そのウェルビーイングを高めてゆこうとする動きが報じられている。さらに「今年をウェルビーイング元年に」(『日本経済新聞』二〇二二年一月五日)や「ウェルビーイング まちづくりの指標に」(『読売新聞』二〇二二年三月二二日)といった記事にもお目にかかる昨今である。

邦訳語も多様で「幸せ」「幸福(度)」といったものもあれば、「よき生」「善き生」と訳されることもしばしばである。しかし本書では「ウェルビーイング」としてそのままカタカナ化して示すか、あるいは訳す場合には主として「**ゆたかな生**」としたいと考えている。「幸福」の語は happiness を想起させるうえに、主観的感情（それもウェルビーイングの重要な一面ではあるが）に偏ったところで受け取られかねないので、well-being の訳語としては避けておきたい。とはいっても、いずれの訳語も、概念としての役割を果たしてもらおうとするとき、いささか軽い印象を与えたり、一面的の印象を与えたりするのも否めない。

本当は well-being（フランス語では bien-être）に「厚生」の訳語を当てるのが適切ではないかとの思いがある。「厚生」の「厚」には「ゆたかな」という含意もあり、したがって「厚生」は元来「生をゆたかにすること」「ゆたかな生」を意味するからである。しかし今日の日本では、「厚生」は「厚生労働省」「厚生経済学」といった用法からもわかるように、welfare の訳語として通用している。そして welfare というとき主にイメージされているのは「保健医療」「福祉」であろうが、well-being はこれよりも広く、右のほかにも「教育」「文化」「環境」「生活の質」などをも包含している。

という次第で welfare との区別をも念頭において、本書では well-being をそのまま「ウェルビーイング」と表記したり、あえて訳語を当てる場合には、時に「厚生」「よき生」を用いることもありうるが、基本的には「ゆたかな生」と記すことにする。

前編　市民社会とウェルビーイング

この編では、コロナ後にめざすべき経済社会とは何かを問う。そのとき焦点を当てるのは、「新しい資本主義」ビジョンでも言及されている環境問題、新自由主義のもとでまかり通った倫理なき強欲資本主義の批判、そして「人」重視の社会とはどうあるべきかである。最終的に、新たに解釈された「市民社会」と、新たに提起された「人間形成＝ウェルビーイング」をキーワードとして、ポストコロナ社会への展望を試みる。

第1章　人間‐自然の物質代謝と市民社会——内田義彦の視座

地球温暖化をはじめ環境問題が喫緊の課題となっている。「環境」はそれ自体、ウェルビーイングの重要な柱をなす。クリーンエネルギー投資も重要だが、同時に、人間‐自然の物質代謝を人間のウェルビーイングに資するように、いかに市民社会的に調整するか。その意欲と知恵が問われている。内田義彦を通して考えてみよう。

1　はじめに

内田義彦（一九一三—八九年）はふつう「市民社会」の思想家として受けとめられており、事実そのとおりなのであるが、内田の著作を読むとき「人間と自然の物質代謝」の語にしばしば遭遇する。他の思想家や社会科学者の書いたものとくらべても、内田の場合、この物質代謝論への言及はきわだって多いといってよい。物質代謝と市民社会、――この両者は一見関係のないもののように思われるかもしれないが、しかし内田の著作を丹念に読むとき、物質代謝論は内田市民社会論にとって根底的な視座を提供していることが判明するであろう。それどころか内田は、ある個所で「人間と自然との物質代謝過程」は「学問上の戦略的地点」だとさえ言っている。

後に述べるように、内田は「物質代謝」概念を主としてマルクス経由で学んでいる。おそらく彼は、近代日本の社会科学者のなかで最も早い時期から人間‐自然関係に、そしてそれを表現する画期的概念としての「物質代謝」に注目した人物であろう。しかし内田の論述は、マルクスは物質代謝についてどこでどう言っているといった類いのことを調べ上げるというスタイルをとらない。むしろマルクス的物質代謝論を自家薬籠中のものとしたうえで、自らの議論のなかで応用的に展開するかたちでこれを活用している。そのせいもあってか、マルクス派の側からする物質代謝論にあっては、内田物質代謝論へのまっとうな言及はほとんどない。逆に市民社会論研究の側でも、わずかな例外を除いて内田の物質代謝論に切り込む仕事はないにひとしい。こうした点を反省しつつ、内田義彦において物質代謝論と市民社会論はどのような関係にあったのかを問うてみるのが、本章である。

内田義彦は、日本が次第に軍国主義化し最終的に第二次世界大戦で敗北していく時期に、つまり一九三〇年代から一九四〇年代中葉にかけて、青年時代を過ごしている。当時内田は、戦争の暗い影が押し寄せるなか、大学は卒業したが定職もないままに「生きる」ことの証を求めて自らの学問的テーマを模索する日々が続いていた。そのなかで書き綴ったノートには、早くも人間と自然の関係、生産力、技術の問題などを重視する社会認識の形跡が認められるが、彼が「人間と自然の物質代謝」という用語と視角を決定的に学んだのは、前記のとおりマルクスからであった。そこでこの章では、このあとマルクスの物質代謝論を簡略的ながら確認することから始め（第2節）、それを踏まえて内田自身の物質代謝論へと進み（第3節）、そのうえでその物質代謝論と市民社会論の関係へと論じ及びたい（第4節）。

2　マルクスの物質代謝論

1　初中期マルクスにおける人間と自然

マルクスというとすぐに「階級闘争」とか「社会主義革命」とかのイメージと結びつけられやすいが、そしてある点ではそれにも根拠がないわけではないが、しかし、マルクスの書いたものを丁寧に読んでいくとき、「人間と自然の関係」の問題こそがマルクス思想の根底を貫いていることに気づかされる。この点は日本内外の研究でもすでにしばしば指摘されてきたところであるが[1]、とりわけ近年、環境問題の深刻化のなかであらためて積極的に掘り起こされている[2]。そのマルクスの自然思想ないし人間＝自然思想は、これまでの研究ですでに明らかにされているとおり、早くも青年マルクスのノート『経済学・哲学草稿』（一八四四年）で鮮烈に吐露されていた。

自然、すなわち、それ自体が人間の肉体でない限りでの自然は、人間の非有機的身体である。人間が自然によって生きるということは、すなわち、自然は、人間が死なないためには、それとの不断のかかわり合いのなかにとどまらねばならないところの、人間の身体であるということなのである。人間の肉体的および精神的生活が自然と連関しているということは、自然が自然自身と連関していること以外のなにごとをも意味しはしない。というのは、人間は自然の一部だからである。
(Marx 1844: 訳94-95)[3]

いわゆる自然を「人間の非有機的身体」と規定し、また人間はそれ自身「自然の一部」なのだという。人間はこの自然＝非有機的身体との不断のかかわり合いのなかでしか生きることはできない。ここでのマルクスの論旨は、人間と自然はこのように本質的に統一されてあるべきなのに、「疎外された労働」によって人間は自然から分離され疎外されしてしまっていることとの批判にある。

加えて、その人間はたんに孤立した存在ではなく「社会的人間」としてある。したがって人間と自然の統一とは、社会的人間（ないし人間社会）と自然との統一としてはじめて存在する。人間は自然によって生産されるだけでなく、社会のなかで生産され、また逆に社会は人間によって生産される。人間と自然の関係とは、マルクスにあっては社会的人間と自然の関係であり、端的に人間社会と自然の関係として捉えられていた。

> 社会そのものが人間を人間として生産するのと同じように、社会は人間によって生産されている。活動と享受とは、その内容からみても現存の仕方からみても社会的であり、社会的活動および社会的享受である。自然の人間的本質は、社会的人間にとってはじめて現存する。なぜなら、ここにはじめて自然は、人間にとって、人間との紐帯として、他の人間にたいする彼の現存として、また彼にたいする他の人間の現存として、同様に人間的現実の生活基盤として、現存するからであり、ここにはじめて自然は人間自身の人間的あり方の基礎として現存するからである。ここにはじめて人間の自然的なあり方が、彼の人間的なあり方となっており、自然が彼にとって人間となっているのである。それゆえ、社会は、人間と自然との完成された本質統一であり、自然の真の復活であり、人間の貫徹された自然主義であり、また自然の貫徹された人間主義である。
>
> (ibid. 訳 133)

この『経済学・哲学草稿』はたしかに「自然主義的な色調が濃い」（野沢 1995: (1) 81）。というか、「人間主義＝自然主義」という表現を通して、あるべき姿としての「人間と自然の本源的統一」と、それにもかかわらず現実には両者が「分離」していることへの批判意識が根底を貫いている。しかもその際、「社会」の存在というか、「社会的人間」にとっての人間‐自然関係こそが問われていることにも注意をしておきたい。しかも、この人間‐自然関係と人間の社会的関係を相互媒介的に把握するという点こそマルクスの根底的視座であったことは、つとに森田桐郎によって指摘されていたところである。彼はいう。

〈自然〉を人間的活動に媒介されたものとしてつかみ、また逆に人間相互間の社会的諸関係をば人間‐自然関係によって媒介されたものとしてつかむというところにマルクスの思想の核心があった。人間の対自然関係（zur Natur）と相互間の関係（zueinander = to one another）との二重座標において、その相互媒介において現実――人間的・歴史的現実を把握すること、これが彼のもっとも根底的な視座である。（森田 1974: 22）(4)

ただし、この初期マルクスにおいては、人間と自然の関係をいまだ「物質代謝」Stoffwechsel/metabolism という用語と概念で把握するには至っていない。本来統一されてあるべき（社会的）人間と自然が、私的所有や資本主義のもとでは人間からの自然の疎外へと転化してしまっていることへの批判が中心論点をなしている。

「物質代謝」（質料変換、素材転換）という用語は元来、動植物の生命活動のあり方を指すものとして一九世紀初頭以来使われていた。生物の各種レベル（細胞や器官、生物個体、生態系など）における外界との物質のやりとり（同化と異化）に焦点を当てた生命活動を指す用語であった。これを決定的に概念化したのは一八四〇年代における農芸化学者リービッヒである。マルクスはすでに一八五〇年代初めにはこの語に接しており（森田 1974: 27; 斎藤 2019: 80-83）、以後、人間社会と自然とのかかわりを示すものとして、この語をしばしば登場させている。例えば『資本論』の最初の草稿といわれる『経済学批判要綱』（一八五七―五八年）には、次のような一文が登場する。

生きて活動する人間と、彼らが自然とのあいだに物質代謝をするさいの自然的・非有機的諸条件とのあいだの統一、したがってまた人間による自然の領有、――こうしたことは説明を要することでもないし、また歴史的過程の結果でもないのであって、むしろ人間的定在のこれらの非有機的条件とこの活動する定在とのあいだの分離、賃労働と資本との関係で完全なものにはじめて措定されるような分離こそが、説明を要し、また歴史的過程の結果なのである。

（Marx 1857-58: 訳 III 423）

人間と自然との本源的統一とその現実的分離という、初期以来の思想が貫かれたうえで、ここ中期マルクスにあっては、それは大きく人間と自然とのあいだの物質代謝において生じていることだとして、物質代謝のあり方の問題、物質代謝の歴史的変化の問題へとマルクスの視野が広がってくる。(5) 自然科学由来の「物質代謝」の概念は、ここに、経済活動を含む広い意味での人間の生命活動を、人間が自然とのあいだで行う物質（素材）のやりとり（同化と異化、生産と消費など）と循環において捉えるための概念として鋳なおされて、以後、マルクス思想のなかで重要な役割をはたすことになる。(6)

2　物質代謝の媒介者としての労働

自然との物質代謝を通して生命 Leben を維持していくということは、人間にも人間以外の生物にも共通した事実であるが、ほかならぬ人間に特殊な物質代謝過程を特徴づけるのは、人間のみが「労働」を通して物質代謝を行っているという点にある。そして人間の労働は、何をどう作るかという意識的な「目的設定」をし、設定された目的に向かって、たんに自らの身体的器官のみならず身体の外部の「労働手段」(道具など) をも利用して労働対象に働きかけ、それによって労働=生産の成果をまずは身体外の「生産物」のかたちで獲得し、社会的媒介 (社会的分業) をひとまず捨象して言えば、最後にその生産物を「消費」する。物質代謝が人間の目的設定のもとに行われるということは、他の生物とちがって人間と自然の関係が非一義的かつ多面的であることを意味する (森田 1974: 30)。

特殊人間的な物質代謝過程の特徴は、こうした目的設定、多義的関係、労働手段の利用、生産と消費の分離という点にあり、[7] あるいはそれらを包蔵するものとしての「労働」によって媒介されている点にある。いかなる歴史的社会形態にあろうとも、人間はこういう意味での労働ぬきには生を維持しえないのであり、その意味で労働は歴史貫通的な必然事であり、人間生活の永久的な自然条件である。『資本論』第一巻 (一八六七年) のマルクスは、いわゆる労働過程論 (第五章第一節) においてはもちろん、開巻冒頭の商品論 (第一章第二節) からしてすでに、この点を繰り返し強調している。

労働は、使用価値の形成者としては、有用労働としては、人間のすべての社会形態から独立した存在条件であり、人間と自然とのあいだの物質代謝を、したがって人間の生活 Leben を媒介するための、永遠の自然必然性である。(Marx 1867: 訳 I a 58)

労働は、まず第一に人間と自然とのあいだの一過程であり、この過程で人間は自分〔人間〕と自然との物質代謝を自分自身の行為によって媒介し、調整し、管理するのである。(ibid. 訳 I a 234)

これまでにわれわれがその単純な抽象的な諸契機について述べてきたような労働過程は、使用価値をつくるための合目的的活動であり、人間の欲望を満足させるための自然的なものの取得であり、人間と自然とのあいだの物質代謝の一般的な条件であり、人間生活 menschliches Leben の永久的な自然条件であり、したがって、この生活のどの形態にもかかわりなく、むしろ人間生活のあらゆる社会形態に等しく共通なものである。(ibid. 訳 I a 241)

人間と自然のあいだの物質代謝の特徴は、それが労働によって「媒介」vermitteln されていることにある。労働による媒介とは同時に、人間による物質代謝過程の「調整」regeln や「管理」kontrollieren を意味する。労働を通しての物質代謝過程は自然に対する人間の主体性を含意しているが、もちろん人間は自然法則を無視して「調整」や「管理」ができるわけではない。主体性は恣意性ではない。「労働は自然に制約されている」のである (Marx 1875: 訳 26)。すぐ後にみるように、資本主義のもとでは価値増殖のため、自然法則を無視した近視眼的な農工業が営まれることがあるが、それは物質代謝を攪乱し、自然のみならず人間をも破壊する。現代的にこれを拡張すれば、たんに農工業といった生産部面のみならず、非再生可能エネルギーや人工化学物質などの消費も物質代謝の攪乱を引き起こしている。

3　物質代謝の攪乱と再建

以上、労働過程論を中心にして、歴史貫通的なものとしての人間‐自然の物質代謝を確認してきた。内田義彦も言うとおり、「労働過程論だけからは資本主義に独自なものは何もわからないが、労働過程論を抜きにしては、資本主義という独自な私有財産制度のもとで、人間と自然とのかかわりあいという根底的に重要な事がらがどう行なわれているかという、マルクスの問題関心は消えてしまう」（内田 1966: 83-84 ④ 289）[8]。マルクスの問題関心は、資本主義のもとでは人間と自然のあいだの物質代謝がどのように独自なかたちで編成され、歴史的にどのような特殊な形態規定を付与されるかを解明する点にある。一般に資本主義とは、使用価値生産（労働過程）を土台にして剰余価値（価値増殖過程）を追求するシステムである。そのことが物質代謝過程をどう変容させ、どういう矛盾を引き起こすか。この問いこそが『資本論』全巻を貫く赤い糸であり、『資本論』はそうしたものとして体系的に読まれるべきである（斎藤 2019: 第3章）。使用価値と価値、素材と形態、労働過程と価値増殖過程、生産力と生産関係という『資本論』中の用語と論理からして、すでにそれを証立てている。

『資本論』全体がそういう問題関心によって貫かれた書物だということを確認したうえで、しかしここでは、そうした問題関心が集中的に表現されている箇所を中心に、資本主義における物質代謝の特質（先走っていえばその「攪乱」「亀裂」およびその「再建」への強制）を簡潔に回顧しておきたい。第一巻第一三章の「機械と大工業」と第三巻末尾の「資本主義的地代の生成」「三位一体的定式」の諸章である。事実、これらの箇所は、マルクス物質代謝論にかかわってこれまで多くの論者によって議論されてきたところだ。

一九世紀イギリスの資本主義が剰余価値のいっそうの追求を求めて機械制大工業という生産力的姿態を確立していくとき、労働者は非衛生的な労働環境のもとで長時間労働、労働強化、低賃金、失業、肉体的疲弊などを押しつけられる。当然ながらこれに反抗する運動も活発化し、対抗するこの二つの力の行きつくところ、それは議会における「工場立法」をめぐる闘いとなる。『資本論』の剰余価値論はその具体的経過を詳細に追いながら、資本はそれ自らとしては、決して労働日の短縮や労働者の健康を守ろうとはしないので、社会や議会による圧力が不可欠だとの認識を示す。「資本は、労働者の健康や寿命には、社会によって顧慮を強制されないかぎり、顧慮を払わない」（Marx 1867: 訳 I a 353）。

このように機械制大工業は都市労働者の肉体的健康を破壊するだけでなく、農業部面にも押し入って、農業経営を工業技術の応用へと駆り立てる。そして人間と自然の物質代謝にかかわっては、いわゆる地産地消による土地の豊饒性の維持に代わって、工業化した農業による大量生産が支配的となる。それは、農産物の長距離輸送・販売や都市消費者による廃棄物（排泄物を含む）の都市地域内処分（河川・海洋放出を含む）をもたらすことによって、土壌成分の農地への回帰を妨げる。これこそリービッヒが資本主義的農業による土地略奪として批判した点であるが、マルクスもこれに同意する（Foster 2000: 訳 249; 斎藤 2019: 160, 192)。

> 資本主義的生産は、それによって大中心地に集積される都市人口がますます優勢になるにつれて、一方では社会の歴史的動力を集積するが、他方では人間と土地とのあいだの物質代謝を攪乱する。すなわち、人間が食料や衣料の形で消費する土壌成分が土地に帰ることを、つまり土地の豊饒性の持続の永久的自然条件を、攪乱する。したがってまた同時に、それは都市労働者の肉体的健康をも農村労働者の精神生活をも破壊する。……資本主義的農業のどんな進歩も、ただ土地から略奪するための技術の進歩であるだけでなく、一定期間の土地の豊度を高めるためのどんな進歩も、同時にこの豊度の不断の源泉を破壊することの進歩である。（Marx 1867: 訳 I a 656-657)

これに追い打ちをかけるように、『資本論』第三巻のマルクスは糾弾する。

> 大土地所有によって生み出される諸条件は、生命の自然法則によって命ぜられた社会的物質代謝の関連のうちに修復不可能な亀裂を生じさせるのであって、そのために地力は乱費され、またこの乱費は商業をつうじて自国の境界を越えてはるか遠く運びだされるのである（リービッヒ）。

(Marx 1894: 訳 III b 1041)

> 大工業と、工業的に経営される大農業とは、いっしょに作用する。元来、この二つのものを分け隔てているものは、前者〔大工業〕はより多く労働力を、したがってまた人間の自然力を荒廃させ破滅させるが、後者〔大農業〕はより多く直接に土地の自然力を荒廃させ破滅させるということだとすれば、その後の進展の途上では両者は互いに手を握り合うのである。なぜならば、農村でも工業的体制〔農業の工業化〕が労働者を無力にすると同時に、工業や商業はまた農業に土地を疲弊させる手段を提供するからである。
>
> (ibid. 訳 III b 1042)

マルクスはここで農業の問題に焦点を当てているので土地の問題を中心に置いているが、これはもちろん、人間と自然との物質代謝として理解してよいであろう。というよりも、今日的状況のもとでは、人間がそれとのあいだで物質代謝をしつつ生きていくための自然は、たんに土地（それも農地）だけでなく、大気、気候、海洋、河川、森林、生物多様性、等々、あらゆる面にわたって「攪乱」され「亀裂」しているのだから、『資本論』という古典はそういった現状を踏まえて読み直されねばならない(9)。

ところで、こうした物質代謝の「攪乱」を指摘したマルクスは、つづけて物質代謝の「再建」を語る。人類の存続のため、いや資本主義的生産それ自体の存続のためにさえも、この再建は資本主義それ自体によって「強制」されるようになる。とはいっても、その再建は自動的にはなされない。人類や生態系が死滅しないためには、自然法則の必然性をもって作用するはずの客観的条件が存在するのであるが、先にも見たとおり、「社会によって強制されないかぎり」資本はその自然法則を遵守しようとはしない（岩佐 2016: 19）。もちろん、そのためには、資本に対する社会の側からの闘争・介入・調整は不可欠であるが、それをも含んで物質代謝の再建は資本主義自体にとっても死活問題となる。

> しかし、同時に資本主義的生産は、かの物質代謝のたんに自然発生的に生じた状態を破壊することによって、社会的生産の調整的法則として、また十全なる人間的発展に適合する形態で、物質代謝を体系的に再建することを強制する。 (Marx 1867: 訳 I a 656)

物質代謝の再建は資本主義的生産それ自体によって強制される。と同時に、それが真に実現されるためには、「アソシエートした生産者たち」（あるいは「自由人の連合」）[10]による物質代謝の管理へと進んでいかなければならない（佐々木 2016b: 153-154）。『資本論』第三巻最終篇での、「必然の国」「自由の国」を論じた有名な一節にあらためて耳を傾けよう。

> 自由はこの領域（必然の国）のなかではただ次のことにありうるだけである。すなわち、社会化された人間、アソシエートした生産者たちが、盲目的な力によって支配されるように自分たち

と自然との物質代謝によって支配されることをやめて、この物質代謝を合理的に調整し自分たちの共同的管理のもとに置くということ、つまり、力の最小の消費によって、自分たちの人間性に最もふさわしく最も適合した条件のもとでこの物質代謝を行うということである。

（Marx 1894: 訳 III b 1051）

攪乱された物質代謝を再建するためには、「アソシエートした生産者たち」の力で、これを「合理的」rationell かつ「共同的」gemeinschaftlich に調整・管理しなければならない。「合理的」とはこの場合、いわゆる資本合理的とか経済効率的という意味ではない。効用最大化、利潤最大化に向けての「合理性」でもない。マルクス自身が書いているように「十全なる人間的発展に適合する形態で」、あるいは「自分たちの人間性に最もふさわしく最も適合した条件のもとで」という意味である。それが「必然の国」における「自由」なのだという。少なからぬ論者が指摘するように、たしかに物質代謝論は、マルクスが資本主義の批判的解剖をするにあたって根底をなす基礎視角をなしている。と同時に、「アソシエートした生産者たち」といい、「人間性に適合した条件」といい、マルクスの論述はそのままではまだ抽象的で理解しづらい。それを現代的に敷衍し独自に展開しなおしたのが、事実上、内田義彦の市民社会論であった。あらかじめ、そう予告しておいたうえで、以下、まずは内田の人間‐自然認識または物質代謝認識を振り返っておこう。

3　内田義彦の物質代謝視座

1　初期内田における生産力的視点

経済学を志すようになった若き内田義彦は、すでに直観的ないし本能的に人間‐自然関係に着目する姿勢を備えていたようだ。用語こそ「生産力」「使用価値」「技術論」「人間の対自然関係」「生産の一般的考察」、そして時に「対自然の代謝関係」とさまざまであるが、[11]それらに通底するのは、もちろん、いかにして人間‐自然関係という基底に降り立ったところから経済学を構築するかという問いである。

内田義彦が書いた文章のなかで最も初期に属するのは、戦時中の調査報告やノート類である。そのうち今日のわれわれが比較的容易に利用できるのは、『時代と学問——内田義彦著作集 補巻』（野沢／酒井 2002）に収められた「経済学研究覚え書」と「経済学講義ノート」（いずれも編者による付題）だ。[12]

その「経済学研究覚え書」は開始早々、次の文言をもって始まる。

> 第一に生産力的視点に立つこと。所与の生産関係におほわれつつ、その内容に如何に生産力（の諸要素）が萌芽的に展開せしめられて来るかを、又又その生産力（諸要素）を新に生産力として実現・展開せしむべき生産関係の実現者としての主体的要素が又いかに出現して来るか、之が中

心である。／但し、生産力諸要素と、生産関係のになひ手（主体的要素）の二者を切り離して考へてはならないのであって、正しくは……人間……もまた……勝れて生産力の一要素として、人間の対自然関係の一要素としてある、と云ふこと之である。（同6）

いわゆる生産力と生産関係の問題を念頭に置きつつ、所与の生産関係のなかでいかに新しい生産力が展開されてくるか、そしてその際、生産力の主体的要素としての人間（新しい人間類型）に焦点を当てた生産の理論を構築することが肝要なのだという。生産関係を問う場合にも生産力の視点を見失わないことが必要だと語って、内田は「生産力」の視点を強力に押しだす。その視点から、当時さかんであった技術論論争へと切り込み、さらにはスミス、ウェーバー、リストに論及することをもって、この覚え書は閉じられる。

他方、「講義ノート」の方は、経済学の出発点として人間と自然との物質代謝を論じようとするものである。「生産に於ける人間の対自然関係と、人間の対人間関係、技術学と経済学は如何なる関係に立つのであるか。我々は之に答へるためにまず生産の一般的な考察から始めなければならない」（同40）。「生産の一般的な考察」とは人間と自然の物質代謝のことを意味するが、このノートの叙述は残念ながら——人間に独自な物質代謝を浮き彫りにするための比較対象として置かれた——「生物の対自然の代謝関係」の分析のみで終わっている。[13] しかしここにすでに、内田的経済学の特徴的構想が垣間見える。「生産の一般的考察」（物質代謝論）は、「経済学以前であるが、然し、かゝる経済学以前的な考察なくしては経済学の展開は不可能である」、と（同41）。内田義彦は経済学の大前提として、また出発点として、早くもここに人間と自然の物質代謝という基軸的視角を確認しているのであり、内田の生産力的視点は物質代謝的視点へと深められていく。

のちの内田自身が回顧的に語る。「もともと〔私は〕技術的なものには関心が強かった方であるけれども、技術論と技術史によって強められた技術の具体的な姿への興味が、歴史の内容理解の面にもくいこんできていた。使用価値の生産という、経済理論の方では軽視されていた側面をとらえてこそ、ものが『もの』として見えることは、具体的な歴史叙述に関するかぎり、明白な事実であった」（内田 1981: 258 ⑧ 211-212）[14]。

こうした内田の生産力＝使用価値＝物質代謝の視点は、その後の内田作品のうちに一貫して流れていく。例えば「宇野氏「価値論」の使用価値」（一九四八年）と題する匿名書評（内田 1948）では[15]、自らの使用価値重視の視点に立って、これとは逆に「使用価値が交換価値に先立って採り上げられるのはおかしい」と主張する宇野弘蔵のロジックを手ひどく批判する。のみならず、使用価値＝生産力視点を欠く宇野理論は「流通主義」の弊に陥っている、ともいう[16]。

やがて主著『経済学の生誕』（内田 1953）になると、「物質代謝」の語はしばしば使われるようになるが、とりわけ重商主義の経済学に対するアダム・スミスの決定的意義を称揚するに際して、物質代謝視角の有無に特別の焦点が当てられる。

〔重商主義の経済学者にあっては〕価値が〔物質代謝からは〕自立した形態においてのみとらえられ、人間と自然との間の物質代謝過程を媒介するものとしてはとらえられなかった……。／そこにあらわれたのが法学者スミスである。かれは……法学の危機にさいして、法学に課せられた問題をとくために市民社会の経済学的分析をおこなう必要をみとめ、しかも、当時の支配的経済学の底に横たわっている基本観念（重商主義的思考方法）を根本的に批判して、経済学的分析のメスを人間と自然との代謝過程（＝再生産過程）のふかみにまで入れ、それが資本主義社会では価値の法則によって如何に媒介されるか、そして貨幣や資本やが如何にあらわれ、物質代謝過程にどういう作用をもつかを研究した。

（同 23 ①21）

同じような指摘はしばしばなされているので、あと一か所のみ引いておこう。

スミスはその研究をまず自然と人間との物質代謝（または素材転換 Stoffwechsel）の過程、すなわち、人間が自然に働きかけ、生産をし消費をし、それをくりかえすことによって生活をいとなんでゆくという、人間の生活にとってもっとも根源的であり、それゆえにまたあらゆる歴史に共通する、より一般的な過程にまでさかのぼり、その物質代謝の過程が文明社会＝資本主義社会では、如何にして行われているかを考察し〔た〕……。

（同 134-135 ①121 ほかに同 213 ①191も参照）

重商主義とちがってスミスは、人間と自然の物質代謝過程という歴史貫通的な営為の深みにまで視線を下ろしたうえで、その物質代謝が近代社会では価値法則によっていかに媒介されているかというかたちで問いを立てた。資本主義では物質代謝は商品交換に媒介されて進行する。これを喝破したことにスミス経済学の画期的意義がある。こういうかたちで、物質代謝と価値法則、あるいは技術論と経済学が結びつけられた。『生誕』において物質代謝が語られるのは、すぐれてこのようにスミス経済学の画期性を説く文脈においてなのである。逆にいえば、内田における「経済学の生誕」とは、経済学がいかに物質代謝視角を獲得し、そのうえに立って、近代社会ではその物質代謝がいかなる特定の媒介形態のもとに行われているかという問題設定をしたところから始まる。物質代謝視角の存否こそは経済学の生誕を占う試金石をなしていたのである。

だがしかし、われわれとしては注意しておきたいことであるが、スミスに「物質代謝」の用語や概念がそのものとして存在するわけではない[17]。おそらく内田は、スミスの「分業」「社会的分業」を独自に読み込んで、スミスにおける「物質代謝」の事実上の存在を語っているのであろう。例えばこんな一文がある。スミスは「交換によって媒介された分業労働という概念によって経済学の道徳的＝社会的条件の問題を整理しながら社会科学的考察を経済学にまで下降させ、かくして社会的な人間の生活（自然との物質代謝）過程の考察を価値の法則に結びつけることによって経済学の体系的創設者たる名誉をもった」（同51①46[18]）。ここでの「分業労働」は事実上「人間と自然の物質代謝」と読みかえてもよかろう[19]。

2　社会的物質代謝過程

一九六〇年代になると、社会的分業ということへの関心の深まりをともないつつも[20]、内田義彦の物質代謝視角はいよいよもって確固たるものとなっていく。とりわけ『資本論の世界』（一九六六年）は、『資本論』を人間と自然の物質代謝過程の理論——歴史貫通的な物質代謝が資本主義のもとではどのように独自な形態をとり、そこにどのような矛盾が顕在化してくるかについての理論——として読み切った書だといえる。事実、この新書版二〇〇頁余の小著のなかで「物質代謝」の語の出現は四〇回ほどに及ぶ。それほどに物質代謝論はこの書の根底をなすのであるが、その物質代謝はしばしば「社会的物質代謝」とも表現されるにいたる[21]。その背後には、人間的物質代謝の媒介者たる「労働」は裸の孤立した労働ではなく、社会的分業のもとにある労働だとの認識がある。森田の用語を借りれば"zur Natur und zueinander"としての労働＝物質代謝だということであろう（森田 1974）。

その『資本論の世界』に少々分け入ってみよう。はじめに、前節（マルクスの物質代謝論）との関連で、内田が『経済学・哲学草稿』をどう読み取っていたかを確認する。「自然の人間的本質は、社会的人間にとってはじめて現存する」（前節参照）という、あの初期マルクスの言葉は、「社会的物質代謝過程」という内田的概念をともないつつ、彼によってこう敷衍される。

労働において人間的本質——類的本質——をみるということだけを申し上げたのでは、『経哲草稿』のマルクスの人間観についても、まだ片手落ちでありまして、社会においてという言葉をつけ加えねばなりません。／もともと、経済学の研究に着手する以前から、人間は本来自由な活動主体だというのと、人間は本来社会的な存在――といっても本能的に群にうずまった畜群ではなくて、一人一人が社会的存在であることを意識し、そういう自由な主体として社会を構成する存在――だというのが、マルクスの人間観であった。……ここで、能動的で自由な主体としての人間というのと、意識をもった社会的人間というのが、自然と人間との物質代謝過程というところまで下りながらまとまってきまして、社会的物質代謝過程、あるいは社会をなして自然に働きかける諸個人という基本的な視点がさだまってきたわけです。（内田 1966: 116-118 ④318-319）

その初期マルクスは後期の『資本論』のなかでどう発展的に生きているのか。内田によれば、青年期に（事実上）獲得した物質代謝の概念は、『資本論』においては、資本主義のダイナミックな矛盾を把握するための基礎概念として活用されるにいたるのだという。

第一の――つまり、物質的貧困と精神的貧困とを同時に、私有財産制度の問題として追究するという――問題意識は、『経哲草稿』の以前から『経哲草稿』をへて『資本論』にひきつがれる問題意識であり、第二の、人間と自然の物質代謝という概念は、この第一の、初期からの問題意識を学問的にみのらせるために『経哲草稿』で得て、それが、『ドイツ・イデオロギー』での歴史研究をへて、『資本論』での経済学の体系的な展開の中で、――資本主義に独自な『搾取』アウスボイトゥングの、まことにダイナミックな矛盾を写しとるための基礎的な概念として――生かされてきたものである。

（同 17-18 ④231）

『資本論』を物質代謝過程の理論として読み切る。『資本論の世界』はそういう書物だと先に指摘したが、もちろんこれは『資本論』を労働過程論だけで読むということではない。肝心なのは、その物質代謝ないし社会的物質代謝が資本主義のもとではどういう独自な形態でなされており、そこに潜む矛盾は何かを検出することである。マルクスの時代、先端的な資本主義（イギリス）の技術的・生産力的基礎は機械制大工業にあった。その資本主義的大工業（理論的には「相対的剰余価値の生産」）のもとで労働過程はいかなる変形をこうむり、いかなる矛盾に陥っているか。内田義彦が見るところ、これが『資本論』の基軸的テーマであった。ここから、労働過程論（「Ⅳ 労働と疎外」）と大工業論（「Ⅴ 相対的剰余価値の論理」）に最大の比重を置くという、『資本論の世界』に特有の世界が開かれてゆく。

労働過程論については、他の生物の物質代謝との比較のなかで、人間の物質代謝の特徴が浮彫りにされる。人間の物質代謝過程の特徴として、マルクスは事実上、目的設定、自然との多義的関係、労働手段の利用、生産と消費の分離などをあげていたことは前節にみたが、内田義彦はこれに加えて社会的分業を重視し、また分離された生産と消費のなかでは、生産のもつ決定的意義を強調する。

そのうえで内田の視線は大工業制度のマルクス的分析へと集中する。「マルクスは明らかに資本主義社会での物質代謝過程がどうなっているのかを、大工業制度に即して分析することを狙いにしているので、相対的剰余価値の生産の分析こそが、彼の目標である」(同 145 ④ 342-343)。そして、資本主義的大工業に内在する「ダイナミックな矛盾」を端的に示すのが、大工業の原理(本性)を説いた有名な一節である(Marx 1867: 訳 I a 634-635; 内田 1966: 155-158 ④ 351-354)。いわく、資本制大工業は技術的に不断の革新をとげ、労働内容や社会的分業をたえず変革してゆくが(ポジ面)、他方、労働者は部分労働者にとどまってこの変革に適応できず、失業せざるをえない(ネガ面)。この矛盾の解決のためには、資本主義は労働者をして、変化した労働内容に適応できるような「全体的に発達した個人[22]」とするほかなく、そのためには教育制度の充実や労働日の短縮が必須の課題となる(ポジ面)、と。

内田義彦はマルクスのこの「ポジ・ネガ・ポジの手法」を高く評価しつつ、その同じ手法が「大工業と農業」についても適用されているとみる。マルクス物質代謝論の節ですでに見たところであるが、資本主義は農業をして科学技術の意識的な応用へと転換する(ポジ)。「しかし、同時に資本主義的生産は、かの物質代謝のたんに自然発生的に生じた状態を破壊することによって〔ネガ〕、社会的生産の調整的法則として、また十全なる人間的発展に適合する形態で、物質代謝を体系的に再建することを強制する〔ポジ〕」(Marx 1867: 訳 I a 656)。前節にみた物質代謝の攪乱と再建にかんするマルクスの議論にあっては、こうした「ポジ・ネガ・ポジの手法」が生かされているのだ、と内田はいう。

ただし、繰り返し指摘しておくが、この物質代謝の再建についても、また労働日短縮や教育制度充実についても、資本はそれを「強制」されるのではあるが、しかし決して自ら進んで実行するわけではない。「資本は、労働者の健康や寿命には、社会によって顧慮を強制されないかぎり、顧慮を払わない」（ibid. 訳 I a 353）。社会の側からする強制ぬきにはこれらは実現しないのである。内田義彦は、労働日短縮や教育・保健条項をめぐってなされた「工場立法」に向けた闘争についてのマルクスの記述を丹念に読みほぐしながら、「人間と自然との科学的・合理的な物質代謝過程を可能ならしめるべき主体的客観的条件」（内田 1966: 159 ④ 354）の析出こそ、マルクスが現代に訴えかけている問いなのだと締めくくる。「物質代謝の攪乱」問題は環境問題であるのはもちろんのこと、同時に健康問題、教育問題、労働問題、ウェルビーイングの問題、そして将来的社会構想の問題でもあるのである。

3 河上肇における物質代謝視点の消長

内田義彦の三大研究領域は、アダム・スミス（『経済学の生誕』）、マルクス（『資本論の世界』）、それに近代日本社会思想史である。この最後のものについてはまとまった単著はないが、内田に大きな影響を与えた思想家にして最大の筆量が割かれているのは河上肇（一八七九―一九四六年）である。ここでその河上論の委細に立ち入ることはできないが（山田 2020: 第I―1章 参照）、この変貌に変貌を重ねた思想家について、内田は初中期の河上（四〇歳台半ばまで）に高い評価を与えるとともに、以後の河上についてはある種の「いたましさ」を感じている。そうした内田の河上評価の重要な基準は、やはり物質代謝視点の消長にあった。

明治の末の『時勢の変』〔一九一一年〕においてすでに、河上は、労働過程を軸にする物質代謝過程の概念におぼろげながら到達し、「商業および産業の歴史」を基礎にして、政治や文化諸現象をふくむ歴史全般の動きを説明しようとしていた。

（内田 1981: 262-263 ⑧215）

彼〔河上〕は、商業と産業の歴史を歴史として描く前に、まず、あらゆる歴史の基礎としての人間と自然との物質代謝過程の特徴的なあり方を、そのものとして――生物一般にさかのぼり、他の生物の物質代謝過程との比較をしながら――明確に概念化する。河上の本には何度ピテカントロープスが登場することか。「労働過程」という短い章にあれほどのスポットをあて拡大した例は、マルクス主義の歴史の中で特記に値する。そうした基礎的な作業を基にして、第一に、人類の経済の歴史が道具と分業の歴史として整理され、第二に、そうした道具（およびその延長としての機械）と分業を軸にした経済における進化（商業と産業の歴史）が、人間の道徳的感情に影響をあたえ、社会主義の思想と運動を生むにいたっている現状を、ヨーロッパやアメリカに即して読者に呈示する。

（同 266 ⑧218）

明治末期の河上はまだマルクス主義者ではない。むしろ儒教的教養を身につけた国家主義者として出発した。その河上が激変する時代のなかで、そして押し寄せる西洋の文明と思想に直面して、自らに納得のいく思想的立場として到達したのが――時の支配的潮流であった政商資本主義に対抗する――「ブルジョワ合理主義」であった（内田 1967: 197 ⑤ 162）。国内での農工分業の展開と生産力の発展による「下から」の資本主義形成への道であり、これを「産業史観」といってもよい。いわばスミス的な河上である。その河上はやがてマルクスへの関心を強めていくが、時の（とりわけ昭和期以降の）マルクス主義はロシア経由の「生産関係一本やりの俗流マルクス主義」が主流を占めていた。しかし河上は生産力＝物質代謝＝産業史観の立場を容易には捨てきれず、このため「正統な」マルクス主義者としては認められなかった。自らの愛弟子でもあった櫛田民蔵からの批判を受けて、河上は一念発起、「マルクス主義の真の理解」への旅に出る。その結果は再び三たびの変貌である。その次第を内田義彦はこう語る。

> 河上は……イギリス流の啓蒙主義的産業史観を、そのままマルクスの唯物史観（への傾斜）と誤認していた。そして、その誤認に気付いたとき……〔対象との全人格的な格闘という〕彼本来の研究態度をうすめ、対象を科学的にとらえることを可能にするフレーム・ワークとしてのマルクス主義理論の研究と受容に献身して、産業主義史観のすべてを御破算にし、生産関係一本やりの唯物史観の立場にうつった。（内田 1981: 269 ⑧221）

こうした河上の変貌について、内田は「いたましい」思いとともに愛惜をこめて語る。

マルクス主義への変貌をとげる過程における河上は、産業主義史観の根強い残留を、そのポジとネガの両面において、示している。そして、この河上における特徴的なものは、その後いたましくも次第に消えてゆく。しかし、もしかれが、生きのびて今日あれば、その間、『資本論』の理解においていま一度「遍歴」をくりかえし、『資本論』を今日に生かしてよむためのさまざまな問題を相次いで提示し、解決していったであろう。人間と自然との物質代謝過程という学問上の戦略的地点を、自覚的個人という観点とともに、彼ほど早くから深く押さえていた学者を、私は知らない。

（同 269 ⑧221）

物質代謝視点の消滅とともに河上は死んだ。そう内田は嘆息しているかのようだ。と同時に、この文章のなかには内田的社会認識のエッセンスが吐露されている。「人間と自然との物質代謝」は――「自覚的個人」の観点とともに――「学問上の戦略的地点」なのだ、と。内田にとって物質代謝論の重さのほどが推し量られよう。他方の「自覚的個人」の観点は、内田的市民社会論の枢要な構成要素となるであろう。

さて本節を終える前に、晩年の――というよりも食道癌手術という闘病生活のなかで――内田義彦が到達した物質代謝観の深化について顧みておきたい。内田は物質代謝をすぐれて「社会的物質代謝」として展開してきたが、入院と闘病の生活のなか、「個人が行う物質代謝」という視点が浮上し、こうして社会的物質代謝と個人的物質代謝のかかわり合いというテーマが意識されるようになる。「個人が行う物質代謝」とは結局「個々人が生きる」ということであろうが、その個々人と社会の関係は究極的に、貨幣的交換関係や契約関係には尽きないものであって、そういった深みからもう一度、社会的物質代謝を捉えかえさねばならない、と内田はいう。

> 生きるということ、つまり私という個人が行う物質代謝に即して組織が目に見えてきた。前には人間に独自な物質代謝という言葉で社会的なそれしか思い浮かばなかったんです。／そういう諸組織は、社会が、人格的依存の体系から物象的依存——貨幣関係ですね——の体系になって、大々的に出来上ってきたけれど、社会が物象的になり万事貨幣関係になっても、個々の人間が行う物質代謝と社会とのかかわり合いは、お代を払えば済むというようなものではあるまい。無定量の支払義務を、誰か絶対に見えず気付くことのない無数の人に負っていて、その奥の知れぬ借りは、特定の人に向ける形では、絶対に返済しえない。借りのある相手は見えない形で無限にあるわけですから。ただいい仕事を、いい仕事をしてそれが結果として世の中に役に立つであろうことを謙虚に待つより仕方あるまい。
> （内田 1982: 4-5 ⑧321）[23]

価値法則を媒介にして社会的物質代謝が行われる。そう喝破したのが、重商主義に対するスミスの決定的飛躍点であった。価値関係が支配する資本主義における物質代謝のポジ・ネガ・ポジを、大工業制度に即して摘出する。それをやってのけたのがマルクスであった。かつて内田義彦はそう強調していた。それを否定するわけではは全然ないが、いま内田が見据えているのは「お代を払えば済む」という、価値関係ないし貨幣関係の世界ではない。あるいは、いわゆる契約関係の世界ではない。貨幣的契約関係のただなかに厳然として存在する「無定量の支払義務」という世界である。いわば信任関係ないし信頼関係の世界であり、そして交換関係ならぬ一種の互酬性の世界である。個人と社会の関係のなかには、あるいは個人的物質代謝と社会的物質代謝の関係のなかには、この信頼と互酬と倫理の関係が存在している。そして、そのなかで「生きる」ということは、一人ひとりが損得勘定をこえて「いい仕事をする」というかたちでしか応答できないものであろう。内田物質代謝論のこうした到達点は、やがて内田市民社会論の根底的な内実を形成するものとなるであろう。

4　物質代謝の再建と市民社会

1　内田義彦の市民社会認識

西洋由来の civil society ないしは bürgerliche Gesellschaft という語が「市民社会」と訳されて以来、この語は戦中・戦後の日本の社会科学のなかで——西洋での慣用法とは異なった——独自な概念として発展してきた。内田義彦にあっても例外ではないし、しかも彼自身、時代とともに「市民社会」にこめる概念内包の主調音が変化している。というか、「市民社会」のうちにいくつかの意味の存在を認めつつも、重点の置き場所が時とともに変わっているようだ。

初期の著作『経済学の生誕』で、われわれはこんな文章に出くわす。「それ〔『国富論』〕は社会の下部構造としての Bürgerliche Gesellschaft の研究であると同時に、歴史的社会としての資本主義社会 Bürgerliche Gesellschaft の研究である」（内田 1953: 69 ① 61）。ここでの内田は、bürgerliche Gesellschaft（市民社会）の語のうちに歴史貫通的な「社会の下部構造」と特殊歴史的な「資本主義社会」との両義を読み取っている。[24] そのかぎり、とりあえず明瞭であって、とりわけ後者は日本では「ブルジョワ社会」とも換言されてきたものであり、あるいは「純粋資本主義」といったイメージで理解されたものであろう。

前者つまり「社会の下部構造」としての市民社会ということのうちに内田が何をイメージしていたかについては、少々やっかいである。これを「経済的下部構造」（注（24）参照）とも換言していることからもわかるように、さしあたりそれは観念や政治の世界でなく、商業や産業などの経済活動の世界を指していよう。だが商工業といった活動の奥に内田が見ていたものは、前節（注（11））での言葉を使えば「底辺の経済学」が対象とするような世界である。「ぼく自身としては、市民社会としての発想として出てくるものは、決して純正資本主義というものではなくて、いまの社会主義の中での市民社会の問題と、そういう問題を押さえるような、いわば底辺の経済学、そういう問題として僕自身は考えているわけなのです」（内田／長洲／宮崎 1967: 230-231）。要するにこのときの市民社会とは、「底辺の経済学」の対象となるものであり、つまりは歴史を貫いて継続する「人間と自然の物質代謝過程」のことである。それを内田は『ドイツ・イデオロギー』から学ぶ。既引の文章（注（14））であるが、内田の回顧をもう一度聞こう。

「フランス人およびイギリス人は、〔たとえ一面的把握でしかなかったとはいえ〕……ともかくも市民社会の、商業および産業の歴史を最初に書いたことによって、歴史叙述にひとつの唯物論的土台をあたえる最初のこころみをなしたのである」という『ドイツ・イデオロギー』の言葉を、私は、これあるかなと思って読んだ。こうして、それと気づかぬまま、社会的物質代謝過程という観念が、いつしか私の中に養成されていったのである。（内田 1977: 526）

ここまでくれば、内田の「市民社会」が一方で「純粋資本主義」、他方で「人間と自然の物質代謝過程」の両義をもって観念されていたことがわかる。とりわけ第二の意味の「市民社会」概念については、内田は「これあるかな」とその遭遇=発見の感動を語っている。(25) 内田「市民社会」概念において最も重要な位置を占めていくのは、この物質代謝過程としての市民社会なのである。この第二の意味の市民社会は人類の歴史を貫通して存続していくものであり、そして重要な点であるが、この概念は内田のなかで、マルクスの規定を超えて、ゆたかな内容が与えられていく。物質代謝過程はたんに経済的下部構造といった静的な認識におわることなく、歴史的に動的な内実が与えられていくのが内田物質代謝論（第二義における市民社会論）の特徴である。内田に特徴的な表現を以下に列挙してみよう。

さまざまな体制をくぐりぬけながら実現してゆく市民社会というかたちのもの
(内田 1967: 100 ⑤ 84)

いろいろの社会形態をくぐりぬけて貫徹する市民社会の成長
(内田/長洲/宮崎 1967: 208)

デモクラシーの発展、展開という、さまざまの社会形態を貫いていくもの
(内田 1971b: 216 ⑦ 527)

歴史をくぐりぬけて遠い将来に成立してくるであろうところの、しかしそれが課題としていま、現に、人々に意識され行動に方向をあたえつつある市民社会
(専修大学社会科学研究所 1982: 50 ⑧ 363)

下部構造＝物質代謝過程としての市民社会は、人類史上のさまざまな社会形態を「くぐりぬけて」貫徹するのであり、しかもたんに貫徹するだけでなく、この市民社会は「成長」「実現」していくのであり、「人々に意識され行動に方向をあたえ」るものだ、という。内田義彦の物質代謝＝市民社会は静的・客観的でなく、すぐれて動的であり、加えてこのように主体的行動を含んだものとして観念されている。いわゆる下部構造のみにはおさまらないものとして豊富化されてゆく。

さて、内田にはもうひとつ、これらとは別の市民社会の用法がある。例えば『日本資本主義の思想像』には以下のような文章がある。

一物一価＝価値法則を媒介にして結局資本制取得が成立する。ところが、価値法則が貫徹していなくても、資本制取得が成立する。日本の資本主義は第二の意味で資本主義であっても、第一の意味では市民社会ではない。という意味で、市民社会への志向は、純粋資本主義への志向がはいっている。が、同時に、純粋資本主義は、労働による所有が価値法則を媒介にして結局資本制的取得に転変するというかたちで、能力に応じた所得がぼかされてしまった社会である。そういう意味では、資本制社会はおよそ市民の社会と言えるかという問題がすぐくっついている。コネや身分によってではなくて能力に応じたというところが押し出されてくるに従って、市民社会は抽象的性格をおび純粋資本主義からはみだしてくる。

（内田 1967: 92-93 ⑤78）

「一物一価」「価値法則」あたりはまだそれでも「純粋資本主義」（「市民社会」の第一の意味）と合致するかもしれないが、「労働による所有」「能力に応じた所得」となると、これはもはや純粋資本主義とはいえない。資本主義は「労働による所有」を否定して「所有による所有」を実現する体制だからである。かといってこれを「物質代謝」一般（「市民社会」の第二の意味）に還元することもできない。「価値法則」云々はすでに商品生産社会を前提にしているからである。純粋資本主義から「はみだして」抽象的性格をおびて存在する何ものか。それをここの内田は「市民社会」と呼んでいる。いわば、第三の意味での市民社会である。

実はこの市民社会概念こそ、日本における市民社会論において典型的に表象されていたものであろう。いわゆる封建的束縛から解放されると同時に、まだ資本主義的階級対立が顕在化していないような社会であり、そこでは人びとは自由・平等・自立の諸個人として対応しあう。経済的には等価交換や労働（能力）にもとづく所有が支配的であるような社会である。それはアダム・スミスのいう「商業社会」、マルクス派のいう「単純商品生産社会」に近いものであろう。それが歴史実在的なものか規範的なものか、いまは問わない。そして内田義彦においても、この意味での市民社会概念はたしかに存在する。だがしかし、内田市民社会論の基礎視座は、さきの第二の意味のそれにおかれていたことを再度確認しておきたい。

整理すると結局、内田にあって市民社会は三層において概念化されていた。すなわち、第一に（純粋）資本主義としての市民社会（純粋資本主義）、第二に資本主義をもくぐりぬける市民社会（物質代謝過程）、そして第三に資本主義からはみでる市民社会（スミス的商業社会）、――この三つである。そして、他の論者とくらべて内田の傑出している点は、この第二にいう「くぐりぬけ」市民社会の概念に到達し、これを社会認識の基礎視座としたことにある（山田 2020: 148-158 参照）。

2　物質代謝の合理的管理システムとしての市民社会

マルクスの物質代謝論を振り返ってみよう。さきにみたように、資本主義のもとでの物質代謝の攪乱と亀裂――人間力と自然力の破壊――を前にして、彼は物質代謝の「合理的調整」「共同的管理」

が否応なく資本に強制されるのだといい、それが実現に向かうのは「アソシエートした生産者たち」によってなのだと語っていた。繰り返すが「合理的」とは、「十全なる人間的発展に適合する形態で」、あるいは「自分たちの人間性に最もふさわしく最も適合した条件のもとで」ということである。人びとのゆたかな生（ウェルビーイング）にふさわしいかたちで、と換言してもよい。また「アソシエートした生産者たち」とは「社会化された人間」「自由人の連合」とも言い換えうる。

同じ趣旨のことを内田義彦に敷衍してもらおう。人類が物質代謝を合理的に管理しうるか否かは、内田義彦にとっても最大の関心事をなす。「人間と自然との科学的・合理的な物質代謝過程」（内田 1966: 159 ④ 354）、「社会的労働の合理的組織」（内田 1967: 313 ⑤ 258）といった表現をしばしば使う内田であるが、ある対談でこう語っている。

> 疎外論〔哲学〕ではなく経済学で疎外現象を取り扱わなければなりませんね。そのばあい基軸になるのは社会をなして、生産する人間諸個人が自然を合理的に管理していく、そういう思想なんじゃないかと思うんです。生産力の基本的要因として一人一人自覚をもった個人の集団を考えてゆく。資本の下では、人間と自然との合理的な関係は設定できない。（内田 1971b: 207 ⑦517）

内田義彦にあっては、自然の合理的管理のためには「自覚をもった個人」およびその「集団」が不可欠とされる。いわば人間社会のあり方という主体的条件が問われている。それが内田の物質代謝論のきわだった特質であり、また内田市民社会論（先にみた第二の意味でのそれ）の特質である。「自覚的個人」のみならず、物質代謝の合理的管理のためには「学問する個人」という主体的条件も必須だ。「必然の国、自由の国」を論じたマルクスの有名な一節は、自由の国の内容として「自己目的として行なわれる人間の力の発展」を語り、そのためには「労働日の短縮が根本条件である」としていた（Marx 1894: 訳 III b 1051）。この文言を重視する内田義彦は次のように注釈している。

この指摘はじつに重大だとおもう。第一に、必然の領域内でのことなんだが、労働日の短縮が基礎であるというばあいの労働日の短縮は、『資本論』全体のコンテクストからいうと、たんなるレジャーの可能性ではない。各人があらゆる変化に対して絶対的な処理というか対応能力をもつ、その絶対的な条件としての余暇ですね。必然の領域の内部においてすら、各人が専門的生産の主体にならなければ、たんに外部的な計画では真の意味の生産の社会化にはならない。そのことが一つ。もう一つ、重要なことは必然性の領域の彼岸に、「自己目的として行なわれる人間の力」というところにも眼をおいてわれわれは学問するということということの人間にとっての意味を考えなければならないということです〔前掲注（22）参照〕。（内田 1971b: 268）

「必然の国」の内部でも、資本主義の発展とともに、それぞれの「専門的生産」のためには変化に対応しうる能力をもった個人（「全体的に発達した個人」）が必然的に要請される。そのためには労働日の短縮のもと、「学ぶ個人」「学びうる個人」が出現しなければならない。まして「自由の国」にあっては「学問すること」の意味が大きくなる。「人間が生きるという作業それ自体のなかに学問的営為が含まれている」。その学問は当然ながら、たんに専門家のための学問でなく、労働と生活を日常的に営む市民にとっての学問であり、内田のいう「作品としての社会科学」である。将来社会の本来的目標は何かについて内田はいう。

〔それは〕社会における諸個人が、人間の潜在的可能性を満面開花することにある。そのなかには、当然、学問的営為が文化領域としてある。その学問が世の中に役立つという問題のもう一つ奥に、人間が生きるという作業それ自体のなかに学問的営為が含まれている。むろん学問だけではない。さまざまな文化領域がそこにある。その一環として、そういう学問を人間のなかに奪いかえし、育てなければ〔ならない〕。（同 269）

マルクスは私的所有の生成と消滅を媒介にしながら自由な個体が開花してゆく次第を歴史において見ました。社会的に結合する自由な個体の開花が自己目的で、私有財産制度の廃棄はそのための——但し絶対不可欠な——手段です。その自由な個体というのは、同時に学問創造の一環を受け持っている者でなければならんと私は思います。学問の単なる受け手であるというようなことでは、いくらひまがあり「文化生活」を享受していても、所詮社会に埋没した人間であって、とても自由な個体なんていうことはできない。自由な人間として特定の仕事を分担し、そのわが事を責任をもって遂行するために、高度に専門的な学問を駆使する。その自由な個体が、「生産手段の共有」の実を上げるために、どういう装置が必要かという問題の設定と解決に参加してゆく。

（内田 1981: 66-67 ⑧56-57）

以上、やや長い引用を連ねてきたが、そこにみられる「自覚的個人」「学びうる個人」「自由な個体」「社会的に結合（アソシエート）する個体」などの語に注目してほしい。「下部構造」としての市民社会（マルクス）は、内田にあっては「いろいろの社会形態をくぐりぬけて貫徹する市民社会の成長」（前掲）というように、歴史的に成長する動的なものとして捉えなおされていた。のみならず、ここに示したように、その成長はたんに物質代謝再建に向けての客観的条件のみならず、いやそれ以上に、自覚的・学問的で連合した自由人という主体的条件の形成に向かっての歩みでもあったのである。いや、そうでなければならない。クリーンエネルギーの開発や普及だけで済むものではないのである。

物質代謝を合理的に管理するためには、そういった人間類型とそれによる社会形成が必要なのである。そのような社会システムこそが物質代謝の合理的管理システムたりうるのであり、内田が最終的に「市民社会」にこめた心意はそこにあった。ただし、そういった市民社会が先にあって、その後、物質代謝が合理的に管理されるようになる、というのではない。両者は同時並行的に交錯しながら試行錯誤的に進むほかない。つまり物質代謝を合理的に編成していく努力のなかで、人間的自由と人間的平等にもとづいた、そして民主主義と人権にもとづく市民社会がさらに一段と模索され、逆にそれらがひるがえって物質代謝をさらに合理化していく。合理的物質代謝と学問的市民社会はそういう循環のなかにある。

その際の「合理的」とは、重ねていうが、資本合理的とか経済効率的とかでなく、「人間性に最もふさわしく」という意味であり、あるいは内田が重視するマルクスの言葉でいえば（内田 1971a: 201 ⑤ 172)、「自己目的として行われる人間の力の発展」(Marx 1894: 訳 III b 1051）という理に合う、という意味であろう。内田義彦的にいえば、「人間がそれぞれに生きるという営みを行っているということそれ自体がもつ絶対的な意味」（内田 1974：363 ⑦ 292）から出発するということである。そこを基点とした物質代謝の管理のあり方が求められているである。端的に生存権や——今日的な用語で言えば——ウェルビーイング[26]を第一前提におくような物質代謝である（山田 2020: 153-158 参照）。経済成長のための人間（人的投資）でなく、人間そのものの成長（人間形成、自己目的として行われる人間の力の発展）を目的とするような物質代謝だといってもよい。

物質代謝はそのような市民社会によって再建され調整され管理されなければならない。逆に合理化された物質代謝は学問する市民社会によってさらに合理化されてゆく。ここにおいてようやく物質代謝論と市民社会論が切り結んでくる。内田思想の核心はそこにある。河上肇論に際して引いた言葉をあらためて思い起こしていただきたい。「人間と自然との物質代謝過程」と「自覚的個人」（市民社会と読め）は「学問上の戦略的地点」をなすのだ、と。

5 おわりに

以上、内田義彦における物質代謝過程論と市民社会論のかかわりを追ってきた。内田義彦は物質代謝論に基礎視点をおく数少ない経済学者の一人であり、物質代謝の合理化のうちに市民社会の発展を透視したほとんど唯一の市民社会論者であった。市民社会の発展とは、とりわけ歴史を貫通する市民社会の発展とは、自由で自覚的な個人、学びうる個人が析出されてくることであり、それら諸個人によるアソシエーションの形成を通して一人ひとりの生存権が絶対的に尊重されるようになることである。そして、そういった社会主体的な基盤のうえに立って自然との物質代謝が合理的に管理されることによって、資本によって攪乱された物質代謝が修復され再建されていく。

その実現は遠い将来のことかもしれない。しかしそういった将来を招来させうるか否かは、いま現在のわれわれの行動にかかっているのだと内田はいう。「現在の行動がその現在形において将来的な意味をもつもの」（内田 1974: 313 ⑥ 255）となること、あるいは市民社会にひっかけて言えば、「歴史をくぐりぬけて遠い将来に成立してくるであろうところの、しかしそれが課題としていま現に人々に意識され行動に方向をあたえつつある市民社会」（前掲）、――そこにわれわれの視点は据えられなければならない。今ここにある何ものか、そして「その現在形において将来的な意味をもつもの」を見つめ育んでいくこと。それを一人ひとりが自覚し、大事に育てていくというかたちで、内田には未来が構想されていた。それは同時に、物質代謝の市民社会的調整への道でもある（Yamada 2022）。

注

（1）例えば西洋では早くも一九六〇年代初頭、フランクフルト学派のシュミットが『マルクスの自然概念』を著わしている（Schmidt 1962）。日本では一九七〇年代、椎名重明は農芸化学者リービッヒとマルクスの関係を主題化するなかで、こう語っていた。「人間にとっての自然と人間自身の自然が、人間の歴史のなかでどのように生成してきたのか、そしてどのように生成していくのかという点の把握が彼〔マルクス〕の人間解放の思想の基本的立脚点であった……」（椎名 1976: 174）。近年では佐々木（2016a: 206）も「物質代謝論は『資本論』の全篇をつらぬく基本視角だと言っても過言でない」と述べている。

（2）そのいくつかの例。吉田（1980）、岩佐（1994）、Foster（2000）、岩佐／佐々木（2016）、佐々木（2016a）、斎藤（2019）。

（3）訳文は邦訳書のそれに従わない場合がある。

（4）中期マルクスの『経済学批判要綱』に関連しての指摘であるので、やや先走ることになるが、人間‐自然の物質代謝が「社会的に媒介された」ものであることについては、以下も参照。「彼〔マルクス〕は、労働過程を人間と自然とのあいだの物質代謝関係として定義した。この物質代謝は、人間にとって必然的に、社会的に媒介された形態をとる……」（Foster 2013: 訳50）。

（5）『要綱』にはこれ以外に「社会的物質代謝」gesellschaftlicher Stoffwechselという用語が登場する。例えばこうだ。「物象的依存性のうえに築かれた人格的独立性〔商品交換が全面的に発達し社会的関係がもっぱら価値法則によって制御される社会〕は第二の大きな形態であり、そこでは一般的な社会的物質代謝、普遍的な諸関連、全面的な欲望、そして普遍的な力能といった体制がはじめて形成される」（Marx 1857-58: 訳

Ⅰ 79)。同じく『経済学批判』（一八五九年）でも、「諸商品の交換は、社会的物質代謝、すなわち私的な諸個人の特殊な生産物の交換が、同時に諸個人がこの物質代謝のなかで結ぶ一定の社会的生産諸関係の創出でもある過程である」（Marx 1859: 訳57）と語られている。この場合の物質代謝は「生産物の交換」とも換言されているように、商品交換や商品流通など、人間‐人間関係（つまり「社会的」関係）における素材転換——しかも私的所有のもとでは「商品交換」という疎外された形態でなされるそれ——を指していよう。ただし、そうした商品交換の背後には「社会的分業」という、ある種歴史貫通的な人間の営為が控えているのであって、後にみるように内田義彦は「社会的物質代謝」を「社会的分業を編成しつつ行われる人間と自然の物質代謝」として、マルクスのこの用法とは別個に独自なかたちで概念化してゆく。

(6) 参照。『物質代謝』という用語を社会に適用したのはマルクスとエンゲルスであった」（Fischer-Kowalski 1997: 122）。

(7) 労働を媒介とする人間の物質代謝の特徴として、もうひとつ追加するとすれば、さきに指摘したように、物質代謝が社会的媒介（社会的分業）を伴って行われることである。

(8) 内田義彦からの引用の指示に際しては、原則としてこのように、単行本版とその頁数に加えて、『内田義彦著作集』（内田 1988-89）の巻数と頁数を並記する。例えば④は第④巻を意味する。

(9)『資本論』第一巻公刊後、マルクスはカール・フラースなどの研究を通じて自らの物質代謝認識をさらに深めていく。その点については、佐々木（2016）、斎藤（2019）などを参照されたい。

(10) この語の典拠は以下の一文である。「共同の生産手段で労働し自分たちの多くの個人的労働力を自覚的に一つの社会的労働力として支出するような、自由人の連合」（Marx 1867: 訳Ⅰa 105）。「自由人の連合」の原語は Verein freier Menschen,（独）、réunion d'hommes libres（仏）。

(11) やや先走ることになるが、後年の内田は同じことを「底辺としての経済学」「底辺の経済学」とも表現している。「疎外論で底辺としての経済学への入り口に立つマルクスは、ドイッチェ・イデオロギーで、分業の歴史的形態という広義の経済学の意識に到達し、やがて価値論によって狭義の経済学を完成する」（内田 1967: 91-92 ⑤27）。「広狭二義の経済学の底辺に広義のつまり経済一般というものをおいて、それがたとえば資本主義体系でどう動いていくか、社会主義体系でどう動いていくか、そういう底辺の経済学みたいなところから戻って、読みなおしてみる」（内田／長洲／宮崎 1967: 230）。

（12） この両ノートの執筆時期ははっきりしないが、編者の推定によれば、「覚え書」は「太平洋戦争も進んだ頃」（野沢／酒井 2002: 493）、「講義ノート」は「遅くとも太平洋戦争開始前後の頃」（同 495）である。

（13） 生物一般との対比における人間の物質代謝過程の特徴という論点が十全に展開されるのは、後年の『経済学史講義』（内田 1961: 351-360 ②352-361）および『資本論の世界』（内田 1966: 第Ⅳ章 ④287-315）である。

（14） 別のところでも内田は、英仏人は市民社会の歴史、商業と工業の歴史を書くことによって歴史に唯物論的土台を与えたという、『ドイツ・イデオロギー』の言葉（Marx and Engels 1845-46: 訳55）を引用しつつこう述懐している。「『ドイツ・イデオロギー』の〔この〕言葉を、私は、これあるかなと思って読んだ。こうして、それと気づかぬまま、社会的物質代謝過程という観念が、いつしか私の中に養成されていったのである。技術論論争は、そうした下地のあった私を、一挙に労働過程把握の理論的な深みに導いてくれた」（内田 1977: 526-527）。

（15） この文章、無署名なので内田文献とみなせるかどうか慎重でなければならず、しかも『内田義彦著作集』には収録されていない。しかし「内田義彦著作目録」では、「田添京二と討議のうえ執筆」（著作集⑩16）と注記されたうえで記載されているので、巻末の参考文献欄ではひとまず内田文献のうちに数え入れておく。

（16） 周知のように、『資本論』冒頭の「商品」章の第一節「商品の二要因 使用価値と価値」は、宇野理論体系にあっては「商品の二要因――価値と使用価値」として組み替えられ、使用価値に対する価値の論理的優位性が示される。宇野自身の言葉を使えば、「商品は……その価値を積極的要因となし、その使用価値を、いわゆる他人のための使用価値として消極的条件とするものである」というわけである（宇野 1973：19）。加えて宇野は『資本論』冒頭の二篇をまとめて「第一篇 流通論」として編成替えをしているが、内田に言わせれば、これも「流通主義」的誤謬の証左ということになろう。

（17）後年の内田は、一九世紀までの経済学の歴史上、「物質代謝」「使用価値の生産」の概念と視角はやはりマルクスに独自なものであって、古典派には存在しないことを明言している。「使用価値の生産という平凡事にあらためてスポットをあて、人間に独自な物質代謝過程をみるということが、すでにマルクスに独自のことであった（古典経済学の視野狭隘は、第一に、使用価値の生産という側面を、当然既知のこととして深く掘り下げ得なかったことにある。人間と自然との物質代謝過程という概念は、マルクスにはあっても古典経済学にはない）」（内田 1981: 262 ⑧214-215）。

（18）同じく次も参照。「分業論こそ、スミスの生産力の理論と価値の理論との接点をなすものだ。……／論点は二つ。すなわち、「生産力の基礎としての分業」という概念と、分業論を媒介にして価値の理論が生まれてくるゆえんと」（内田 1981: 262 ⑧215）。

（19）内田義彦には「物質代謝＝使用価値＝分業の視点」といった表現もある（内田 1953: 218 ①195）。

（20）内田の次のような告白や指摘も参照のこと。「私は日常見聞きするいろんなことを社会的分業という概念にひっかけながら考えるようになりました」（内田 1967: 322 ⑤266）。「社会科学者は『分業のあり方』を社会認識の基礎におく」（内田 1974: 309 ⑥251）。

（21）内田の「社会的物質代謝」はマルクスのいうそれとはニュアンスを異にする点については、前出の注（5）参照。

（22）「全体的に発達した個人」とはいわゆる何でも屋的人間のことではない。多面的に能力を発揮する可能性をもった個人という意味であり、そのために「学びうる個人」である。「単なる部分人間たることをやめざるを得ない、つねに新たな事情に応じ得ねばならなくなった諸個人は、同時に学びうる諸個人でもある。こうした諸個人がそれぞれ学問をしながら、全体として合理的に人間と自然との質量転換〔物質代謝〕をしてゆく……」（内田 1971a: 200 ④171）。この認識から内田義彦において、「学問」あるいは「作品としての社会科学」のもつ市民社会形成的な意義の強調へとつながっていく（山田 2020: 115-122 参照）。

(23) これに先だって内田は、医学者・川喜多愛郎らとのシンポジウムのなかでこう語っていた。「経済学では総体としての社会に着目して、社会的物質代謝を考えてきました。しかし、直接には個々人が物質代謝を行なっているわけでしょう。その個々人の物質代謝行為のなかに……社会が入りこんでいる。／社会が入りこんだ形で、しかし個々人は治る――一般化すると、生きており「育って」いるわけですね。その、社会と個々人の双方をからませて『生存の場』ということを考える。……個々人の物質代謝に視点をすえて社会的物質代謝を考える……」（川喜多／内田ほか 1982: 34; 内田 1992: 445-446, 改訂新版 344）。

(24) 同じことはマルクスの市民社会についても指摘されている。「マルクスの市民社会 bürgerliche Gesellschaft というのは、歴史的社会としての資本主義を指すと同時に、上部構造に対する経済的下部構造を指しています」（内田 1961: 334 ②335）。

(25) 物質代謝過程としての「市民社会」を想起させる表現は、『ドイツ・イデオロギー』にはもう一か所存在する。「これまでのすべての歴史的諸段階に当然存在した生産諸力によって規定され、逆にそれを規定しかえす交通形態とは、市民社会のことである。……この市民社会は、全歴史の真のかまどであり、舞台である……」（Marx and Engels 1845-46: 訳73）。

(26)「ウェルビーイング」well-being という語は、福祉国家の理念を問うて画期的な橋本（2012）にあっては「善き生」と訳されている。一つの見識であるが、本書序説で述べた理由から、本書では「ウェルビーイング」ないし「ゆたかな生」の語を当てたい。

訂正表

『ウェルビーイングの経済』初版第1刷において、印刷ミスがございました。
下記の通り訂正させていただきます。
著者、読者、関係者の皆様に深くお詫び申し上げます。

藤原書店編集部

130頁図表4-4、133頁図表4-6、135頁図表4-8にて、
グラフの各線に対応する国名が脱落しておりました。

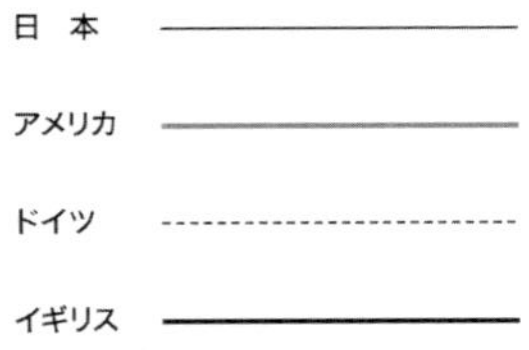

第2章　見えざる手からあやつる手へ——内田義彦とS・ボウルズ

新自由主義は市場万能の思想を振り撒きながら、金融を中心に強欲的な富の集積に加担してきた。スミスの「見えざる手」はそういった市場信仰の隠れ蓑にされた感がある。はたしてスミスは倫理なき利己心を肯定したのだろうか。「新自由主義からの転換」は貧富格差の解消だけでなく、経済のうちに倫理を取り戻すことでなければならない。

1　はじめに——ホモ・エコノミクスと利己心

この数十年来、新自由主義が押し進めたグローバリゼーションと市場万能主義の波は、近年に至って数々の危機や反動を生み出しているにもかかわらず、なお依然として、これを克服し代替する新しい波は明瞭な姿を現していない。危機の代表例はリーマンショック（二〇〇八年）やコロナショック（二〇二〇年―）にはっきりと読みとることができる。そのなかでグローバリゼーションは、その推進役であったアメリカの保護主義政策への回帰、イギリスのEU離脱、ロシアのウクライナ侵略など、排外主義的・ナショナリズム的な動きを誘発し、またサプライチェーンの寸断や不平等の激化など、グローバル経済に過度に依存することの危険性を顕現させた。また金融恐慌や疫病流行など、各種ショックにみられる根本的不確実性は、国家出動や市民的・国際的協力の必要性をいやがうえにも高め、市場万能主義の限界を露呈させている。市場万能主義は、そしてこれを後押しした標準的経済学は、いま、厳しい審判の前に立たされなければならない。

経済学をその理論・思想の根本に遡って審判に付そうとするとき、経済学が長らく、いわゆる経済人（ホモ・エコノミクス）と呼ばれる独特の人間類型を想定し、その経済人なるものが構成する世界として経済学体系が提示されてきたことに、まず注意を向ける必要がある（重田 2022）。経済人はすぐれて「利己心」を基本的動因とする人間類型だとされ、つまりはつねに自己の私的利益を最大化させるよう行動する人種だとされる。消費者としては効用を最大化し、生産者としては利潤を最大化するのが「合理的」個人だとされ、事実、そのような大前提のもとに理論が組み立てられてきた。各人の利己心の発揮――私的利益の最大化――は、いや、その発揮こそが、市場の「見えざる手」を通して社会全体の厚生を増大させ、こうして市場経済が確立し経済的繁栄がもたらされる。要するに、利己心は市場や経済を支え発展させる、と。そして、その利己心の経済学の開祖はほかならぬアダム・スミスだとされ、スミスはもっぱらそのようなものとして受け止められてきた。

こうした人間像に対する批判もすでに早くから提起されていた。ヴェブレンはこれを「快楽主義的な人間概念」だとして、それは人間を「快楽と苦痛の点滅式計算器」とみなすものだと断罪した(Veblen 1898: 訳 406)。同じくアマルティア・センも「純粋な経済人は社会的には愚者に近い」と看破して、伝統的経済学が前提してきた合理的個人は「合理的な愚か者」だと言ってのけた(Sen 1982: 訳 146)。

近年の経済学では、利己心は「インセンティブ」という概念へと応用展開されるようになった。マイケル・サンデルは「二〇世紀の後半、市場と市場的思考の支配力が強まるにつれて、『インセンティブ』という言葉の使用例は急増した」という(Sandel 2012: 訳 128)。インセンティブとは人びとをして一定の行動へと向かわせるべく企業や政府などによって設計された物的・金銭的誘因であるとすれば、このとき経済で作用しているのはもはやたんなる「見えざる手」invisible hand でなく、誘因提供者の意図に向かって人びとを「あやつる手」manipulative hand でもある。要するにインセンティブは操作・誘導された利己心である。そして現代では、問題解決のためにいかにインセンティブ(利己心)に訴えかけるべく操作するかが、政策の世界のみならず経済学の世界でも主要な関心となってきた。

だがしかし、そもそも経済学はひとえに利己心や物質的インセンティブに反応する人間の世界に安住し、またそうした人間によって構成される世界の分析に安住していてよいのであろうか。利己心やインセンティブは市場経済のすべてを説明し、すべてを統括できるのであろうか。市場や経済なるものは「信頼」や「共感」、あるいは「正義」や「倫理」といった人倫体系と無縁に存在しうるのであろうか。本章はこうした問いをもって、まず――内田義彦を通して見た(1)――スミスに立ち返って、スミスにおける利己心と共感の関係を再検討する。つづいて、市場と道徳の関係についてサンデルから学んだのち、サミュエル・ボウルズの近著『モラル・エコノミー』(Bowles 2016) に分け入ってインセンティブとモラルの関係を問うてみたい。

2　スミスにおける利己心と共感

利己心の追求は「見えざる手」に導かれて社会全般の富裕をもたらす。――これがごく通例のスミス理解であろう。それが言いすぎならば、少なくともスミス後の主流派経済学はスミスの真髄をそう解釈することによって、利己心のみを前提にして経済学を構成し、経済学から安んじて倫理を追放した。だがしかし、スミス自身は本当に経済学から倫理を放逐し、利己心一辺倒の経済学を打ち立てたのであろうか。スミス以後、経済学は相当強引な――あるいはきわめて一面的な――スミス像を造形し、それによって安んじて利己心とインセンティブの経済学に自らを埋没させてこなかっただろうか。こう問うとき、視線は必然的に次の問いへと向けられることになる。すなわち、そもそも、アダム・スミスのいう「利己心」self-interest とはいったい何であったのか、と。本節と次節においては、主として内田義彦を通してスミスを顧みることによって、この問題への手がかりを得たい。

『道徳感情論』の冒頭を「いかに利己的に見えようと、人間本性《プリンシプル》のなかには、他人の運命に関心をもち、他人の幸福をかけがえのないものにするいくつかの推進力が含まれている」と語り出したスミスは、この「推進力」を「共感」sympathy と名づけ、その共感は人びと相互の「喜びを活気づけ、悲嘆を軽減する」ものだと言う（Smith 1790: 訳 30, 40）。少しでも注意深く読めば、スミスが「利己心」のみをもった人間を想定して経済学を創設したのでないことは誰の目にも明らかであって、同時に、他人に共感するとともに、他人から共感を得たいという点に、スミスは人間の本性を見ていた。内田義彦にいわせれば、「かれ〔スミス〕は、利己心と共感とを、社会的人間の本性としてとらえる」（内田 1970: 53 ③ 311）[2] 視点をもっていたのである。しかもその利己心と共感は、単純に並列されて理解されていたのでなく、特定の規定関係（いわば分離不可能性）のもとにあったことについては後述することにして、まずはスミス的利己心そのものの内実について、いま一歩踏み込んで見届けておこう。

内田によればスミスにあっては、「利己心の自由な発揮が、つねに全体の利益をもたらすということではない」（内田 1970: 11 ③ 259 傍点は原著者）のであり、ましてやそのまま徳性を形成するわけでもない。利己心が全体的利益に寄与しそのかぎりで徳となるには、一定の条件が必要なのであって、スミスが肯定する利己心は限定的な性格をもっていたのである。

これを歴史的背景の問題としていえば、一七―一八世紀におけるイギリス市民社会の展開という特殊な経済的条件のもとではじめて、利己心は社会的徳性たりえたのであり、しかも、その時代の特権的独占商人の利己心でなく、社会の中下層階級の利己心こそが肯定されたのである。後者の利己心とは、彼らが勤勉・節約・質素・慎慮などを通じて、自己の境遇を改善しようとする日常的努力のうちにみられる利己心を指す。この時代、これら社会の中下層の人びとこそが、特権的上流階級に対立して一物一価の市民社会を構成せんとしていたのであり、そういう人びとの利己心をこそスミスは肯定したのであった。このように利己心の限定的性格を理解するとき、無限定な利己心がそのまま徳となり富裕をもたらすとスミスが言ったのでないこと、明らかであろう。

> スミスは利己心を絶対的には否定しない。かといって何等かの特権的地位にむすびついた利己心をそのまま容認することもしない。むしろ、利己心の哲学者スミスの面目は、政治家や特権的階級の利己心の反社会的内容をするどく批判する場合に、もっともよくあらわれてくる……。結論的にいうと、スミスは封建的な政治の機構や、重商主義的規制によって設定された独占が解消されたとき、そこにおいて（はじめて）利己心はそのまま社会的善の槓杆になると考え、こうした社会制度を自然的自由の制度と名付けたのである。歴史的にいうとスミスは、こういう自然的自由の制度のトレーガーを社会の中層ないし下層の人々に求めていた。
>
> （内田 1967: 261 ⑤ 215 傍点は原著者）

以上の歴史的限定に加えて、スミス的利己心には内容的限定が付されていたことにも注意せねばならない。すでに早く大河内一男は、「スミスの経済学は、それ自ら著しい倫理的色彩を持ったものであり、『国富論』はこの精神によって貫かれていた。それはかの『慎重の徳』であ」ると語って（大河内 1969: 98）、スミス的な利己心やホモ・エコノミクスは「慎重の徳」と不可分であったことを指摘していた。この慎重または慎慮 prudence の徳は利己的本能に由来し、「公平なる観察者」による共感を通じて適切（適合的）だと認められた場合にはじめて成立する。こうして適切だとされた利己心のみが「正義の徳」として是認されたのであり、その正義こそは「社会の全殿堂を支える大黒柱」だとスミスは見ていた。スミスは、こうした正義の法が許す範囲内で各人の利己的活動を是認したのである。スミスのホモ・エコノミクスは「営利欲一般のにない手ではなく、正義をみとめ、等価交換の法則のうえにたって利益を実現してゆこうとする『慎慮の人』であった」と内田はいう（内田 1953: 96 ① 86）。そのような意味において「経済人《ホモ・エコノミクス》」は「倫理人」なのであった[3]。

その利己心の満たし方は社会的・政治的な機構のあり方いかんで異なってくる。利己心が社会的善につながるかどうかは「制度」「政治の機構」「体制の問題」を抜きには考えられないのであって、これらを無視したところに「見えざる手」の作用や市場経済の自律性などありえない。特権的独占が支配する社会と、市民的文化が行きわたっている社会とでは、利己心のもつ社会的意義は正反対となる。裏返していえば、「人間はつねに利己的だが、しかし利己心の発動の仕方は政治の機構、かれのおかれている地位によってちがう……。それだから、政治の機構次第では、利己的な行為がそのまま社会的善につらなる。そういう機構をみつけ、それを実現しよう」（内田 1961: 103 ② 103 傍点は原著者）というのが、スミスの思想であった。内田義彦にかぎらず、日本の市民社会論はスミス研究を通して、早くからそう見抜いていた。

経済的世界の自律性の承認の試みは、しばしば、体制の問題を無視する結果となることは、史上、見られるとおりである。すなわちそれはレッセ・フェールの名において旧秩序を、旧秩序に依存する特権商人の利益を、擁護する結果となり終ることが多い〔英＝トーリー・フリー・トレーダー、仏＝J・B・セー、独＝マンチェスター主義〕。……体制の問題をぬきにして「見えざる手」の存在を主張するこれらの自由主義の経済学が、経済人理解に即して言えば、完全に倫理の外において経済的動機を理解し、各種の特権にあぐらをかいた……我利我利亡者の利己的衝動を、そのまま容認するものであることは言うまでもない。

（内田 1970: 67 ③328 傍点は原著者）

現代の新自由主義や市場万能主義への批判にも通じる議論であるが、要するに、日本の市民社会思想が明らかにしていたのは、強欲的利己心の是認とはまったく異なって、正義と等価交換を守り「公平なる観察者」の共感を得る形で、自らの境遇のささやかな改善のため日夜努力する庶民の利己心をこそ、スミスは肯定したということなのである。スミスが分業と「交換本能」の根本に置き、したがって市民社会形成の根本に置いた「利己心」とは以上のようなものであって、それはいわゆる「悪党」の私利私欲でなく、「ふつうの庶民」の境遇改善心ないし初歩的なウェルビーイング追求心ともいうべきものだったのである。

3　利己心の等置と正義

先に述べたように、スミスは人間の本性として、「利己心」と「共感」を掲げていた。『道徳感情論』は、「自然《ネイチャー》の女神は……我々を、自己愛 self-love という妄想の手に完全に委ねることもなかった」（Smith 1790: 訳 290）とも語って、人間に内在する「自己愛」のみでなく、他者への哀れみや同情の念の存在を指摘していた。その他者への哀れみや同情の念は、彼らが置かれた境遇との「想像上の立場の交換」を通して、また「公平な観察者」の眼を通して是認されることによって「共感」sympathy へと昇華されていく。スミスはこういった「共感と利己心」を社会的人間の本性とみたのであった。といっても、この両者はたんに並列されていたのでなく、また――かつての「アダム・スミス問題」が誤解したように――相互に矛盾・対立していたのでもない。内田義彦はいう。

> 共感は、利己心と並存する本能としてのみとらえられるのではなく、社会をなして生存する個体的存在としての人間の利己心のあり方を規定するものとしてもとらえられる。……他人の賞讃のまとになりたい、見下げられたくない、地位を得たい。これが社会的存在としての人間の利己心のあり方である。ここで共感が、他人に共感する本能であると同時に、他人の共感を得たいという本能〔共感獲得本能〕でもあることに注意しておきたい。（内田 1970: 54 ③313）。

「共感が利己心のあり方を規定する」のだと内田はいう。あるいは、スミス的利己心とはあくまでも「共感によって規定された利己心」「共感によって規制された利己心」（同 57, 59 ③ 316, 318）なのだという。つまりスミス的経済人の利己心とは、他者を顧みずひたすら我利我利亡者として自己利益のみを追求する「前期的利己心」ではなく、「同時に相手方たる個人も……同様に自己の利益を追求してゆく権利と力をもつ存在であるという認識」に立った——その意味で「共感」によって濾過された——「正常的利己心」を意味していた（同 22 ③ 273; 内田 1967: 261-262 ⑤ 215）。このような場合にこそ「ひとしく利己心をもった他人に対する同感〔共感〕」が醸成される（内田 1961: 147 ② 147）。スミスにおける「利己心」は「共感」と分離しうるものではなかったのである。

そして、このように相互に等置された利己心こそが「正義」を構成する。「人間は、野心をもつものであると同時に（あるいはむしろ野心をもった存在であるが故に）また、同じく野心をもつ人間に『共感』し『ついてゆく能力』をもっている」（内田 1970: 57 ③ 316）。そして無数の利己的人間による共感を基礎にして「正義」が構成される。その意味で「共感によって規制された利己心」は同時に「正義によって規制された利己心」となる。逆にいえば「利己心の発動は正義によって規制されねばならない。正義を侵犯しない利己心の発動だけが全体の善をつくる」ことになる（内田 1961: 143 ② 143）[4]。

要するにスミス的世界では、利己心は相互に等置されているのであり、あるいはむしろ等置されるべきなのであり、このように等置された利己心こそが市民社会の「正義」を導きうるのである。「利己心は……相互に等置（＝正義）されることによって、直接に集団的労働の主体的なにない手（＝プルーデンス）になる。これこそスミスの市民社会の分析の根底にある基本的な考えだ」（内田 1953: 238 ① 213）。

利己心の等置。もちろんそれは市場参加者の胸中における等置であるほかないが、その等置の先に見えてくるものは何か。内田はそれを「人間的平等の感覚」だという。「こうした人間的平等の感覚こそ、マルクスの言葉をかりて言えば、アリストテレスの天才をもってしても、問題につきあたりながらそこにロードス島があることを意識せしめなかったところの、価値の基底としての人間的労働の概念を、スミスに懐胎《コンセプト》せしめたものである」（内田 1970: 39 ③ 294 傍点は原著者）と語って、内田はスミスにおける利己心の等置の先に「人間的労働」概念の成立をみる。スミスの価値概念の基底には、諸商品は「人間的労働」の凝結として同等だとの認識があったということである。

こうして共感にもとづく利己心の等置は、等量労働交換、等価交換の正義の認識へとつながっていく。それは直接には、等価交換すなわち「交換的平等」という形での正義の認識であり、後述するボウルズのいう「市場の市民化効果」（Bowles 2016: 訳 126）にも通じるものであろう。だがしかし、スミスを彼が活躍した主要環境たるグラスゴウ大学のなかに置きつつ、内田義彦は「価値」や「人間的労働」のそのまた背後に、「さまざまな職業に従事する人間の交流（フェルケール）」という事実をみる。スミスと蒸気機関の発明者ワットとの交流は周知のことだが、それをも想起させながら内田は指摘する。

人間的平等の感覚こそ……価値の基底としての人間的労働の概念を、スミスに懐胎《コンセプト》せしめたものであるが、それだけに……職人ワットと教授スミス、科学技術者ワットと道徳哲学者スミスとの人間的・学問的交流という事実を、スミスの学問体系全体のそもそもの生成基盤として銘記しておく必要があろう。……人間的平等の観念を、平等という形で観念的に理解するのではなく、さまざまな職業に従事する人間の交流（フェルケール）という形において現われるところに留目して理解してほしいということだ。

（内田 1970: 39 ③294-295 傍点は原著者）

こう語る内田は、スミス市民社会論のなかに「交換的平等」としての社会関係を超えて、人間の人間としての平等、職業や地位は異なってもともに等しく生ある存在たる人間としての相互信頼と平等――つまり「人間的平等」――の感覚を嗅ぎ分けているかのようだ（山田 2020: 第I―3章 参照）。もちろんそれは、スミスにおいてそれほどはっきりとはしていない。しかし、人間類型の原点を「利己心と共感」として措定したスミスは、内田に言わせれば、共感に規定された利己心→利己心の等置→等価交換の正義→人間的労働の発見→人間的平等の感覚として市民社会（スミス的にいえば「自然的自由の体系」）を理念化していった。それが内田のたどり着いたスミスの利己心像であり、市民社会像であった。そこには倫理から切り離された利己心の一人歩きはない。利己心と共感は分離不可能であって、両者がクラウディングイン（呼び寄せ）の関係にあるような市場社会、――それがスミスの「自然的自由の体系」であった。

4　市場と道徳

利己心の追求は市場を通して社会全般の富裕をもたらす。しかも国家やコミュニティでなく、市場こそが経済的効率を高め社会的効用を最大化する。それゆえに社会生活のあらゆる領域は市場化されていかねばならない。——新自由主義に代表される市場万能主義はスミスからこのような理屈を引き出して、ひたすら市場領域の拡大を追求し、社会諸関係の市場化を推進してきた。その結果、いわゆる経済面での規制緩和や民営化はもちろんのこと、健康、環境、教育、臓器、生殖、戦争、権利などが売買の対象となり、つまりは市場化されてきたのが、近年の趨勢である。物的財貨だけでなく、人体や広い意味での社会関係にまで商品化の波が押し寄せてきたのが今日である。

マイケル・サンデルはこれを「市場勝利主義の時代」era of market triumphalism と呼んで（Sandel 2012: 訳 18）、そこに潜む不平等と——とりわけ——道徳的腐敗を告発する。次節以降でのボウルズのモラル・エコノミー論の検討に入る前に、そこへの短い媒介環として、本節ではサンデルに即して「市場の道徳的限界」について一考しておこう。

サンデルは身近で興味深い例をあげる。金を払って行列に割り込む。あるいは金銭（往々にして賄賂）と引き換えに行列の先方に並ぶ権利を与える。空港での入国審査待ちの場面をはじめ、日常生活の各所でしばしば見かける光景だ。ここでは「早い者勝ち」first come, first servedという行列の倫理は「払った者勝ち」you get what you pay forという市場の倫理に取って代わられている。行列において優先順位を得る権利が売買されているわけだ。あるいは公共劇場での無料公演のチケットを取るために、自ら並ぶのでなく金を払って並び屋を雇い、その間、自らは別の用事を済ませたり趣味に興じたりすることもできる。ここでも行列の倫理に代わって市場の倫理が通用している。

標準的な経済学の立場からいえば、そこには道徳的に非難されるべきものは何もない。互いに自由意思（利己的動機）でもって売買契約を結んでいるのだから、それは自由経済の基本精神そのものだという。それどころか並び屋との取引は、並ぶというサービスの売り手にとっても買い手にとっても「効用」を増大させ、つまりは社会全体の厚生を向上させるのだから、これは称賛されるべき行いだとされる。「市場は人々にたがいに好都合な取引をさせることによって、ある財を最も高く評価する人にそれを割り当てる。その際の評価を測るのは各人の支払意志額だ」（同49）、というのが教科書的な経済学の解答である。

しかし、各人の「支払意志額」という市場のロジックを持ちだすとき、そこでは各人の「支払能力」における不平等が無視されており、市場が公正な解決法となる保証はない。が、それ以上に重要なこととしてサンデルが強調するのは、「無料の公共劇場が市場の商品に変わるとき何か̀が̀失われる」（同54）ということだ。たんに支払能力がなくてチケットを買えなかった人の落胆を超えて、もっと重大な「何か」が失われるのである。

念のために補足しておくが、サンデルは「行列の論理」がつねに正しく「市場の論理」がつねに正しくない、と言っているのではない。行列も市場も資源配分における二つの異なった方法であり、それぞれはそれぞれに合った適用部面がある。行列であれ市場であれ、あるいはまた能力や必要や抽選であれ、どれか一個の原則や基準でもってあらゆる分配が決定されるべきだと考える理由はない。しかし今日、市場領域の拡大とともに、かつては非市場的な規範で動いていた領域に市場の論理が浸透し、社会問題の解決のために金銭的インセンティブがますますもって適用されるようになり、その結果、人間社会が歴史的に育ててきた「何かが失われる」ことが問題なのである。

本章の最初に紹介したように、サンデルは、二〇世紀の後半以来、市場と市場的思考の支配力が強まり、これとともに「インセンティブ」なる語が頻用されるようになったと言っていた。インセンティブなる語はスミスや古典派経済学者の著作には存在しない（同 127）。ところが二〇世紀後半以降、この語の使用は急増した(5)。用語の急増は現実の変化の反映でもあって、事実、あらゆる生活領域に「インセンティブ」方式が導入されるようになった。子供が本を読んだらご褒美をあげる、学校では成績優秀者に金銭的報償を与える、医療では禁煙や肥満減量の成功者に報奨金を出す、コロナワクチン接種者に景品を配る、等々、数え上げたらきりがない。知性、成績、健康、公衆衛生の改善のため、親や当局や関係者は物的インセンティブによって人を操作し誘導しようとしているわけだ。「利己心と見えざる手」は今日では「インセンティブとあやつる手」という形をとって、いよいよもって市場の論理が広大な領域に浸透してきた。そして経済学もインセンティブの学へと退化した(6)。

インセンティブという名の市場の論理が支配的になるとき、最大の問題は、「金銭的動機によって、ほかのよりよい動機が締め出されてcrowd outしまう」可能性があることだ（同90）。さきに「何かが失われる」といったときの「何か」とは、この「よりよい動機」あるいは非市場的な「道徳的価値」にかかわる。子供の読書に金銭的報奨を与えるのは、子供から読書そのものの喜びを奪ってしまわないか。禁煙成功者に金を払うというのは、健康に気をつけようという道徳意識を殺いでしまわないか。読書や禁煙などはそれにふさわしい（非市場的）規範によってなされるべきことなのに、これを物的インセンティブで操作すると、より低級な規範で人を誘導することになる。それは所期の目的に対して逆効果を招くだけでなく、何よりも「道徳的腐敗」を招いてしまう。

ここに腐敗とはたんに不正や賄賂といったことだけでなく、「ある善、活動、社会的慣行が腐敗するのは、われわれがそれをそれを扱うにふさわしい規範よりも低級な規範にしたがう」ことを指す（同72）。そして市場は往々にして、人びとから「ふさわしい規範」を締め出し、逆に人びとに「低級な規範」を押しつけ、右の意味での道徳的腐敗を招来する。そこに「市場の道徳的限界」がある。こういった議論を通してサンデルが最も強く警告するのは、市場化が非市場的価値を締め出す《クラウドアウト》ことが大いにあるということだ。市場化は道徳に対して中立的ではなく、市場化と道徳とを切り離して考えてはならないということだ。インセンティブとモラルは分離不可能だ、ということでもある。

昔から非市場的規範にしたがってきた生活領域に市場が入り込むにつれ、市場で取引される善が傷ついたり腐敗したりすることはないという考え方は、次第に信じがたくなっている。ますます多くの研究が、常識の示唆することを裏づけている。つまり、金銭的インセンティブをはじめとする市場メカニズムは、非市場的規範を締め出すことによって、逆効果にもなりうるのだ。ときとして、ある行動に金銭を提供したせいで、その行動が増えるのではなく減る場合もある。

（同 訳 167）

5　インセンティブとモラルの分離不可能性

スミスによれば、利己心は共感によって規制されねばならなかった。ところが現代、市場領域が物的財貨を超えて——これまであまり市場化されえなかった——社会関係や非物質的サービスにまで拡大されると、利己心（インセンティブ）は共感（モラル）によって規制されるどころか、逆に前者は後者を侵食し締め出してゆく傾向にある[7]。こういう発見を出発点にして、この問題に深くするどい分析のメスを加えたのが、サミュエル・ボウルズの『モラル・エコノミー』（Bowles 2016）である。そこで以下、二つの節にわたってこの書物に内在し、今日におけるエコノミーとモラルの関係を考察しておこう。

初めにボウルズが再三引証していた罰金制度の例を紹介しよう。サンデルもしばしば引いていた例でもある。イスラエル・ハイファの託児所では、夕方、子どもの出迎えに遅刻する親たちが多いことに手を焼いていた。そこで遅刻者には罰金を科す制度を導入した。ところが、この制度が始まると、親たちの遅刻は倍増してしまった。あわてた託児所はやがて罰金制度を中止したが、その後も親たちの遅刻は高止まりしたままであった。

これは何を意味するのか。あたかも一般商品と同じように「遅刻に値段をつける」と、親たちは遅刻を「買うことのできる商品」だとみなすようになったのである。罰金ではなく料金（遅刻代）だと受け止められてしまった。裏返していえば、託児所職員に迷惑をかけまいとする親たちの「倫理的な義務感」がかき消されてしまい、金さえ払えば遅刻してもいいのだという観念を植えつけてしまった。その結果、罰金制度が廃止されても遅刻は減らなくなってしまった。要するに「インセンティブ」（この場合、罰金という負の金銭的刺激）と市民としての「道徳的行動」（ひろく「社会的選好」とも表現される）が足を引っ張り合って、遅刻を減らすという所期の目的が達成できなかったどころか、事態をさらに悪化させてしまったわけである。

そこから大きな問いが生まれる。目指した効果を実現するために「インセンティブ」に訴えると、なぜ人びとの「社会的選好」を殺いでしまうのか。なぜ物質的なインセンティブは道徳的な市民に取って替われないのか。要するに、巧妙なインセンティブ装置を作ったところで、それはなぜ有徳な市民の存在にはかなわないのか。これがこの書を貫く超テーマをなす。そして、経済学が長年、インセンティブに反応して行動する利己的個人（ホモ・エコノミクス）を前提において理論を構築してきたことを勘案するとき、この問いはそうした既存の経済学に対する根源的な挑戦を意味している。いわば現代版「経済学批判」である。

この観点から、ボウルズはまず社会思想史を整理する（同第2章）。題して「悪党のための立法」。その昔、アリストテレスは良き市民こそが良き統治の基礎となるとして、立法者の役割は良き法によって市民的な徳を涵養することだとした。時を経て一六世紀のマキャヴェリとともに思想的転換が始まり、不道徳な悪人を前提とした法や統治システムをいかに巧みに作り上げるかが立法者の課題となった。いかなる法を通して悪党に善行をなさせるか。ここに「悪人」「悪党」とは、さしあたり他者を考慮することなく、自己利益を追求する利己的人間のことである。

さてその二世紀後、マンデヴィル『蜂の寓話』（一七一四年）は「私悪を公益にする」のが良き政治家の仕事だとして、悪人を善人にするのでなく、「正しい制度」を考案して悪人に善行をさせることが肝心だとした。ヒュームもまた、人間はすべからく悪党であり、その悪党をして公益に協力させねばならないという。さらにアダム・スミス『国富論』（初版一七七六年）も、「夕食に対する我々の期待は、肉屋、ビール醸造業者、あるいはパン屋の好意にではなく、彼等自身の利益に対する配慮にもとづいている」（Smith 1789: 訳上46）と語って、相互の好意でなく利益関心によって成り立つ商業社会を提示した。正しい制度があれば「見えざる手」に導かれて「普通の動機」（利己心）から「高尚な結果」（社会的富裕の増進）が生まれるのだ、と。要するに制度設計が重要なのであり、その設計の要諦は、ベンサムのあけすけな表現を借りれば、義務的行動を利害的行動に転換せよ、ということにある。

ただし注意すべきは、以上にあげた古典的思想家たちはいずれも、市民たちがひたすら不道徳で利己的な悪人だとは思っていなかったということである。スミス『道徳感情論』の「共感」原理をはじめ、古典派の論者たちは人間のもつ倫理的・他者考慮的な動機をしっかりと見据えていた。逆にいえば、利己的なホモ・エコノミクスなるものは一個の単純化だということを自覚していたのである。にもかかわらず利己心の肯定に走らせたものは、一七世紀の打ちつづく戦争や無秩序のなか、政府が戦争の憎悪に代わって利己心による平和を求めたこと、また統治範囲や市場の拡大とともに多数の見知らぬ人びとの相互作用が円滑に進むためには、伝統的な道徳観念では十分でなく利己心に訴える必要が出てきたことにある。そうボウルズはみる。

これに見るように、古典派以来の経済学は多くの場合、利己的インセンティブとは異なる道徳的行動を見落としていたわけではない。ただし彼らは重大なことを見落とした。インセンティブと道徳は分離不可能だ、ということを。つまりかれらは、インセンティブと道徳はそれぞれ独立変数をなしていて加法的に分離可能であり、一方の変化は他方の変化に影響を与えないと間違って仮定してしまったのである。託児所で「罰金制度」（インセンティブ変数）を設けても、それは親たちの「倫理的な義務感」（道徳変数）に影響を与えはしない、――こう仮定してしまったのである。

ひとたびインセンティブと道徳の分離可能性が前提されると、経済学は安んじて利己心の世界のみに埋没するようになった。「経済学は解決された政治的問題〔そして倫理的問題〕をその領域として選択することで、社会科学の女王の称号を得るにいたった」（Lerner 1972: 259; cf. Bowles and Carlin 2020: 3 傍点は原著者）。そして倫理は経済と無関係であり、経済にとって無用の長物とされてしまった。こうして利己的インセンティブの経済学が一人歩きを始めた。それどころか、価格（市場）が道徳の仕事をする、とまで言いだした。統治にとって徳はもはや不要であり、市場こそが徳となる、と。

ボウルズによれば、仮にそう言えるためには、あらゆるモノが、あらゆる側面にわたって適正な価格を持たなければならない。つまり「完備契約」が成立することが必要だ。だがしかし完備契約など、ありうるのか。ごく標準的な物的製品の取引についてなら完備契約はありうるかもしれないが、しかし現実には、むしろ「不完備契約」の方が一般的だ。例えば労働市場では、労働内容の細部すべてにわたって適正な価格で契約を結ぶことなど、およそ不可能だ。同じく信用、情報、知識、医療、ケアの市場など、契約は不完備であらざるをえず、しかも現代資本主義のもとでは不完備契約の領域はますます拡大している。契約が不完備だとしたら、市場や社会を究極的に支えるのは価格ではなく道徳なのである。「価格が道徳の仕事をする」（Bowles 2016: 訳 24）のでなく、「道徳がときどき価格の仕事をしなければならない」（同 32）。ボウルズはあらかじめ、こう釘をさす。

6　不完備契約の市民化効果

以上はいわば「富と徳」をめぐるボウルズの思想史的整理であるが、もちろんこれは過去の話ではない。「悪党のための立法」を作れ、すなわち、悪人に善行をなさせるための制度を作れ。これは今日なお、いや今日においてこそ、強く叫ばれている。例えば一九八七年の株式暴落の際、『ニューヨーク・タイムズ』は「強欲を禁ずる？　ノー。それを活かせ」と題する社説を掲げ、利己的行動を阻止するのでなく、うまく誘導する制度を作れと主張した。また「メカニズム・デザイン」なる学問分野が生まれて、公共目的の達成のために最適なインセンティブ装置は何かを追求した。「見えざる手」に制度設計という「救いの手」を差し伸べようとしたこの理論は、しかし、利己的個人のもとで効率的結果が帰結しうることを明らかにしえておらず、倫理的動機が不要となるような制度も見つけていない、とボウルズは批判する（同32）。念のために補足しておけば、ボウルズはインセンティブを撲滅して倫理的動機のみで経済社会を運営せよ、などといった裏返しの暴論を吐いているのではない。そうではなく「モラル」と「エコノミー」のよき関係を模索しているのである。

インセンティブと社会的選好の関係を解明すること。そのためにボウルズは、現代の先端的研究を駆使して自説を展開する（同 第3—6章）。そこではメカニズム・デザイン理論が批判的に検討されるとともに、実験経済学、行動科学、民族誌学、社会調査などの成果がフルに活用され、さきの思想史的展望に社会科学的土台が与えられる。

インセンティブ（物質的利害）と社会的選好（道徳感情）は分離不可能だというのが、現代の先端的研究からボウルズが得た根本的知見であり、根本的視点であった。分離不可能とは互いに独立的でなく相乗作用があるということだ。相乗作用には正と負の両面がある。負の相乗性とは両者が「代替的」ということであり、一方が強まると他方が弱まって「クラウディングアウト」（締め出し）されることを意味する。ハイファの託児所の例を前にして、サンデルは「市場は非市場的規範を締め出す」と見ていた（Sandel 2012: 訳 98-99）。しかし正の相乗性もありえ、そのとき両者は「補完的」で「クラウディングイン」（呼び寄せ）の関係をなす。

こう概念整理をしてみるとき、ボウルズの関心は、どうしたらインセンティブと社会的選好の関係を、クラウディングアウトからクラウディングインの関係にもって行けるかに絞られてくる。どういう条件のもとで、物的インセンティブと道徳は補完しあってクラウディングインの関係になるのか。

カギは「リベラルな市民文化」liberal civic culture、「堅固な市民文化」robust civic culture（Bowles 2016: 訳 135, 139）の存否にある、とボウルズは見る。法の支配、職業移動の自由、社会保険といった市民的制度が整備されていることは、対人関係におけるリスクを削減し、市場交換における「信頼」を高める。狭い範囲の地縁血縁的信頼でなく、見知らぬ他人との一般的信頼を高める。しかも、法の支配などの「非市場的制度」だけでなく、実は「市場」そのものもこうした「市民化の過程」civilizing process に貢献してきた。「リベラルで民主的で、市場にもとづく社会で人々が直面するインセンティブや制約は……社会的選好のクラウディングアウトではなく、むしろ一種のクラウディングインをもたらす」（同 143）とボウルズは言う。しかも市場での人びとの相互作用が反復されるようになると、評判の確立や規範侵犯者への懲罰を通して、ひたすら利己的な人間はかえって不利な立場に置かれる（Gintis et al. 2005: 8）。「市場の論理は道徳の論理を抜きには完成しない」（Sandel 2012: 訳 121）のである。

逆に、こうした市民社会的基盤が弱いところでは、あるいは、仮に市民文化が行きわたっていてもそれと逆行するような局所的状況（例えば上司・部下の間にあからさまな不信が存在する場合）のもとでは、一般的信頼は生まれず、インセンティブは社会的選好を締め出してしまう。「モラル」と「エコノミー」を補完関係において結びあわせるものは「市民社会」だということだ。

以上からわかるように、ボウルズによれば、自己考慮的で利己的な市民のみを前提とするかぎり、いかに巧妙にデザインされたメカニズムといえども効率を達成しえない。利己心は「見えざる手」を救いえないのだ。

では何が「救いの手」たりうるのか。興味深い社会学的発見が紹介される。「信頼して取引相手に関わることは、また自らの評判や他者の評判に配慮することは、生産物の質が契約によって規定されないときには生じるが、規定されうるときには生じない」(Bowles 2016: 訳 171)、と。つまり完備契約よりも不完備契約の方が、取引相手を信頼することや自らを信頼させることの重要性を学ばせ、市場をよりよく機能させていくということである。不完備契約はなるほど「市場の失敗」ではあるが、逆に契約者間の信頼を醸成することによって、いわば「市場の成功」をもたらす可能性があるというわけである。倫理的で他者考慮的な動機は市場にとって「救いの手」となるのである。健全な市場経済は信頼の形成を軸とする市民社会ぬきにはありえないのだ。

ここから立法者あるいは行政当局の使命の何たるかが見えてくる(同第7章)。一言でいえばそれは、インセンティブと道徳を代替的でなく補完的とするような方法や政策を模索することだ。その時、良き法によって市民的な徳の涵養を目ざした「アリストテレスの立法者」の意義が改めて浮かびあがる。ハイファの託児所でも、一片の罰金布告で済ます前に、まず遅刻がもつ倫理的問題を親たちに訴えかけていたら、また罰金制度を導入する場合でも遅刻に対する情状酌量や罰金収入の合理的使途について説明がなされていたら、所期の目的は達成できたのかもしれない。(8)

7　おわりに

この章では、「経済学の父」アダム・スミスを盾にとって、市場経済をもっぱら利己心（インセンティブ）の体系として描いてきた標準的経済学に対して、これに批判的な議論を追ってきた。すでに明らかなように、「見えざる手」を利己心一辺倒的に解釈することは、必然的に「あやつる手」への過信につながる。共感なき利己心、モラルなきインセンティブは経済的にも人間的にも「ゆたかさ」（ウェルビーイング）をもたらしはしない。

内田義彦はそのスミス研究を通して、スミス的利己心とはあくまでも「共感によって規定された利己心」なのであり、逆に「共感なき利己心」は独占的特権者の悪しき利己心であって、それは決して一国の全般的富裕につながるものではなく、スミスはこれを厳しく批判していたことを明示した。そしてスミス思想の真髄は、「共感によって規定された利己心」を出発点にして、その利己心の共感的等置から等価交換の正義へ、そこからさらに人間的労働の等置に媒介された人間的平等の思想へという方向性をもっていたものだとした。そこには事実上、スミスにおいてインセンティブとモラルの補完性の認識が存在することが暗示されていた。これが利己心の独走のうえに築かれた標準的経済学への批判を意味することは一目瞭然であろう。

ボウルズは、インセンティブと社会的規範の分離不可能性を指摘しつつ、不完備契約がますます重要な位置をしめるようになった現代経済にあっては、市民社会的信頼こそが市場経済の救い手になることを明らかにした。そこからさらに、「社会的規範は相互に利益をもたらす取引を実現するために本質的に重要である」（Bowles and Carlin 2020: 7）ともいう。そして資本主義の現代的発展は不完備契約の比重をますます高めるがゆえに、信頼・共感・社会的選好といった市民社会的な価値の重要性を高めるだろうと透視する。

内田が「利己心と共感」として立てた問題と、ボウルズが「インセンティブとモラル」として立てた問題は、ほぼ半世紀の時間差があるにもかかわらず、深いところで通底している。すなわち、ウェルビーイングの経済社会観へと通じている。そしてこの点で、両者はともども、利潤や効用の最大化という形でひたすら利己心の充足をめざす「合理的」個人という仮定——標準的経済学の根本にある仮定——の非現実性と非人間性に対して、頂門の一針となっている。

注

（1）内田義彦のスミス論といえば『経済学の生誕』（内田 1953）が有名であるが、以下ではそれをも念頭におきつつも、後年の内田のいっそう成熟したスミス論が展開されている内田（1970）を主要な素材とする。

（2）以下、内田義彦からの引用に際しては単行本の頁数に加えて、「③311」のように『内田義彦著作集』（内田 1988-89）での該当箇所の巻数（③）と頁数（311）を並記する。

（3）以下をも参照。『経済人』が何故に倫理人であり得たかという点に、スミスにおける倫理と経済の問題の焦点があった。……アダム・スミスの経済学は、後世『経済人』の経済学と称ばれている。而して多くそれは背徳的な経済学であるという意味においてであった。けれども……スミスの経済学は、それ自ら著しい倫理的色彩を持ったものであり、『国富論』はこの精神によって貫かれていた」（大河内 1969: 96-98）。

（4）スミスにおける利己心が野放図なそれでなく、共感や正義によって規制されるべきものであったことについては、たんに内田や大河内の見解であるということでなく、日本におけるスミス研究においてはむしろ常識に属することであろう。この点、古くは高島善哉が「利己心の発動は……正義の拘束を受けなければならない」（高島 1941: 179）と指摘していたし、また新しくは次のような各種発言が参照されるべきである。すなわち、スミスにとっては、「利己心や自愛心は義務の感覚〔一般的ルールを遵守する精神〕のもとに制御されなければならない」のであり、そういった「正義感によって制御された野心」のみが容認されたのであった、と（堂目 2008: 59, 101）。また、「人間が生きていくためには自己愛＝利己心が不可欠だが、市場に参加するためには、それだけでは足りない。相互の利益という感覚、つまり互恵的利他心も必要である」とも指摘されている（高 2017: 38）。

（5）インセンティブの概念をめぐっては Grant（2006）を参照。

（6）サンデルも紹介していることだが（Sandel 2012: 訳129）、この点、レヴィット／ダブナーの誇らしげな指摘は興味深い。「インセンティブは現代の日常の礎である。……経済学は突き詰めるとインセンティブの学問だ。……経済学者はインセンティブが好きである。……経済学者はインセンティブの仕組みをうまく作れるだけの自由があれば解決できない問題はこの世に何一つないと思っている。……しかし、ほとんどのインセンティブは空から降ってくるわけではない。誰か——経済学者か政治家か親——がそれを発明しなければならない」（Levitt and Dubner 2005: 訳14, 20-21）。

（7）この論点はかつて、労働・土地・貨幣という——本来、市場化されるべきでない——本源的生産要素の商品化（擬制商品）とともに人間社会が破壊されていくと、カール・ポランニーが看破していた問題の延長上に置くことができよう。Polanyi (2001) 参照。

（8）第5—6節は山田 (2018) から多くを転用した。

第3章　「新しい資本主義」を新しくする――岸田ビジョンを超えて

岸田政権が掲げる「新しい資本主義」の核心は「成長と分配の好循環」にある。そのはずである。だが、それは果たして実現できるのか。仮に実現できたとしても、それは私たちにウェルビーイング（ゆたかな生）をもたらしてくれるのか。政権公約という、いわば短期の言説の先に、人類史の長期的傾向を透視してみたい。

岸田文雄首相が率いる日本の新政権は「新しい資本主義」の実現を表看板に掲げて、二〇二一年一〇月四日に発足した。これまでの安倍政権のもとではまったく聞くことがなかったこの言葉の中身は何であり、何がどう新しいのか。加えてそれは本当に実現しうるものなのか。そもそもそれは実現すべきものなのか。それは日本の今後の針路を切り拓きうるものなのか。そんな問題関心から、以下、岸田ビジョンの中身をその変遷とともに確認したうえで、岸田首相のいう「新しい資本主義」の内実を分析し、最後にそれは、ウェルビーイングの向上が求められるべきポストコロナ経済社会のあり方からみてどう評価されるべきかについて考えてみたい。

1　岸田政権の「新しい資本主義」ビジョン

めざすべき「新しい資本主義」について、岸田氏はさまざまな機会で発言してきた。例えば二〇二一年九月、自由民主党総裁選挙への立候補に当たっては、『『成長と分配の好循環』による新たな日本型資本主義～新自由主義からの転換』をスローガンに掲げた（岸田 2021a）。その個々の政策に立ち入ることは後にまわして、ここから見えるかぎりでの「新しい資本主義」とは、「成長と分配の好循環」「新たな日本型資本主義」「新自由主義からの転換」をキーワードにしたものであることがわかる。この点は、従来の安倍政治からのかなり思い切った転換である。

首相就任後の岸田氏は、同年一〇月八日と一二月六日の二度にわたる所信表明演説で「新しい資本主義」を語っており（岸田 2021c, 2021d）、また自らの著書や論説でもこのビジョンについて述べている（岸田 2021b, 2022b）。ここでは比較的最新の二〇二二年一月一七日の施政方針演説から関連部分を紹介しておこう。

「経済再生の要は『新しい資本主義』の実現です。／市場に依存し過ぎたことで、公平な分配が行われず生じた、格差や貧困の拡大。市場や競争の効率性を重視し過ぎたことによる、中長期的投資の不足、そして持続可能性の喪失。行き過ぎた集中によって生じた、都市と地方の格差。自然に負荷をかけ過ぎたことによって深刻化した、気候変動問題。分厚い中間層の衰退がもたらした、健全な民主主義の危機。／世界でこうした問題への危機感が高まっていることを背景に、市場に任せれば全てがうまくいくという、新自由主義的な考え方が生んだ、様々な弊害を乗り越え、持続可能な経済社会の実現に向けた、歴史的スケールでの『経済社会変革』の動きが始まっています。／私は成長と分配の好循環による『新しい資本主義』によって、この世界の動きを主導して行きます。官と民が全体像を共有し、協働することで、国民一人ひとりが豊かで、生き生きと暮らせる社会を作っていきます。／日本ならばできる、日本だからできる。共に、この『経済社会変革』に挑戦していこうではありませんか」（岸田 2022a ／は原文改行）。

ここに見られるのは、近年における市場万能主義的な新自由主義がもたらした格差、貧困、環境破壊といった弊害を克服せねばならないという認識である。そのためには、「成長と分配の好循環」をつくり出すことによって、成長回復とともに公正な分配を実現して「分厚い中間層」を復活させるのだという。そして、これを実現するための重要な方式は、市場まかせでなく「官民連携」だとされる。端的にいって「分配」面が強調され、また「国家」の役割が重視されている点が特徴であろう。

では、どういう政治日程で「新しい資本主義」を実現するのか。まずは内閣に「新しい資本主義実現本部」を設置し、ビジョンを具体化するために各界有識者十数名からなる「新しい資本主義実現会議」を開催していく（内閣官房 2021a）。実現本部の設置趣旨には「成長と分配の好循環」のほかに「コロナ後の新しい社会の開拓」というコンセプトも盛りこまれた。実現会議は二〇二二年春を目途に提言をまとめ、その上に立って、政府として実行計画と工程表を策定するとされる（岸田 2022b）。実際、五月には「新しい資本主義のグランドデザイン及び実行計画〜人・技術・スタートアップへの投資の実現」と題する実行計画原案が判明し、六月には閣議決定されるという（朝日新聞 2022）。

実行計画原案では、「分配」は後景に退き「成長」重視に回帰し、「賃上げ」よりも「資産所得倍増」が謳われている。というようにこれは当初構想よりも大幅に後退し変節している。が、まずは二〇二一年一一月八日に実現本部事務局が発表した「緊急提言」（内閣官房 2021b）に即して「新しい資本主義」の当初ビジョンを今一歩くわしく見てみよう。

この「緊急提言」は大きく「成長戦略」と「分配戦略」からなる。成長戦略としては、（1）科学技術立国の推進、（2）スタートアップ企業の支援、（3）地方の活性化（デジタル田園都市国家構想）、（4）経済安全保障の四本柱が提起される。第一の科学技術立国のための施策としては、イノベーション投資、デジタル・トランスフォーメーションのための投資、クリーン・エネルギー技術の開発（気候変動問題への対応）などが提示されている。第二については、イノベーションの主な担い手はスタートアップ企業であるが、その若々しい新生企業が近年の日本では少ないので、これへの政策的融資を拡大し、またこれらの企業が株式を上場しやすくするための制度的検討を行うとされる。第三の「デジタル田園都市国家構想」というのは聞きなされない言葉であるが、要するに、最新のデジタル技術（テレワーク、ドローン宅配、自動配送など）を活用して、地方を活性化することによって、経済成長につなげようとするものである。そして第四の経済安全保障とは、国際競争上の戦略的物資（代表的には半導体）の確保と同時に、戦略的技術の国外流出を防止するための施策である。以上はいずれも「生産性向上」を通しての「経済成長」を意図している。

分配戦略は大略、（1）民間部門における賃上げ促進、（2）公的部門における所得引上げ、の二つからなる。日本における労働分配率は欧米諸国にくらべて低いという現状に鑑み、民間部門では、賃上げをした企業への優遇税制、労働移動の円滑化と人的資本への投資の強化、非正規雇用労働者への分配強化などが謳われている。公的部門に関しては、看護、介護、保育関係の労働者への待遇を改善し、また、高齢者のみでなく子どもや子育て支援を含む全世代型社会保障を構築するという。ただし見逃せないのは、当初の岸田ビジョンには金融所得への課税強化が含まれていたが（岸田 2021ab）、その後、これは株式市場からの反発を受けて取り下げられてしまった。加えて最近では「分配」よりも「成長」重視へと舵を切っている。こうした難点を残しつつも、この分配戦略をとおして、マクロ経済的には「賃金」を引上げ「消費」を拡大し「分厚い中間層」の復活を目指そうというわけである。

これに加えて「緊急提言」は、その序論的な箇所で「人への投資」の重要性を指摘する。人的投資の拡充は、労働者の知識や技能を高めて賃金上昇につながるだけでなく、生産性の向上をもたらして経済成長に寄与する。岸田首相は自らの論説でも「人重視で資本主義のバージョンアップを」「何よりも大切なのは人への投資」と強調し、それはもともと日本的経営の伝統であったはずだ、という（岸田 2022b）。冒頭に紹介した「新たな日本型資本主義」とは、この「人」重視の日本的経営を指しているようだ。ところが最近の実行計画案では、人への投資として「貯蓄から投資へ」が盛りこまれ（朝日新聞 2022）、はたしてこれが「人への投資」なのか疑問は尽きない。

2 「新しい資本主義」は新しいか

以上、岸田政権のいう「新しい資本主義」論について、岸田発言や政府資料をもとに紹介してきた。実行計画案では大いにトーンダウンしてしまったが、とにかくこれが岸田首相の意図するところであった。それを図式的に整理すれば、**図表3—1**のようになろう。この図は、岸田ビジョンが提起する各種政策（戦略）をつなぎ合わせてみると、どのようなマクロ経済的構図が浮彫りになってくるかについて、推測を含めて整理したものである。あるいは「成長と分配の好循環」が実現するとすれば、それはどのような経済的構図においてなのかを推量してみたものである。

この図について簡単な説明をしておこう。岸田政権は分配戦略の核心として「賃上げ」（あるいは労働分配率の上昇）を掲げていたが、そのための原資は——労働生産性であれ全要素生産性であれ——「生産性」の上昇にある。この生産性上昇の成果を岸田式分配戦略を総動員して「賃金」上昇につなげ、それが広範な層に行きわたれば、「消費」が拡大し「分厚い中間層」が形成される。他方、各種の政府投資や民間投資支援政策を核とする成長戦略によって、停滞気味の投資を活気づける。「投資」と「消費」の双方が拡大することによって、総需要（ＧＤＰ）が成長する。ＧＤＰの成長は「科学技術立国」

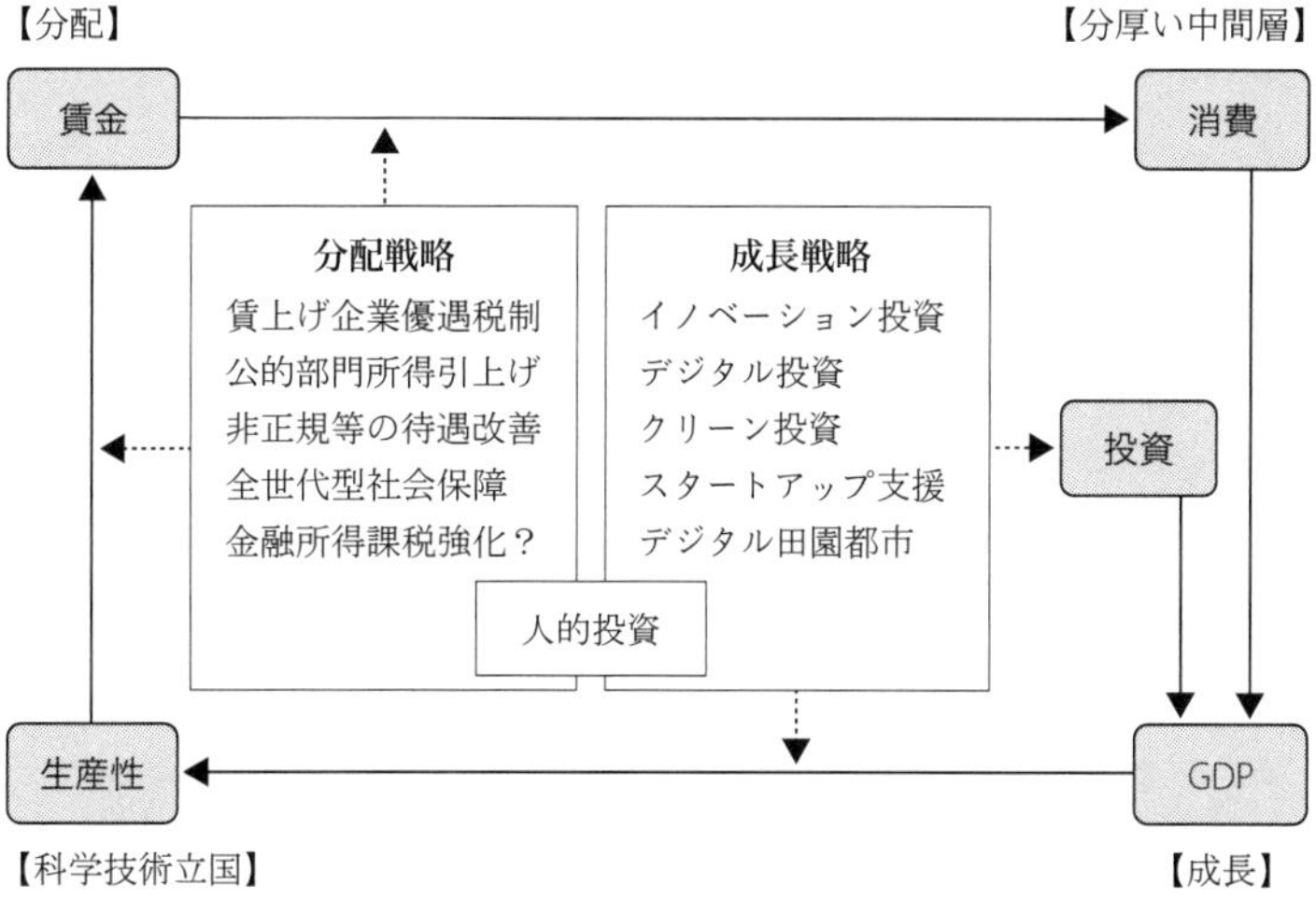

図表 3–1　岸田ビジョン「新しい資本主義」の構図

に向けての成長戦略にバックアップされて「生産性」の上昇をもたらす。こうして消費・投資と生産性に媒介されつつ、成長（GDP）と分配（賃金）の好循環が実現する。なお「投資」はこれを投資需要とみればGD成長要因（投資→GDP）であるが、投資効果とみれば生産性要因（投資→生産性）であって、図中の「GDP」と「生産性」の位置は互換的であろう。

というようなマクロ経済的循環を意図しているのが、岸田ビジョンであろう。政府の役割と分配是正を唱えるこのビジョンは、新自由主義による市場万能論と格差拡大の弊害にあえぐ今日、たしかにある種の「新しさ」がある。また、現代経済社会を指して「市場経済」と言わずに「資本主義」と呼んでいる点も、私には新しい驚きであった。というのも、「資本主義」の語はとりわけ労使の対立・支配関係を表象させるので、少なくとも自民党系の論者はこれまでこの語を避けて、人びとの自由平等な関係をイメージさせる「市場経済」の語を多用してきた感があるからである（佐伯 2021）。あるいは、アメリカ系の経済学教科書では、少なくとも索引項目で見るかぎり、一九九〇年代以降、「資本主義」の語は消えて「市場経済」の語しか存在しなくなっている（本書第6章参照）。そんななかでの「新しい資本主義」論の登場であった。そしてこれ以降、新聞紙上でも「資本主義」の語が頻出するようになった。貧富の格差拡大や階級的・階層的分断の深刻化という現実を前にするとき、もはや「市場経済」でなく「資本主義」と言わざるをえないということなのであろうか。

「資本主義」という用語の新しさはともかくとして、では「成長と分配の好循環」は資本主義にとって「新しい」ことなのか。否、である。一九七〇年代にフランスで生まれた新しい経済学（レギュラシオン理論）によれば、一九五〇―六〇年代のいわゆる先進資本主義諸国（代表的にはアメリカやフランス）では、「フォーディズム」と呼ばれる成長体制が確立し、そこでは資本主義の歴史上はじめて、成長と分配の好循環が実現した。第二次世界大戦後から石油危機（一九七三年）までの三〇年弱は、他のどの時期と比較しても格段に高いGDP成長率と一人当たりGDP成長率（さしあたり分配の代理変数としておく）が実現されたのである。つまり高成長と高賃金が累積的因果関係をなし、成長と分配の好循環が見られたのである。**図表3―2**はそのマクロ経済的構図である。

図は製造業を中心にし、かつ貿易、財政、金融を捨象している。戦後欧米では、製造業における高い生産性が出発点をなし、その生産性成果が（利潤として独占されるのでなく）賃金上昇にも振り向け

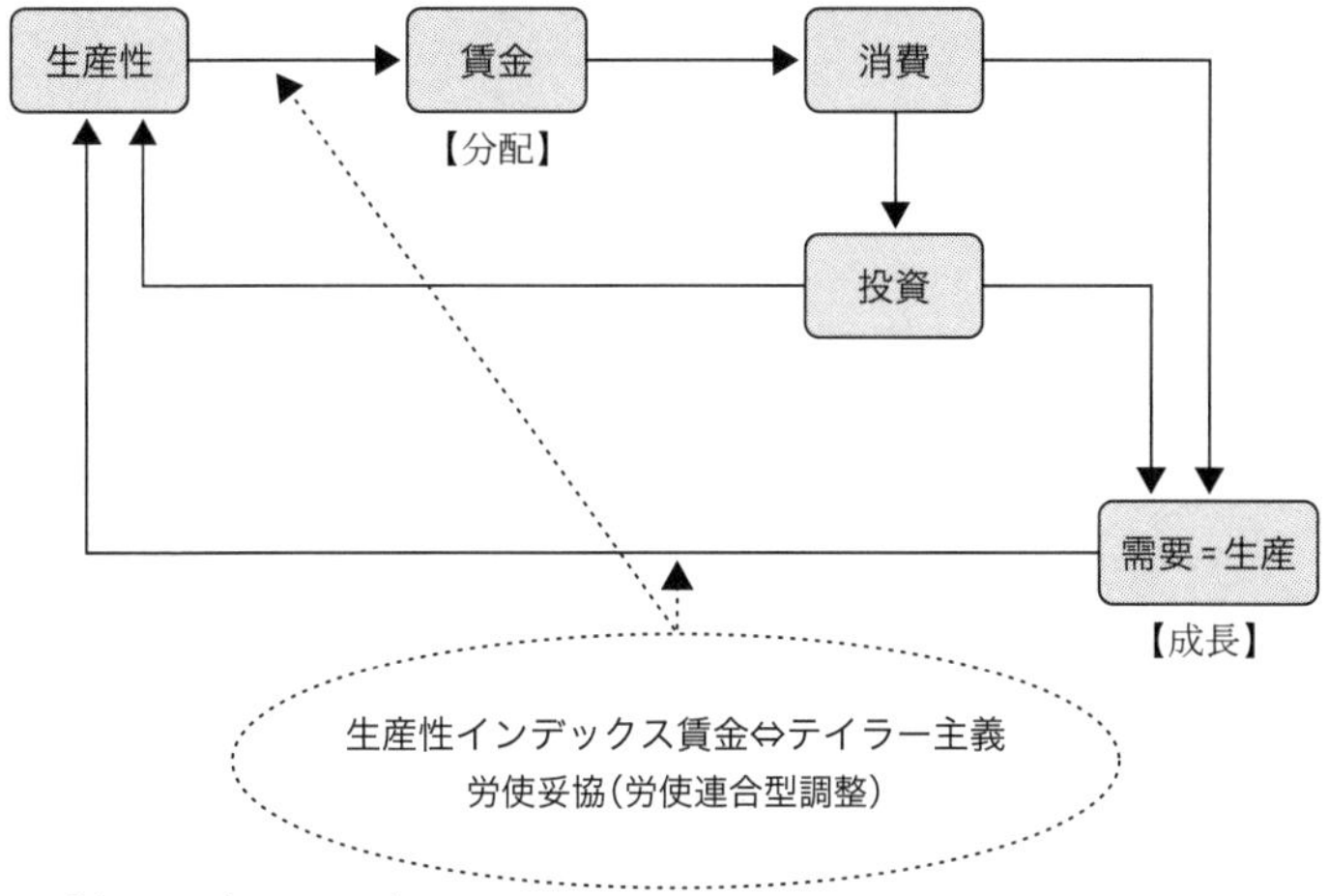

出典）山田（1993, 2008）

図表 3–2　フォーディズムにおける「成長と分配の好循環」

られた。その賃金上昇は耐久消費財を中心とした大量消費へと連動し、それが今度は企業の設備投資を促進する。消費と投資は総需要を拡大し、これに応じて生産が拡大する。つまり高いGDP成長が実現する。他方、投資が生産性の上昇をもたらすだけでなく、投資を含む需要（市場）の拡大は大量生産方式の導入とあいまって生産性上昇につながる。これは経済学では「規模の経済」ないし「収穫逓増」として知られていることだが、この時代は、この量産効果はとりわけ顕著であった。こうして「賃金」（分配）と「需要＝生産」（成長）の好循環の回路が成立したのが、戦後欧米であった。フォーディズムは「成長と分配の好循環」のうえに築かれた史上初の資本主義なのであった。

だが、こうした回路は自動的に出来上がったのでもないし、政府の政策のみによって成立したのでもない。戦後に独自な各種制度が形成され、そのうえで戦後に独自な労使妥協が形成され、それらによって媒介されて成立したのである。繰り返すが「政策」だけで「成長と分配の好循環」は実現できはしなかった。これは「新しい資本主義」なり「経済社会変革」を考える場合に銘記すべき点である（詳しくは後編参照）。そして、この点こそはレギュラシオン学派の核心的発見なのである。

つまり戦後、労働組合の結成や労使の団体交渉という新しい制度が確立し、労働者は団体交渉を通じて、賃金を——労働市場での需給関係と関係なく——生産性に連動（インデックス）して上昇させるよう経営側に承認させた。代わりに経営側は労働者に対して、テイラー主義的労働（単純単調作業）——これを労働側はこれまで拒否していた——を受け入れさせた。こうして「生産性インデックス賃金の提供 対 テイラー主義の受容」という労使妥協が成立し、それによって図表3—2中の「生産性→賃金」や「需要＝生産→生産性」の回路が支えられた。そのような新しい制度や、制度の背後にある社会各層間の妥協や合意のあり方こそが、「政策」の成否を左右するのである。という点からフォーディズムを再定義すれば、それは「生産性インデックス賃金 対 テイラー主義」の労使妥協によって媒介（調整）された「大量生産―大量消費」の経済体制だったと言える（山田 1994; Yamada 2018）。なお、先走って付言すれば、一九七〇年代後半以降、フォーディズムは機能不全に陥り、その後やがてアメリカを中心に金融主導の新自由主義が支配することになる。

戦後日本においても、これとは異なる構図においてではあったが、やはり「成長と分配の好循環」が見られた時期があった。その具体的構図に立ち入る余裕はないので、ここでは一九六〇年代—二〇

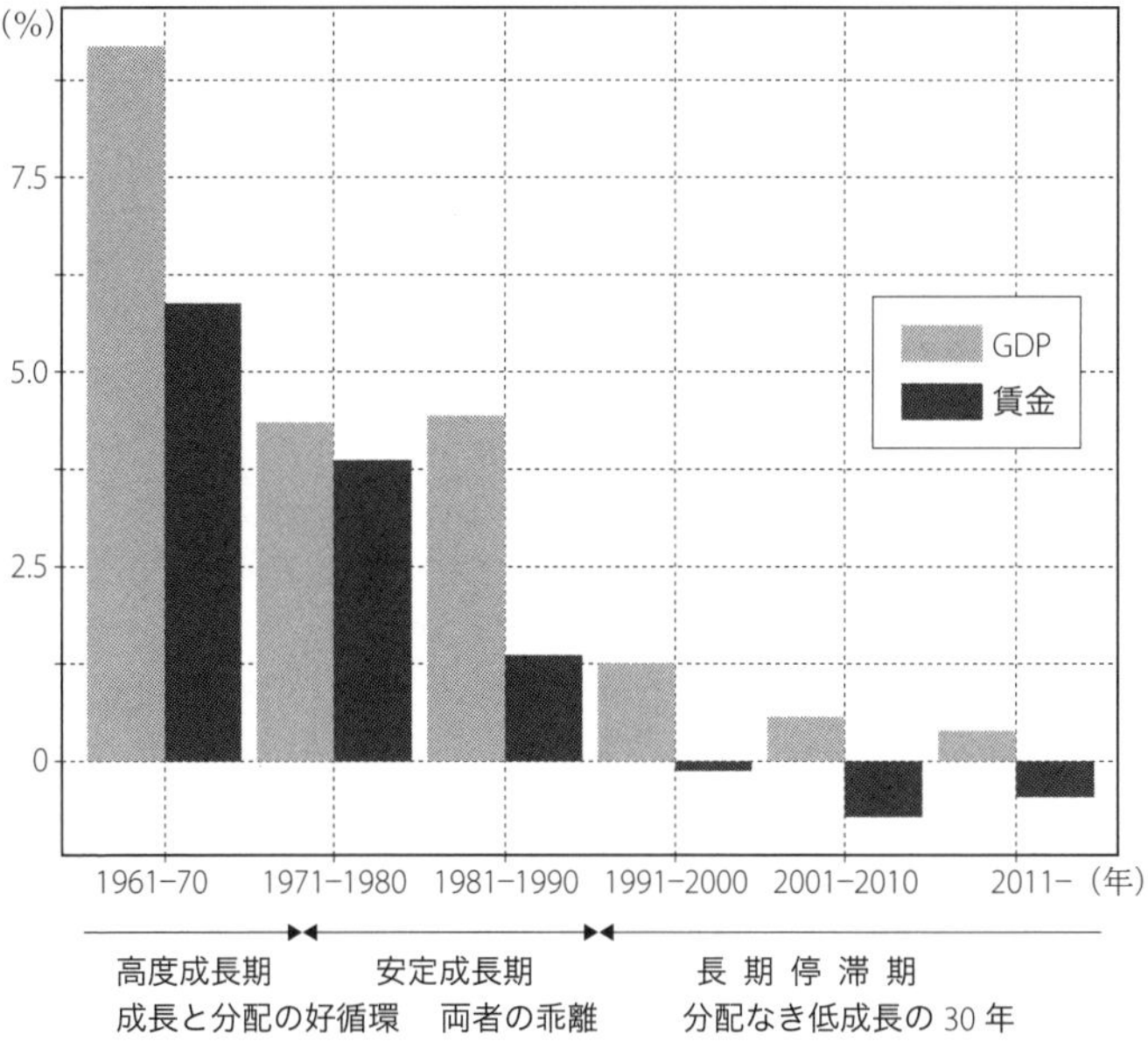

出典）JIL、世界銀行

図表 3–3　日本における実質 GDP 成長率と実質賃金成長率

一〇年代における実質ＧＤＰ成長率と実質賃金成長率の関係について、**図表３—３**によって確認しておこう。

一九六〇―七〇年代にかけては、高い経済成長率に対して賃金成長率もそれなりに十分に高く、「成長と分配の好循環」が見られたのであるが、一九八〇年代には比較的に高い経済成長率にもかかわらず賃金上昇率は低下し、ここに成長と分配の乖離が始まった。それ以後の一九九〇年代から今日にかけての三〇年間は、経済成長率はごく低いながらもプラスの値を維持したが、賃金成長率はマイナス値が続いている。分配なき低成長、否、分配を犠牲にした低成長というのが、近年の日本の姿である。主要諸国で実質賃金が低下するというのは日本だけのことであり、だからこそ岸田内閣も（いや安倍内閣以来）企業に対して賃上げ要請をせざるをえなくなっている。

が、いま確認しておくべきは、欧米のフォーディズム時代といい、日本の高度成長期（および安定成長期前半）といい、資本主義は「成長と分配の好循環」を経験しているということである。だから「成長と分配の好循環」は日本資本主義にとって決して新しいことではない。もっとも、その経験はすでに一世代以上前のことであり、その後の新自由主義のもと、株主資本主義の支配と賃金の下落という「失われた三〇年」を経た今日という時点に立てば、「成長と分配の好循環」という標語は、日本において新しい響きをもつかもしれない。

3　「新しい資本主義」ビジョンの問題点

岸田ビジョンが当初示していた方向性にはある程度の妥当性があるのは確かであるが、問題はその実現可能性である。これは結局「絵に描いた餅」に終わってしまわないか。事実それは、実行計画案ではみごとに骨抜きになってしまった。それがこのビジョンの大いなる問題点であろう。以下、**図表3―4**をもとにして、当初構想でさえ、その実現のためには大きな阻害要因があったことを確認しておこう。

岸田ビジョンが事実上想定している好循環回路は、さきの**図表3―1**に示したとおりである。**図表**

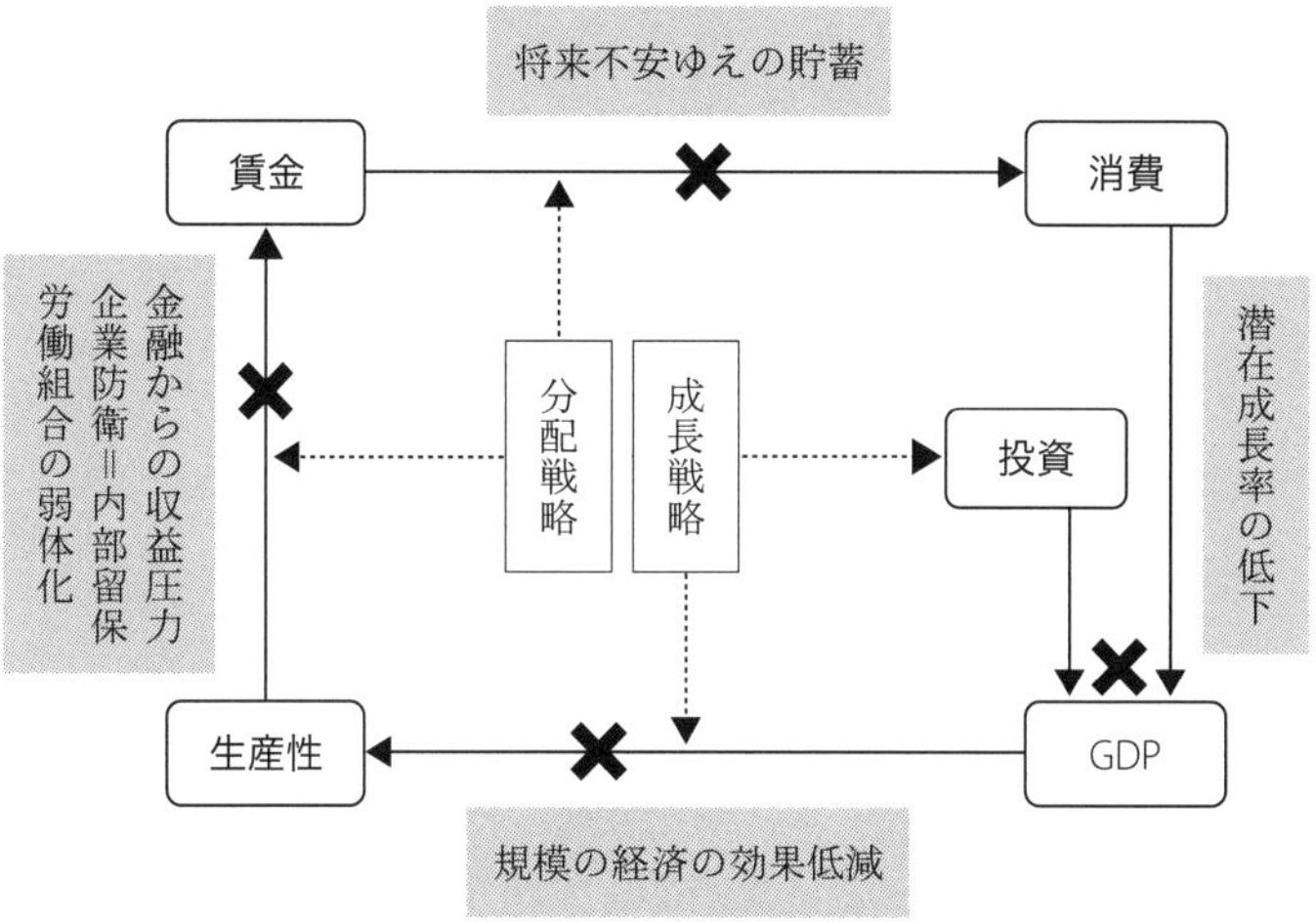

図表 3–4　「新しい資本主義」ビジョンの阻害要因

3―4はその図表3―1のうえに、はたしてこれが順調に機能しうるのかどうか、懸念材料ないし阻害要因（図中の網掛け部分）を重ね合わせたものである。

最大の問題は 生産性→賃金 の回路、つまり生産性上昇の成果を賃上げにつなげうるかどうかにある。新自由主義は金融（株主）の力を強大化したが、その金融界は株主主権の名のもとに高い金融収益を企業に要求し、事実、高い収益を獲得している（岩井 2021）。賃上げにとって最大のネックは、実はこの金融界からの収益圧力にある。何よりもまずこれを抑制しなければ、労働分配率の上昇は見込めない。しかもその金融界は世界をまたにかけてグローバルに展開しているので、金融収益拡大の圧力に対抗するためは、たんに日本一国だけでなく、世界各国との協調が不可欠である。だがしかし、岸田ビジョンからは、この金融的圧力に対抗する国際連携に取り組む姿勢が見られない。

加えて税制も問題である。一般に高所得者ほど労働所得でなく金融所得（主にキャピタルゲイン＝株式売買益）の比重が高いが、日本の税制にあっては、金融所得は累進課税でなく一律二〇％の固定税率となっている。そのため年収一億円を超える超富裕層の所得税率は一億円以下層よりも低率となってしまう。いわゆる「一億円の壁」である。岸田首相もこれを承知していて、改革のため「金融所得課税の強化」を掲げたのであるが、先述のように、株主からの反発を受けて早々にこの政策を引っ込めてしまった。金融収益は新自由主義の根幹をなしており、首相が「新自由主義からの転換」を謳うからには金融所得課税の強化は避けて通れないはずである。それなのに、これをあっさりと放棄してしまっては、賃上げへの本気度も、新自由主義からの転換の本気度も、極めて疑わしい。それどころか、実行計画案は「資産所得倍増」を掲げることによって、格差拡大を煽りかねないことになっている（毎日新聞 2022）。

生産性→賃金の回路の実現にとっては、これ以外にも阻害要因がある。企業が自己防衛するために膨大な内部留保を蓄積し、これを賃上げへと振り向けようとしないという問題である。メインバンク制度が崩壊して以来、日本企業は、不安定な国際経済環境や株主主権論による金融収益拡大圧力のなか、自己防衛のために社内留保を増大させてきた。他方、労働組合はと言えば、産業構造のサービス化や労働形態の多様化により、労働組織率は低下の一路をたどり、労働者は分断され、こうして衰退した労働組合には賃上げを実現させる力は存在しない。生産性上昇の成果はひたすら企業と金融に独占され、労働がそこから排除されている。日本経済はここ三〇年、労働者の犠牲のうえに生きながらえてきた。岸田ビジョンが掲げる分配戦略だけで、はたしてこれを突破できるのか。

次に賃金→消費の回路について見ると、賃金上昇がはたして有効に消費拡大へとつながるかどうか。懸念材料は、人びとが老後、子どもの教育費、不安定就業からくる失業など、将来への不安から、賃金上昇分をむしろ貯蓄に回して消費には振り向けないという点である。かつて一九五〇―七〇年代にあっては、消費生活はまだ貧しく、賃金上昇は自動車・家庭電化製品・住宅などの耐久消費財への大量需要を喚起した。けれども今日、それは期待できない。今日必要なことは、老後、教育、雇用などへの将来不安を解消するための社会保障制度の充実である。分配戦略のうちに「全世代型社会保障」も打ち出されているが、それがはたしてどこまで人びとの将来不安の解消に役立つか、未知数である。

消費拡大がそれほど望めないとなると、経済成長の主役は投資への期待となる（ここでは輸出は捨象する）。成長戦略にはイノベーション投資、デジタル投資、クリーン投資、人的投資など――それ自体としては目新しい政策ではない――の推進が盛りこまれていた。だがしかし、日本の潜在成長率は二一世紀になってから目に見えて低下し、しかも欧米諸国とくらべてもはるかに低い値で推移しているという現実がある。潜在成長率は労働投入、資本投入、全要素生産性の諸要因からなる。このうち労働投入要因は人口減（労働力減）によって、また資本投入要因は製造業の海外進出（産業空洞化）やリーマンショック後の国内設備投資停滞によって、それぞれマイナスないしごくわずかなプラスの寄与しかしていない。最近の潜在成長率は一％に満たないものと見積もられている。はたして岸田式投資政策がこれをどこまで引き上げることができるのか。懸念は尽きない。

最後にGDP→生産性の可能性について言えば、GDP（市場）が拡大すればそのことだけで生産性上昇につながるといった「規模の経済」効果は、かつてフォーディズムのもとでは顕著であった。しかし今日のデジタル・プラットフォーム資本主義のもとでは、この効果はそれほど大きくなく、むしろ「連結の経済」（異種企業間の結合による生産性上昇）が主流をなすようになる。また成長戦略にいうイノベーション投資や人的投資は、一般論としては全要素生産性を高めるのであろうが、近年におけるこれらの投資に関する日本の実績は低調であり、岸田ビジョンによって一気に生産性上昇が実現するかどうか、楽観はできない。

以上、岸田式「新しい資本主義」ビジョンにおける四つのマクロ的回路が遭遇するであろう困難を見てきた。まさに四面楚歌である。当初構想は若干の期待をもたせただけに、岸田政権はこれらの困難を突破する政治力と本気度が試されている。とりわけ金融界からの収益圧力にいかに対抗しうるか、また金融所得課税の強化にどこまで踏み込めるか。「分配」といっても「賃上げ」という市場的分配に偏っていて、制度的分配（「再分配」）の観点が弱いと指摘されているだけに、再分配の原資としての金融所得課税の強化が求められている。この点こそ、このビジョンの成否の鍵をなすにもかかわらず、最近では、政府部内から「金融所得課税優先せず」との見解が表明され（日本経済新聞 2022）、実行計画案ではこの課税の問題が跡形もなく消え去ってしまった（朝日新聞 2022; 毎日新聞 2022）。この政策の完遂なしには、自ら掲げた「新自由主義からの転換」はありえないにもかかわらず、である。

4 ポストコロナ経済社会の方向性

さて、さきにも一言したが、新しい資本主義実現本部を設置するに当たってのコンセプトは、「成長と分配の好循環」と「コロナ後の新しい社会の開拓」にあると明記されていた（内閣官房 2021a）。「新しい資本主義」は同時に「コロナ後の新しい社会の開拓」をも意図している、ということだ。

だが果たして、これまで見てきた「新しい資本主義」論は本当にコロナ経験を踏まえた「新しい社会」への方向性を示しているものなのであろうか。たんに今のコロナ禍を早く終息させて、コロナに煩わせられない――感染症や公衆衛生に無関心でいられる――「新しい社会」を急いで構築しようとしているだけでないのか。それとも、新型コロナの蔓延という歴史を画する事態に学んで、「健康」や「人命」の決定的重要性を経済社会運営の基軸にすえた「新しい社会」を創出しようとするものなのか。残念ながら、岸田ビジョンは後者でなく前者に傾いている。ある意味ではこの点こそ、岸田ビジョンの最大の問題点であり、批判されるべき点である。どんなに岸田首相が「人間中心の資本主義」（岸田 2021b）を掲げ、「『人』重視」（岸田 2022b）を叫ぼうとも、コロナ体験を経たのちの私たちには、岸田ビジョンが「コロナ後の新しい社会の開拓」につながるとは思えないのである。

具体的に見ていこう。第一に、岸田ビジョンは「賃上げ」を看板に掲げた。もちろんそれは絶対に必要なことだ。新自由主義のもとで株主の利益と企業の内部留保のみが高まり、労働者の実質賃金が低下しつづけるという現実の前では、何をおいても賃上げは絶対に不可欠の大前提だ。だが、そこで終わっていいのか。第二に、「人間中心の資本主義」というが、それは所詮「人的投資」に集約されている。人的投資による人間の各種能力の向上はもちろん歓迎すべきことである。しかし、その人的投資の先に期待されているのは生産性向上・経済成長である。人間能力の向上はそれ自体として目的とされているのでなく、成長のための手段として位置づけられている。コロナ後を見据えたとき、果たしてそれでよいのか。

そのような問題関心から、フランス・レギュラシオン学派のロベール・ボワイエの議論にしばらく耳を傾けよう（Boyer 2020）。ボワイエによれば、コロナ・パンデミックのもとで、一方でデジタル・プラットフォーム資本主義がますます支配的になった。その代表的な二類型として、アメリカ型（GAFAMなどの超国籍的企業）と中国型（国家資本主義）がある。だがしかし、プラットフォーム資本主義の華々しい躍進の背後で、他方、「人間形成型」anthropogénétiqueとも呼ぶべき資本主義の潜在的傾向がその存在感を増してきた。具体的には、経済社会活動のうちに占める「医療」「教育」「文化」の比率が高まってきた。これらは直接には物的な生産活動でなく、サービスの提供であるが、サービス活動のなかでも金融や商業とちがって、何らかの形で人間的能力の向上――つまり「人間形成」――に資する活動である。医療は健康の回復・増進という形で、教育は人格・知的能力の向上という形で、文化は感性・想像力・創造力の涵養という形で、それぞれ人間形成（人間開発）に貢献している。これらはいわば「人間による人間の生産」活動だといえる。

コロナ禍を通じて私たちは医療・公衆衛生の重要性を痛感させられたが、いま少し視野を広くとって、教育・文化を含めた「人間形成」的活動の重要性が認識されねばならない。いや、それが経済社会運営の基軸に据えられなければならない。それがコロナ禍から学ぶということであり、そのうえでこそ「コロナ後の新しい社会の開拓」がなされる必要があろう。

こうしたボワイエの人間形成型発展モデルの観点に立つとき、岸田ビジョンの問題点も自ずと明らかになる。第一に、目標がせいぜい「賃上げ」どまりであって、人びとの「人間形成」にまで目が届いていないことである。人間形成とは別言すれば、人びとが健康・教育・文化に恵まれて「ゆたかな生」well-being を享受しうることである。コロナ後には、goods/bien（物的財貨）中心の思考から抜け出して well-being/bien-être 中心の思考へと転換する必要があるのではないだろうか。

同じことは、岸田ビジョンの第二の問題点たる人的投資論にも当てはまる。このビジョンでは人的投資は所詮、GDP成長のための手段でしかないのである。GDPのために人間能力の開発があるのでなく、人間能力の開発のための手段として——もしそれが必要なら——GDPの成長があってもよい。単純にいって、「成長のための人間」（人材、人的資本）なのか「人間のための経済」（人間形成、人間開発、ウェルビーイング）なのかの問題である。もし後者を基軸に据えるならば、そのときにはGDP至上主義——経済学および政策運営が長年固執してきた神話——は相対化されねばならない。

こうした議論が机上の空論でないことは、すでにコロナ禍以前から、GDP指標を超える各種指標が考案され、それにもとづいて実際的計測や政策運営が行われていることによって証明されている。

二つの例のみを挙げよう。いずれもwell-beingに視点を当てた政策指針である。

第一に、国連の「人間開発指数」(Human Development Index: HDI)である。これは人間開発(人間形成)を、(1)長寿で健康な生活、(2)知識(教育)、(3)人間らしい生活の三側面から捉えようとする。具体的には、(1)平均寿命、(2)成人識字率および総就学率、(3)一人当たりGDP(対数)を指標にとる。(1)(2)は人間の潜在能力の形成を意味し、(3)はそれら諸能力を発揮する選択の幅を示す。HDIはこれら諸指標を総合し、各国の数字が0と1の間に収まるよう調整した結果として出され、数値が1に近いほど人間開発が進んでいると評価する。ここにはGDP要因も含まれているが、それはあくまでも他の二要因とならぶ一要因にすぎず、GDPが絶対化されているわけではない。これにもとづいて国連は毎年『人間開発報告書』を発表している(UNDP various years)。

第二は、二〇一〇年代以降、経済協力開発機構(OECD)が計測・公表しているBetter Life Index(BLI)である(OECD various years)。そのアイデアは経済学者のスティグリッツやセンなどが中心になって作成した報告書にある(Stiglitz, Sen et al. 2010)。そこでは、一人当たりGDPで示される生活の「水準」でなく、何よりも生活の「質」(つまりbetter life/well-being=よりよき生活)が問われている。「生活の質」の中身としては、健康状態、教育・技能、ワークライフバランス、社会的ネットワーク、市民参加、環境の質、生活の安全、主観的幸福度の八項目が検討対象となる。ほかに「物質的な生活条件」(所得、仕事、住居など)も勘案され、最後にwell-beingの将来的持続可能性までもが視野に入れられる。これら諸指標の実績をスコア化し、その合計スコアを算出して各国比較することはできる。しかしながらＢＬＩは、各種パフォーマンスを単一の数字に集約し抽象化してしまう前に、「ゆたかな生」の多様な側面を多様なままに捉えようとしているのであり、その点でＧＤＰ至上主義からは大きく超越している（ＨＤＩとＢＬＩについては次章参照）。

そして重要な点であるが、この「量から質へ」の思想転換は、例えば「ＥＵ２０２０戦略」に見るように、現実の政策レベルでもすでに始まっているということである（European Commission 2010）。そこから振り返ってみると、岸田ビジョンは依然として旧来的観念にとらわれていて、真の意味で「新しい」とは言えない。まして実行計画案（二〇二二年六月）は、古い政策への逆戻りである。「新しい資本主義」は新しくされねばならない。そして、「コロナ後の新しい社会の開拓」を本気で模索するというのであれば、経済社会に対するこうした視座変革を取り入れるべきではなかろうか。

加えて付言すれば、「成長と分配の好循環」の実現は、仮にそれが可能だとしても一つの内閣という時間的射程内では不可能に近い。まして「ウェルビーイング」中心型経済発展という課題は、政権政党や内閣の変転を超えて、長く、深く、そして粘り強く追求されていくべきものであろう。

第4章

ウェルビーイング主導の人間形成型社会
――R・ボワイエのパンデミック論から――

コロナ・パンデミックは経済にとって、そしてそれ以上に人間にとって、保健医療の重要性を突きつけた。いま少し広げて健康・教育・文化という人間形成的活動であり、人間のウェルビーイングの基軸的意味への自覚が要請された。「コロナ後の新しい社会の開拓」は、この視点を抜きには語りえないのではなかろうか。

1　パンデミックと資本主義の趨勢

二〇二〇年以来のコロナ・パンデミックのなかで、われわれは「もう元 before corona には戻らない」「新しい日常 new normal が始まる」との言葉をよく耳にした。そこには、今回の新型コロナウイルスの蔓延が経済社会に及ぼした甚大な影響と、それにともなう歴史の変曲点への予感が直感的に吐露されている。事実、各種の学術的文献においても、コロナ禍を契機とした従来型社会経済レジームの危機や変容への展望が語られること、しばしばである。それを本稿では、主にボワイエ『パンデミックは資本主義をどう変えるか』(Boyer 2020) に依拠しつつ整理するとともに、そのなかでそれほど目立つことなく語られている「人間形成型」anthropogénétique の発展様式について、これを彼の記述を超えていっそう具体的に検討し、もって新自由主義的な現代資本主義に代わる新しい経済社会への道標を模索してみたい。

今回のパンデミックが時代を画するほどの大事件であることについて、ボワイエは次のように言葉を重ねる。「パンデミックは、一時的な影響に終わる偶発的な出来事を意味するものではない。それは一時代の終焉を告知しており、オルタナティブな社会経済レジームを模索しながら探究するという、長期にわたる過程の開始を告知しているのである」(同 訳 4-5)。「二〇二〇年はある大危機への突入を刻印したが、それは……何よりも、自らの長期的再生産条件を保証できない社会経済レジームが限界に到達したがゆえにである」(同 訳 40)。「経済活動の枠組みとなっているあらゆる制度諸形態は、巨大な――そしておそらく持続的な――変化をこうむることだろう」(同 訳 220)。

限界に到達し、自らを長期的に再生産できない社会経済レジームとは何なのか。必ずしも明示的ではないが、ボワイエの思考のなかでは、この数十年間、世界を席巻してきた「新自由主義」レジームが念頭にあるようである。「新自由主義は三〇年近くにわたって、規制緩和、自由貿易、金融化、賃労働関係のフレキシブル化、公共支出の削減を正当化してきたが、その新自由主義の支配は突如として正統性を失った」（同訳3）。ただし「正統性の喪失」は必ずしもその「公然たる危機」を意味するとは限らないところが、歴史的現実の複雑な錯綜性を証している。「パンデミックを制御するなかで国家が復帰してきたが、これは新自由主義的イデオロギーの公然たる危機……を意味しているのだろうか。決着をつけるにはまだ早すぎる」（同訳286）。

国家が復権しつつあるが、同時に新自由主義イデオロギーもまだ命脈を保っている。そんな両義的な現状のなか、コロナ・パンデミックによって資本主義のなかである趨勢が顕著に突出してきた。それが「プラットフォーム経済」であり、あるいはそれを基盤とした「デジタル資本主義」である。それは市場・労働・消費をデジタル化し、また各種経済部門にわたるビッグデータをリアルタイムで収集・処理する。デジタル化そのものはすでに前世紀末以来進行していたのだが、コロナ禍のなかで、テレワーク、eコマース、オンライン会議、人流データ解析、AI技術の進化と応用などが急速に進み、その定着と普及は圧倒的となった。これはポストコロナ期においても然りであろう。そのプラットフォーム経済には三つの変異形があり、それぞれ、「超国籍的プラットフォーム資本主義」（アメリカ）、「国家主導型資本主義」（中国）、「バイオ資本主義」（ヨーロッパ）だとボワイエはいう（同第6章）。

超国籍的プラットフォーム資本主義とは、GAFAM（GAFA＋マイクロソフト）に代表されるデジタル多国籍企業が主導する資本主義のことであり、これらによる情報の収集と処理の能力は各国政府の統計部門によるそれをはるかに上回る。それは情報の迅速な利用の可能性を与えてくれるが、同時に陰に陽に「監視社会」への扉を開いてしまう。国家主導型のデジタル資本主義は中国に代表されるが、それは容易に監視社会へと転化し、強権政治への道に通じやすい。中国のみならず、近年では少なからぬ新興市場経済諸国においても、この傾向がみられる。以上の二つにくらべると影は薄いが、欧州連合のバイオ資本主義は情報の市民的コントロールをめざそうとする。コロナ禍から強くなって抜け出しうるのは、おそらく超国籍的プラットフォーム資本主義と国家資本主義であろうが、しかし、「財や政策目標の階層性が教育・医療・文化に有利なように持続的に変化するという方向で、パンデミックが終わる」(同 176) ならば、バイオ資本主義の出番もあり、その延長上に「人間形成型発展様式」への道もあることだろう。

それどころか、人間形成型はたんに欧州経済の延長上にあるというよりも、米中を含めておよそ現代資本主義の伏流をなすものと理解されるべきであろう。この点についてボワイエはいう。「その同じ劇的エピソード〔新型コロナ・パンデミック〕が明らかにしたのは、教育・医療・文化を核心とする社会的経済的なある発展様式が静かに立ち現れつつあるということである」(同 145)。あるいは「金融化によって支配された資本主義は秘かに……『人間形成型』と名づけた資本主義に歩をゆずっている」(同 140)。

現代資本主義の底辺には人間形成型発展様式が出現しつつある。だがしかし、それはごく「静かに」かつ「秘かに」でしかない。したがって人びとは多くの場合、まだその存在に気づいていない。「この新しい発展様式の展望はすでに存在しているのであるが、これが認識される点では遅れがある」(同 145)。「この人間形成型発展様式はすでに現存しているのであるが、しかし……支配的な経済パラダ

年代	1945→1973→1991	1991→2008→2020……	？
発展様式	フォーディズム	金融主導型	GAFAM 資本主義（米） 国家資本主義（中） →人間形成型？
経済思想・政策	ケインズ主義	新自由主義 （市場原理主義）	国家の復権？
世界経済の構図	One Model, Many National Brands. 南北問題・東西冷戦	資本主義の多様性 ・5つの資本主義 ・米欧亜南米の補完	米中衝突 富国 vs 貧国
危機要因			
・内生的要因	成長体制の枯渇 労使妥協の崩壊	金融自由化の暴走 市場原理主義の限界	
・加速的大事件	ニクソンショック オイルショック	サブプライム危機 コロナ・パンデミック	

図表 4–1　資本主義の趨勢的変化

イム〔例えばGDPや経済成長率〕のせいで、感知されるに至っていない」（同 291）。それどころか、「人間労働による人間の生産〔医療・教育・文化など〕への支出がひそかに経済活動のうちで増大してゆく部分を占めていたが、しかしこの支出は民間の工業イノベーションを阻害するコストとして認識されていた」（同 255）のであり、要するに医療・教育・文化は、財生産の阻害者として否定的に評価され、とりわけ新自由主義のもとではコストカットの最大の標的にされてきたのが現実である。医療・教育・文化は経済的繁栄の妨害者なのか、それとも人間の厚生（ウェルビーイング＝ゆたかな生）の推進者なのか。また経済社会は今後、bien（財）の増大を軸にすべきか、それとも bien-être（ゆたかな生）の追求を軸にすべきか。

　さまざまな逆行的要素と絡み合いながらも（同 訳157参照）、それでもなお現代資本主義は、コロナ・パンデミックを通じてその底流において、このような人間形成型発展様式への門戸を開かせる地点へとわれわれを導いた。その実現はまことに「不確実」（同145）であり、場合によってはたんなる「ユートピア」（同265）に終わるかもしれないが、それでも、このような選択肢が開かれたことは奇貨として受けとめられてよいであろう。

パンデミックが資本主義に与えた衝撃にかんする以上のボワイエ的認識を踏まえ（井上 2021 参照）、これをレギュラシオニストによるこれまでの資本主義理解と接続して試論的に図示すれば、**図表4―1**のようになろう。パンデミックのもとでの資本主義の趨勢を、二〇世紀後半以降の中長期的歴史のなかに位置づける一つの試みである。

2　人間形成型発展とは何か

ここで、ボワイエのいう「人間形成型発展様式」anthropogénétique mode de développement とは何かについて、振りかえっておくのがよかろう。「人間形成型」は「人間主導型」と訳されることもある。また「発展様式」の語は、レギュラシオン理論の枠組みで厳密に捉えるならば、ある「成長体制」（蓄積体制）とある「調整様式」の総体としての経済社会を意味する。しかし現実には、「人間形成型」と呼べる経済社会はいまだ、それを構成する諸要素が萌芽的に仄見えているだけであって十分に確立しているわけでなく、また空間的な多様性も想定されるので、その成長体制や調整様式を精密かつ普遍的な形で析出できるわけではない。その意味で現在のところ、「発展様式」の語よりは「発展モデル」

の語の方が適切であり、あるいはむしろ、たんに「発展」と呼ぶ方がよいのかもしれない。以下で仮に「発展様式」の語を使う場合でも「モデル」の含意が強いことを断っておく。

「人間形成型」モデルとは、ボワイエによれば、「人間〔または人間労働〕による人間の生産に立脚したレジーム」(Boyer 2020: 訳 137) のことである。物的財の生産でなく、いわば人間による対人サービスを通しての人間的能力の向上が主軸をなす経済社会である。人間的能力とは「潜在能力 capability」(Sen 1999) の意味に解してもよいであろう。代表的には医療（健康の向上）、教育（知識・創造力・職業的能力の向上）、文化（科学・芸術・余暇・教養などによる精神的・身体的・社会的能力の向上）にかかわる活動である。さらにはケア（福祉など）や環境保全などの活動もこれに含まれよう。まとめて言えば、人間形成型とは人間開発型といってもよいし、その結果として人びとに「よき生」「ゆたかな生」がもたらされるかぎりでは「ウェルビーイング」well-being/bien-être の実現・拡充が主軸となるようなモデルである。

「人間による人間の生産」という表現を、経済学の歴史のなかに置いてみれば、古典派およびマルクスにおける「商品による商品の生産」(Sraffa 1960) の世界や、近年の内生的成長理論における「アイデアによるアイデアの生産」と対比することもできる (Boyer 2002: 訳 271-272)。あるいは、戦後経済史を念頭に置いて比喩的に表現すれば、「モノによるモノの生産」のフォーディズム、これに続く「カネによるカネの生産」の金融主導型レジームの後を追って、「ヒトによるヒトの生産」の人間形成型レジームが垣間みえてきたということだろうか。

そして、この人間形成型モデルの重要性は、今回のコロナ・パンデミックを通して、人間の厚生＝ゆたかな生《ビアン・エートル》にとって医療（健康）がもつ決定的役割として顕在化したが、ボワイエが最初にこのモデルを想到するに至ったのは、世紀初頭、「情報経済」のもつポテンシャルの分析を通してであった。情報経済は、教育や医療における革命的革新をもたらす可能性を秘めているからである（同 270-271）。その延長上にボワイエはこう予言していた。「これから数十年後に出現するような成長モデルをあえて予言するのであれば、われわれが参照すべきはおそらく人間による人間の生産モデルである」、と（同 283-284）。そのさい重要なことは、医療や教育の「生産性」なるものは物的財のそれと同列に扱いえないということであり、またそう扱ってはならないということである。いわゆる工業が財 bien を供給するものであるとすれば、人間形成型活動は厚生＝ゆたかな生 bien-être を提供すべきものであり、その「ゆたかな生」はいわゆる付加価値の大小だけでは測れない。そうであればその「ゆたかさ」を捉える視座や尺度の転換が必要となる（後述）。なお、ついでながら書き添えておくと、ボワイエのいう「人間形成型」経済は、「情報経済」や「知識経済」よりも広い内容をもつ。

ではボワイエは、人間形成型発展様式への伏流を実証的にどのように根拠づけているのであろうか。いくつかの統計数字が示される。第一の例証は、アメリカにおいて家計消費に占める耐久消費財支出の割合と医療支出の割合が一九九〇年前後に逆転し、以後、後者が前者を上回る勢いで伸びていることである（**図表4—2**）。これには耐久消費財価格の低廉化や医療費の高額化（これはアメリカにおいて特に顕著）も影響を及ぼしているであろうが、しかし当然ながら、医療需要の増大も大きな要因となっ

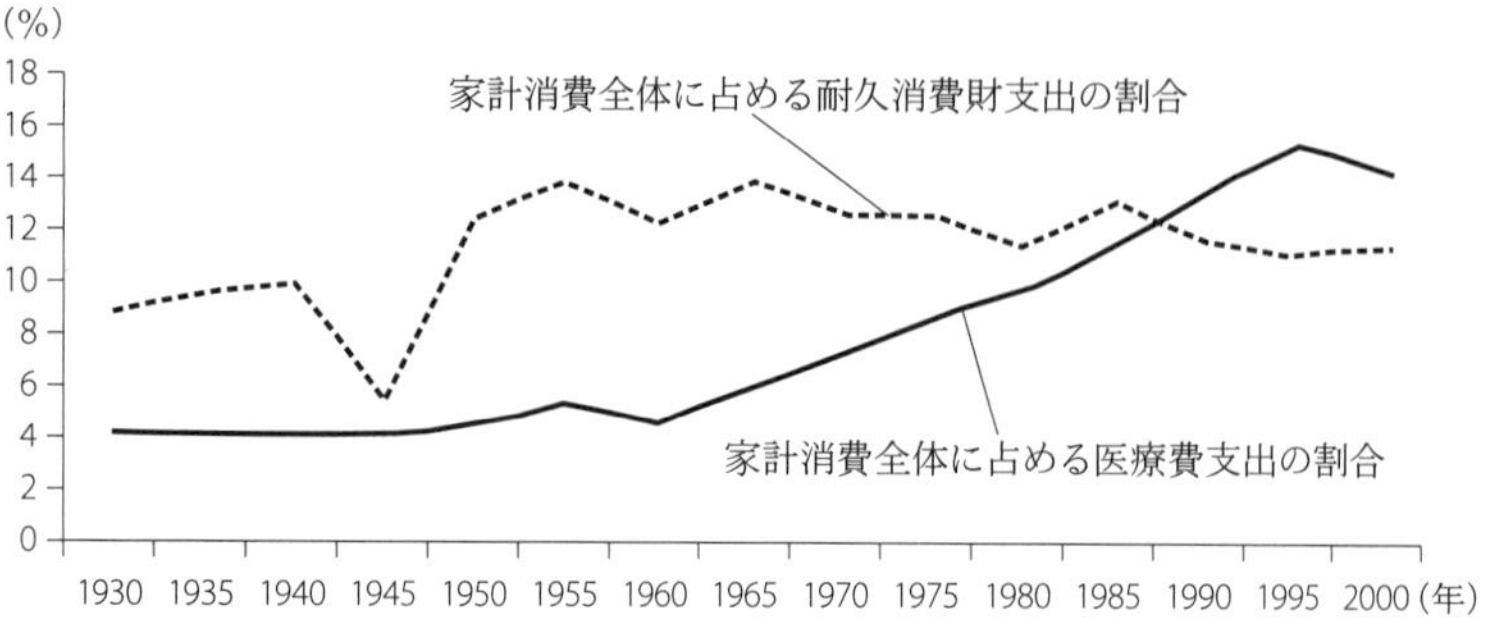

出典）US Department of Commerce, *Historical Statistics of the United States. Colonial Times to 1970*, US Bureau of Census, 1975; US Department of Commerce, *Statistical Abstract of the United States*, US Bureau of Census, 1991; Council of Economic Advisors, Economic Report of the President, US Government Printing Office, 2001, による算定にもとづく。*Cf.* Boyer（2002: 訳 273; 2020: 訳 138）

図表 4–2　アメリカの家計支出に占める耐久消費財支出と医療支出の割合

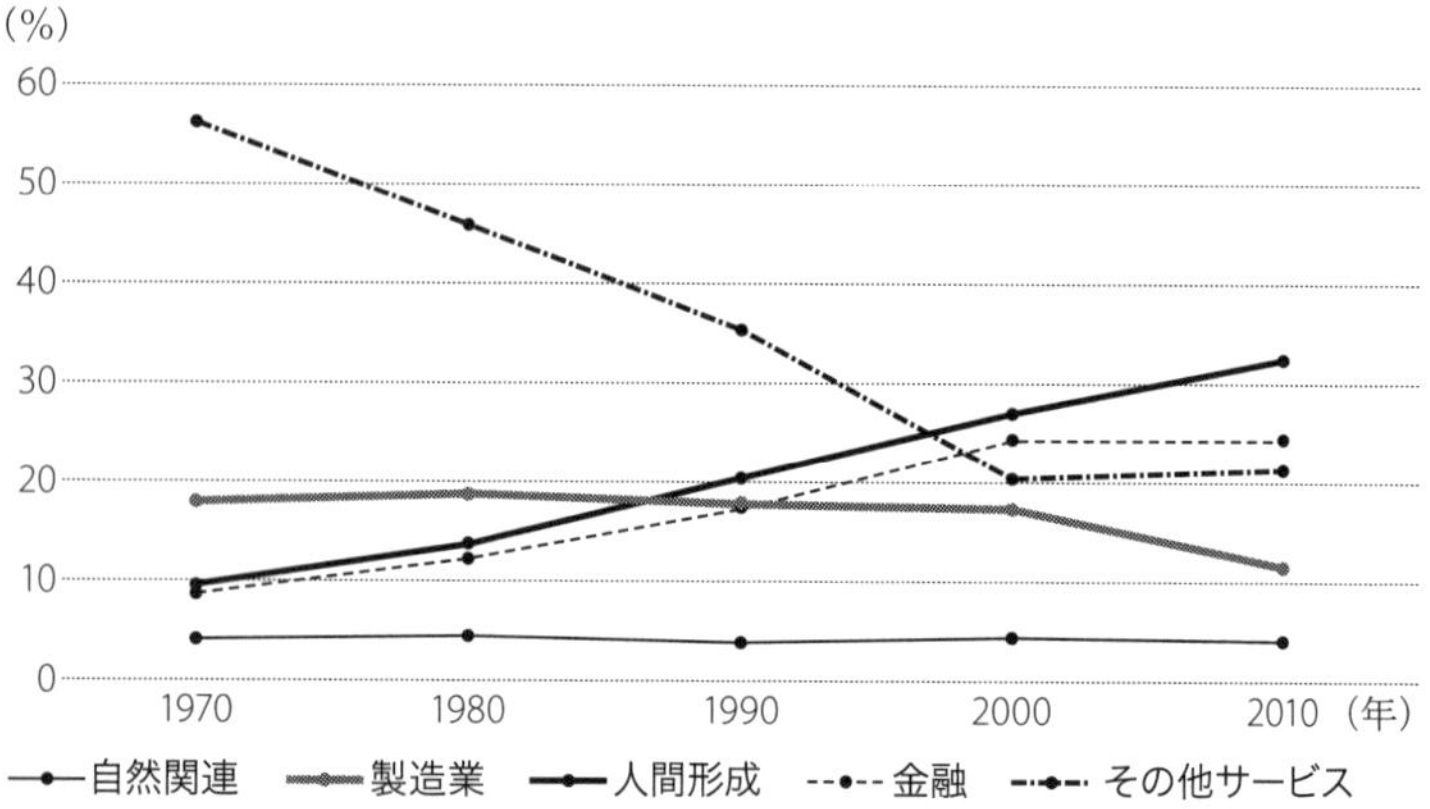

自然関連＝農業・鉱業　　製造業＝建設・耐久財・非耐久財
人間形成＝教育・医療・娯楽　　金融＝金融・対事業所サービス
その他サービス＝流通・輸送・その他

出典）Boyer（2020: Tableau 5.2）より作成。

図表 4–3　アメリカの部門別雇用分布

ていよう。第二に、経済部門を農鉱業、製造業、人間形成、金融、その他のサービス業に大別して、各部門ごとの雇用割合を経年的に追ってみるとき、一九九〇年以降、「その他サービス」を別にすれば、人間形成部門は製造業を抜いて最大の雇用吸収部門となっており、また金融主導型経済といわれるアメリカにおいてさえ、雇用吸収力は金融部門よりも人間形成部門の方が大きい（図表4―3）。人間形成部門は、少なくとも雇用者数では主導的な位置を占めているわけである。その他、保健医療のための研究支出が他の部門のそれよりも大きく伸びていることも例示される（Boyer 2002: 訳 278）。

3 人間形成型モデルへの予兆

ボワイエによる右の例示は、しかし、人間形成型モデルの潜在的形成を証明するには必ずしも十分でない。統計的基礎がアメリカ一国に偏っており、また**図表4―2**では二〇〇〇年の数字までしか示されておらず、二一世紀現在の状況が明らかでない。そこで本節では、これを補うべく、観察対象を少なくとも米独日にまで広げ、できるだけ近年までを包括する統計数字を追ってみたい。また、**図表4―2**は医療を中心としたものであったが、人間形成部門を主として構成する医療・教育・文化の全般へと視野を広げてみたい。

もちろん、資料的制約のため完全な形での資料提示は不可能であるし、またあまりに多数の統計図表を引用するのはかえって煩雑になるので、限定的な資料提示とならざるをえない。資料は、医療・

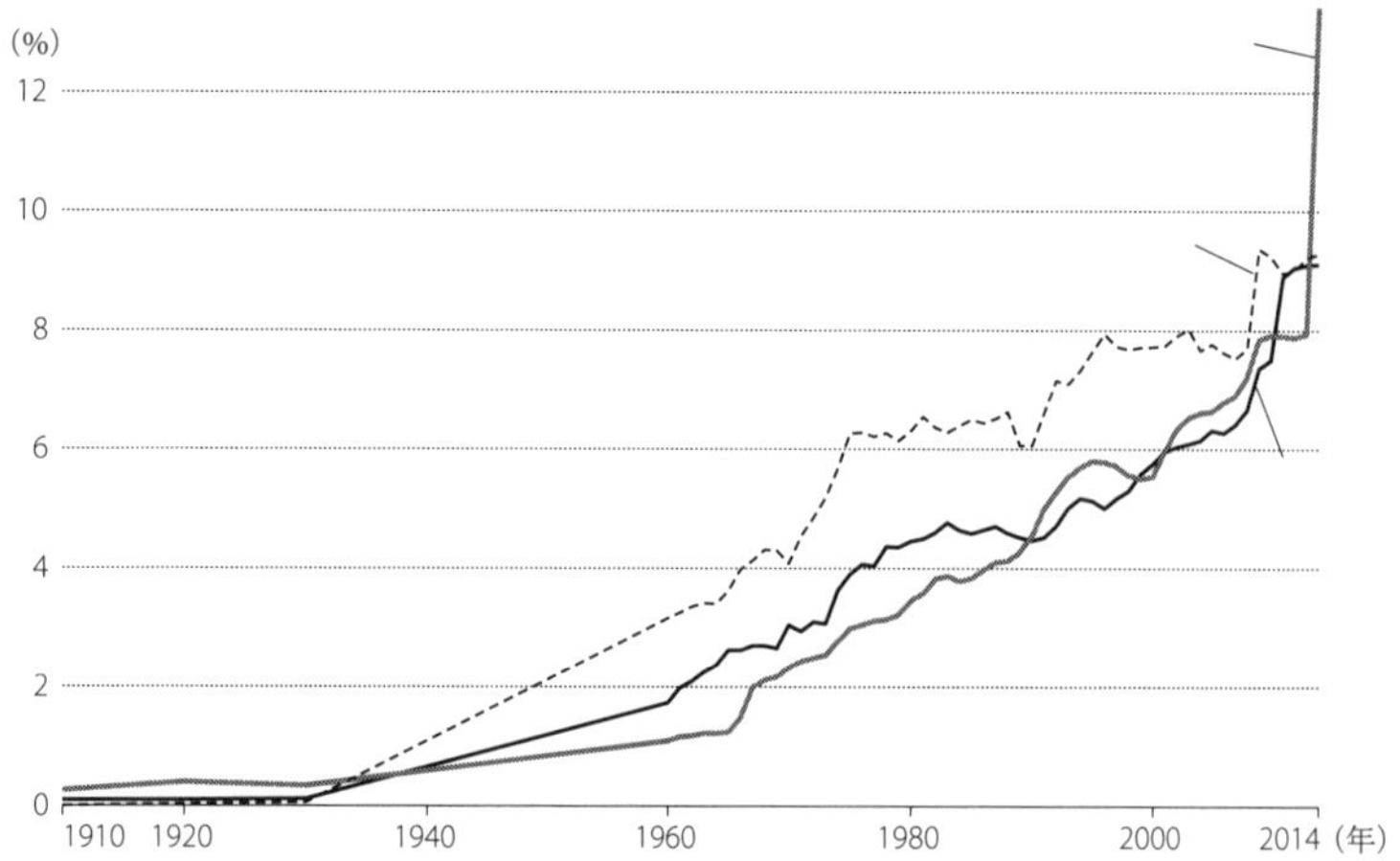

Source: Our World In Data based on Lindert (1994), OECD (1993), OECD Stat.
OurWorldInData.org/financing-healthcare・CC BY
Note: Health spending includes final consumption of health care goods and services (i.e. current health expenditure). This excludes spending on capital investments. (2022年4月15日閲覧)

図表 4–4　政府医療支出の対 GDP 比（1910–2014年）

教育・文化・総合の四つのカテゴリーにつき、いかに資源（資金や人員）が投入され、いかなる産出（成果）が得られてきたかを経年的にフォローする、という観点から収集してみることにする。言うまでもなく、医療とか教育といっても無数の側面があるので、ここで例示する資料はごく代表的な項目に限られる。そのような形で、プラス・マイナスのさまざまな要因が作用する現代資本主義のなかで、人間形成型モデルへの予兆を見とどけようというわけである。

第一に医療から。医療への資源投入は、さしあたり政府医療支出の対GDP比を見るのがよかろう。**図表4―4**によれば、米独日ともに一九〇〇年頃には0％に近かった政府医療支出は、二〇一四年には8％以上に上昇している（二〇一四年米国の急上昇は、いわゆるオ

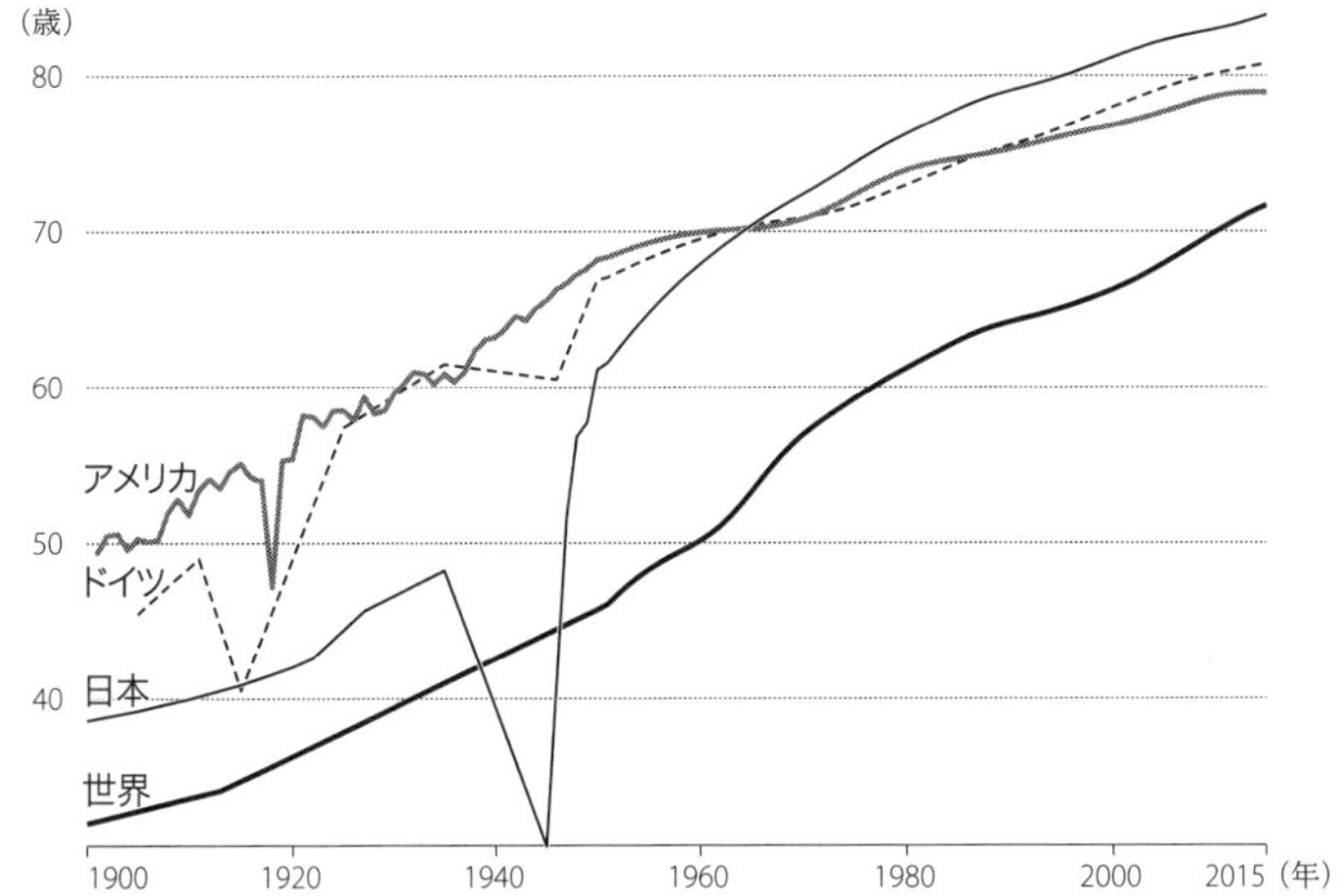

Source: Riley (2005), Clio Infra (2015), and UN Population Division (2019)
OurWorldInData.org/life-expectancy・CC BY
Note: Shown is period life expectancy at birth, the average number of years a newborn would live if the pattern of mortality in the given year were to stay the same throughout its life.
（2022年4月15日閲覧）

図表4–5　平均余命（1900–2015年）

バマケアの完全実施にともなうものであろう）。この間、国家は「安価な政府」から程度の差はあれ「福祉国家」へと転換し、公的医療保険制度の導入など、制度変革がなされたことが大きく寄与していよう。医療支出には公的なそれのみでなく私的なそれも存在するので、この数字から医療支出全般を判断することはできないとしても、医療への資源投入の増勢は顕著である。医療への資源投入としては、ほかに医療従事者数も指標となるであろうが、この四〇年ほどのアメリカの例でいえば、他の産業を押しのけて医療・福祉雇用のみは増加の一途をたどっている（兪 2021: 83）。

　医療の成果（産出）としては、何といっても平均余命がよき指標となる。平均余命とは新生児の平均寿命のことである。**図表4―5**にそれが示されている。一九〇〇年には40―

50歳であった平均余命は、二〇一五年には80歳前後にまで伸びている。ほぼ一世紀の間に30—40年伸びたことになる。医療支出と平均余命との間には正の相関があるが、独日とくらべた場合、アメリカは一人当たり医療支出が最大であるにもかかわらず、平均寿命は最低だという特色をもつ（Our World in Data various years_2）。そこには、包括的な公的医療保険制度の欠如ないし遅延・不備という制度上の問題のみならず、人種差別・貧富格差・殺人・麻薬・交通事故といったアメリカ社会がかかえる問題が影を落としている。参考までに世界全体としての平均余命は、30歳強から70歳強へと伸びている。また、たんに平均寿命が伸びればいいのではなく、健康に過ごしうる年数の伸長が大切であるが、日本の場合、健康寿命は平均寿命より10年程度低い（厚生労働省 2020）。

第二に教育について。教育への資源投入の指標としては、中央・地方政府による教育支出の対GDP比が考えられる。その経年的変化にかんする世界銀行の資料などを見ると、一九七〇年代から今日までの米独日において、政府の教育支出は必ずしも右肩上がりのカーブを描いていない。年度によって浮き沈みはあるが、ごく概略的にいえば3—5％の水準で継続している。人的資源の投入にかかわって、初等教育における教師一人当たりの生徒数でこれを見ると、当初は30名弱だった日本は20名程度へと減少傾向を示しているが、米独は一貫して15名前後で推移している（Our World in Data 2021）。

教育の成果を平均就学年数と高等教育修了者比率でみておこう。米独日の二五歳以上人口について、彼らの平均就学年数を経年的にフォロウすると、一九二五年の4—8年から二〇一七年の13年前後へと伸びている（**図表4—6**）。日本についてこの数字の中身を推しはかってみれば、これは義務教育9

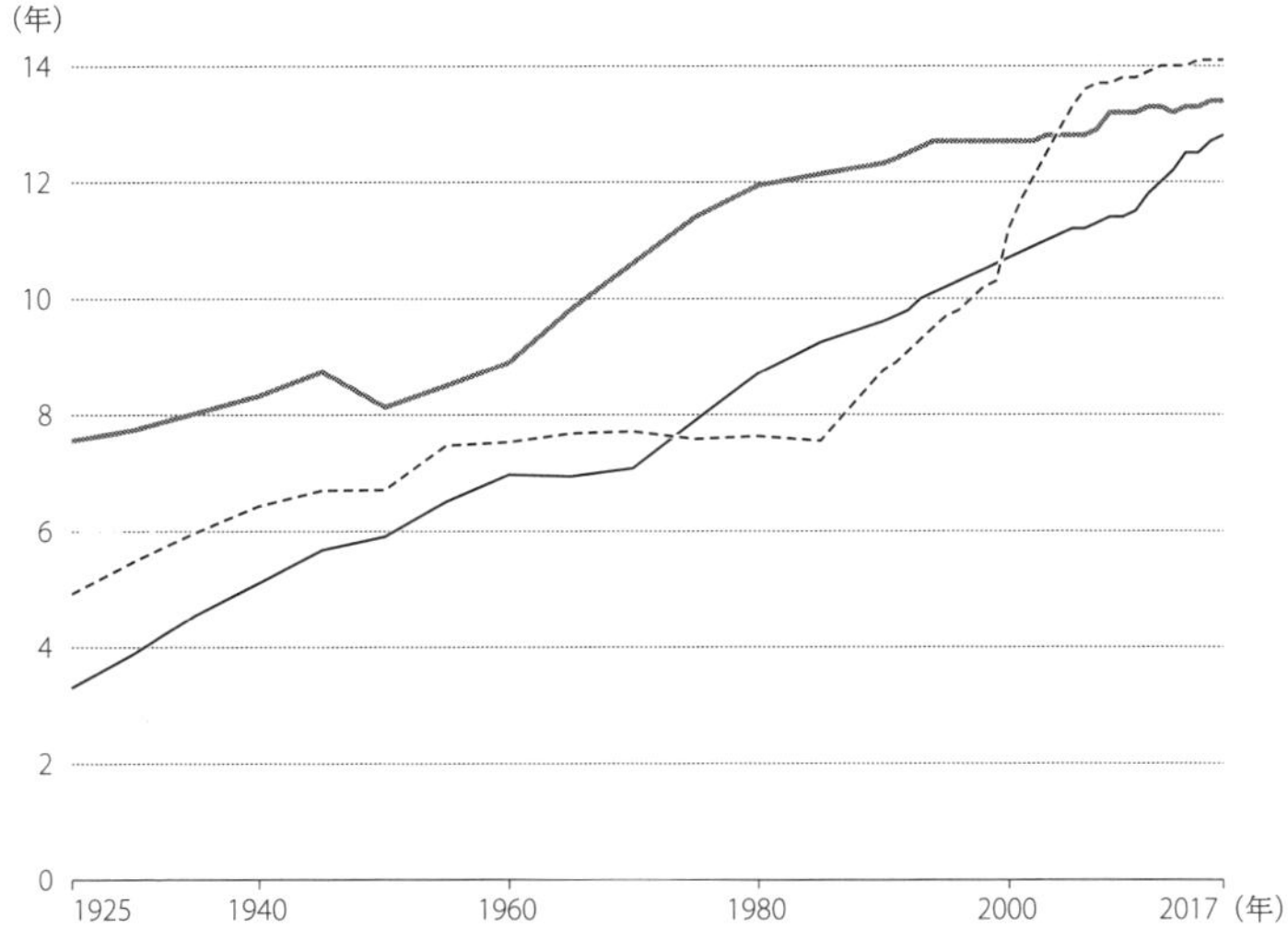

Source: Lee-Lee (2016); Barro-Lee (2018) and UNDP HDR (2018)
OurWorldInData.org/global-rise-of-education・CC BY
Note: Formal education is primary/ISCED 1 or higher. This does not include years spent repeating grades.
（2022年4月15日閲覧）

図表4–6　平均就学年数（25歳以上、1925–2017年）

年に高校教育3年を加えた12年を少しオーバーする数字である。そのオーバー分はおそらく、大学等への進学者と義務教育（戦前戦後）のみで就学を終えた者の差から説明されよう。他方、一五歳以上人口に占める高等教育修了者の比率は、米独日ともに増加傾向にあるが、比率の差は各国間でかなり開きがある（**図表4―7**）。一九七〇年から二〇一〇年まで、米では10％強から25％強へと高い水準を維持しながら上昇しているのに対して、独は2％程度から15％弱への伸びに留まっている。背景には各国の教育制度の相違があり、さらにその背後には、主として必要とされる職業的能力のちがい――米では汎用的な一般的技能、独では産業特殊的な技能――が存在すると考えられる（Hall and Soskice 2001）。

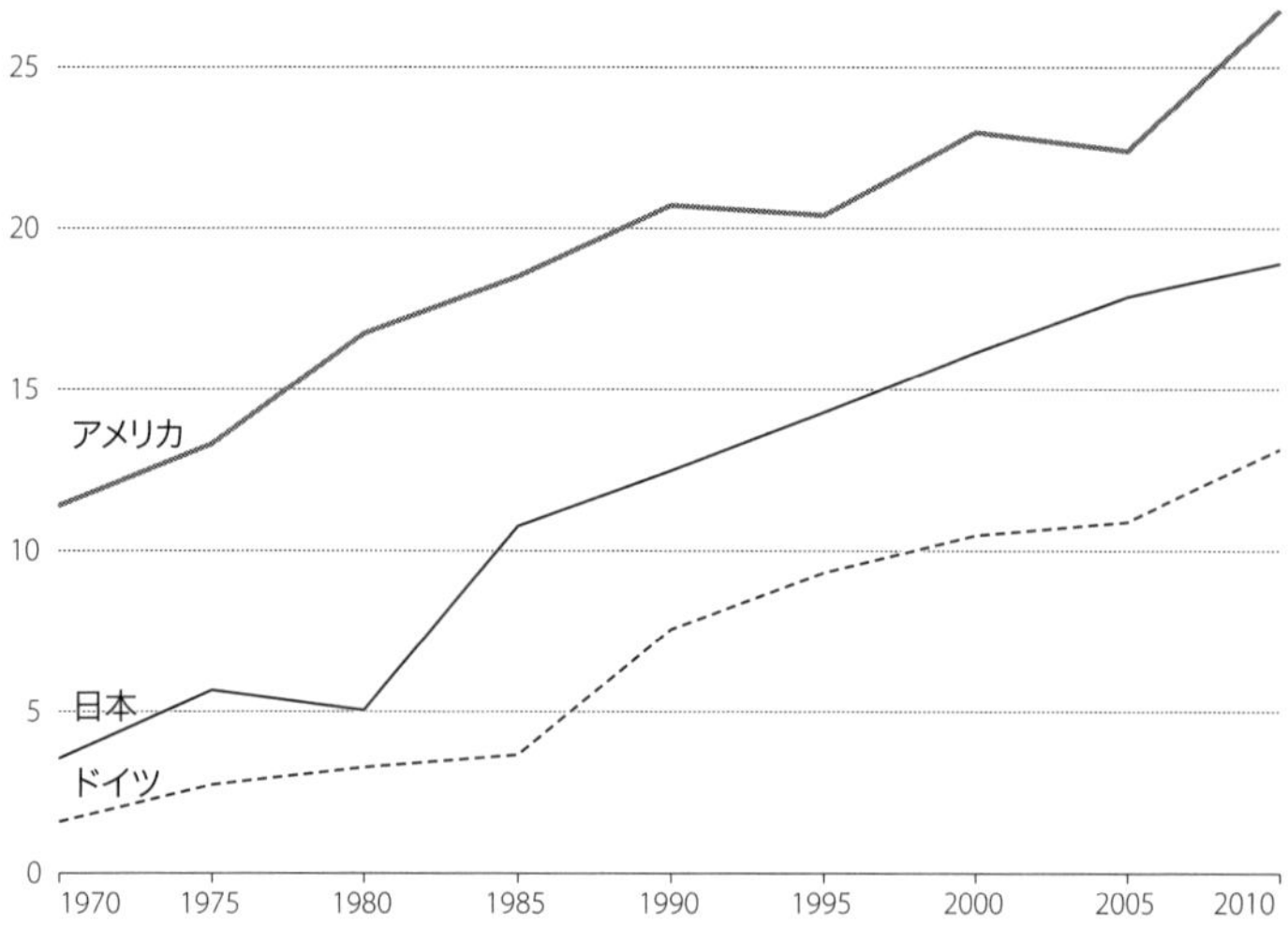

Source: Robert J. Barro and Jong-Wha Lee　OurWorldInData.org/tertiary-education/・CC BY
（2022年4月15日閲覧）

図表4–7　高等教育修了者比率（対15歳以上人口、1970–2010年）

第三に文化についてであるが、ひとくちに文化といっても茫漠としていて、いわば無限に多数の領域や側面がありうる。さきにはとりあえず、科学・芸術・余暇・教養といった活動をあげたが、もちろん文化はこれに尽きるものでない。加えて、それらへの資源投入や成果を何で表現するかも簡単には決められない。そこで恣意的となることを覚悟のうえで、文化的成果のごく一部の指標として米独日における書籍新刊点数とインターネット普及率を取りあげる。

図表4―8は一〇〇万人あたりの書籍新刊点数の経年的変化である。アメリカがやや特異な動きを示すが、一般に第二次世界大戦後あたりから新刊点数は増勢を保っている。特にイギリスは人口に対する新刊点数の増加が著しいが、これは英語という言語の世界的普

郵便はがき

料金受取人払郵便

牛込局承認

7587

差出有効期間
令和5年3月
31日まで

162-8790

東京都新宿区
早稲田鶴巻町五二三番地

株式会社 藤原書店 行

（受取人）

ご購入ありがとうございました。このカードは小社の今後の刊行計画および新刊等のご案内の資料といたします。ご記入のうえ、ご投函ください。

お名前	年齢
ご住所 〒 TEL　　E-mail	
ご職業（または学校・学年、できるだけくわしくお書き下さい）	
所属グループ・団体名　　連絡先	
本書をお買い求めの書店 市区郡町　　書店	■新刊案内のご希望　□ある　□ない ■図書目録のご希望　□ある　□ない ■小社主催の催し物案内のご希望　□ある　□ない

読者カード

本書のご感想および今後の出版へのご意見・ご希望など、お書きください。
(小社PR誌『機』「読者の声」欄及びホームページに掲載させて戴く場合もございます。)

書をお求めの動機。広告・書評には新聞・雑誌名もお書き添えください。

頭でみて　□広告　□書評・紹介記事　□その他
社の案内で　(　　)　(　　)　(　　)

購読の新聞・雑誌名

社の出版案内を送って欲しい友人・知人のお名前・ご住所

ご住所　〒

入申込書(小社刊行物のご注文にご利用ください。その際書店名を必ずご記入ください。)

冊	書名　冊
冊	書名　冊

書店名　住所

都道府県　市区郡町

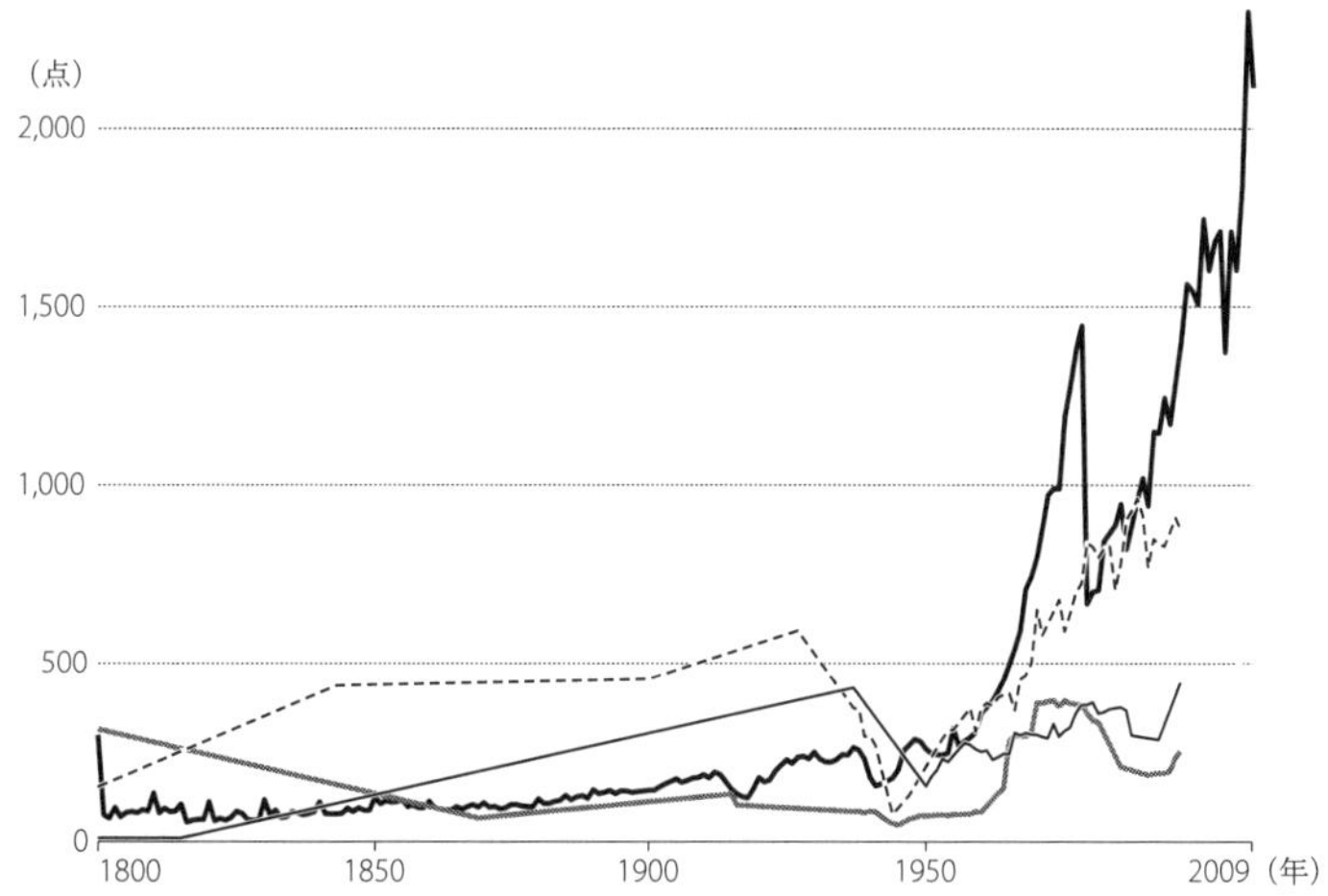

Source: Book titles per capita (Fink-Jensen 2015) OurWorldInData.org/books/・CC BY
Note: Country borders refer to today's borders. （2022 年 4 月 15 日閲覧）

図表 4–8　100 万人当たりの書籍新刊点数（1800–2009 年）

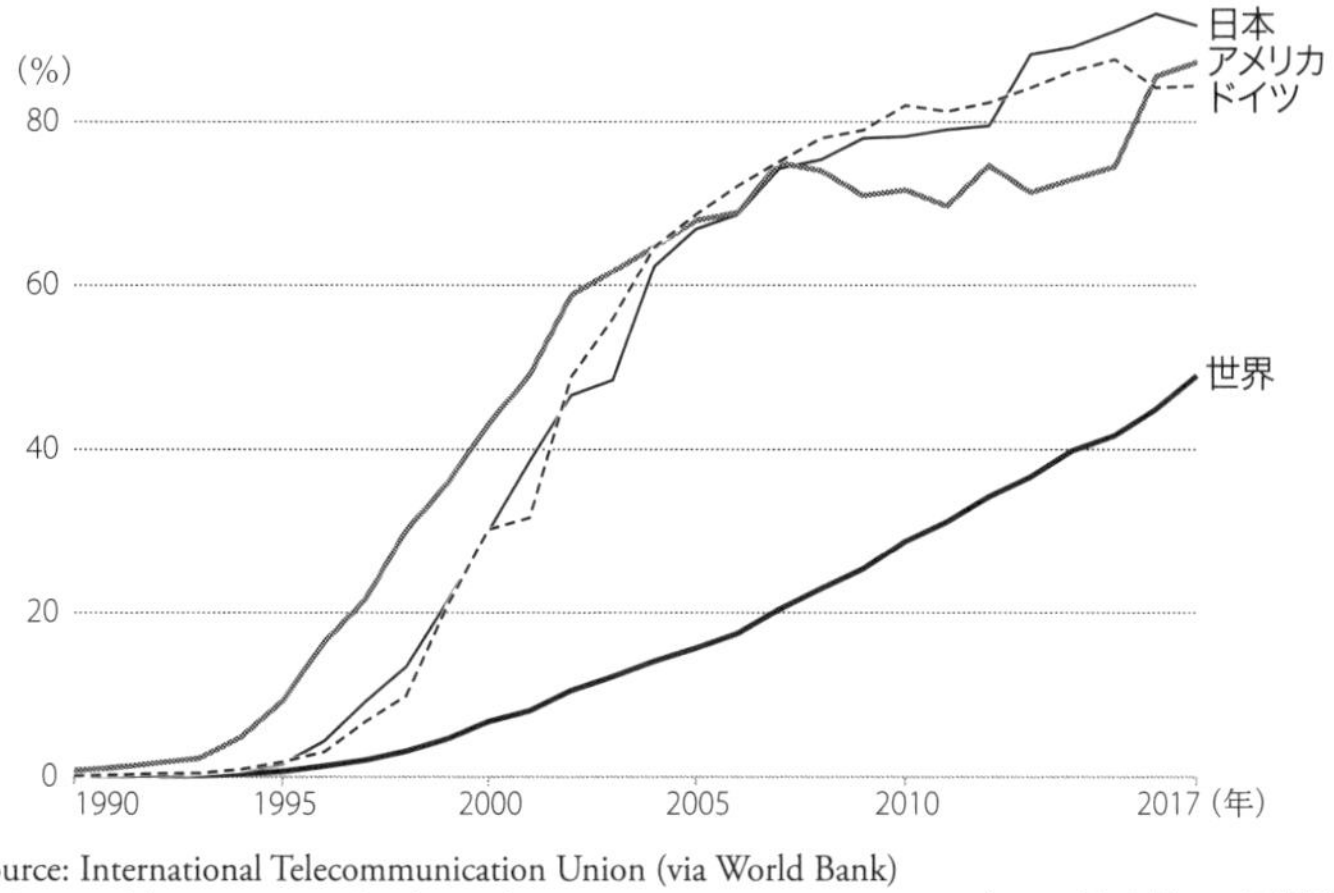

Source: International Telecommunication Union (via World Bank)
OurWorldInData.org/technology-adoption/・CC BY （2022 年 4 月 15 日閲覧）

図表 4–9　インターネット利用者の対人口比（1990–2017 年）

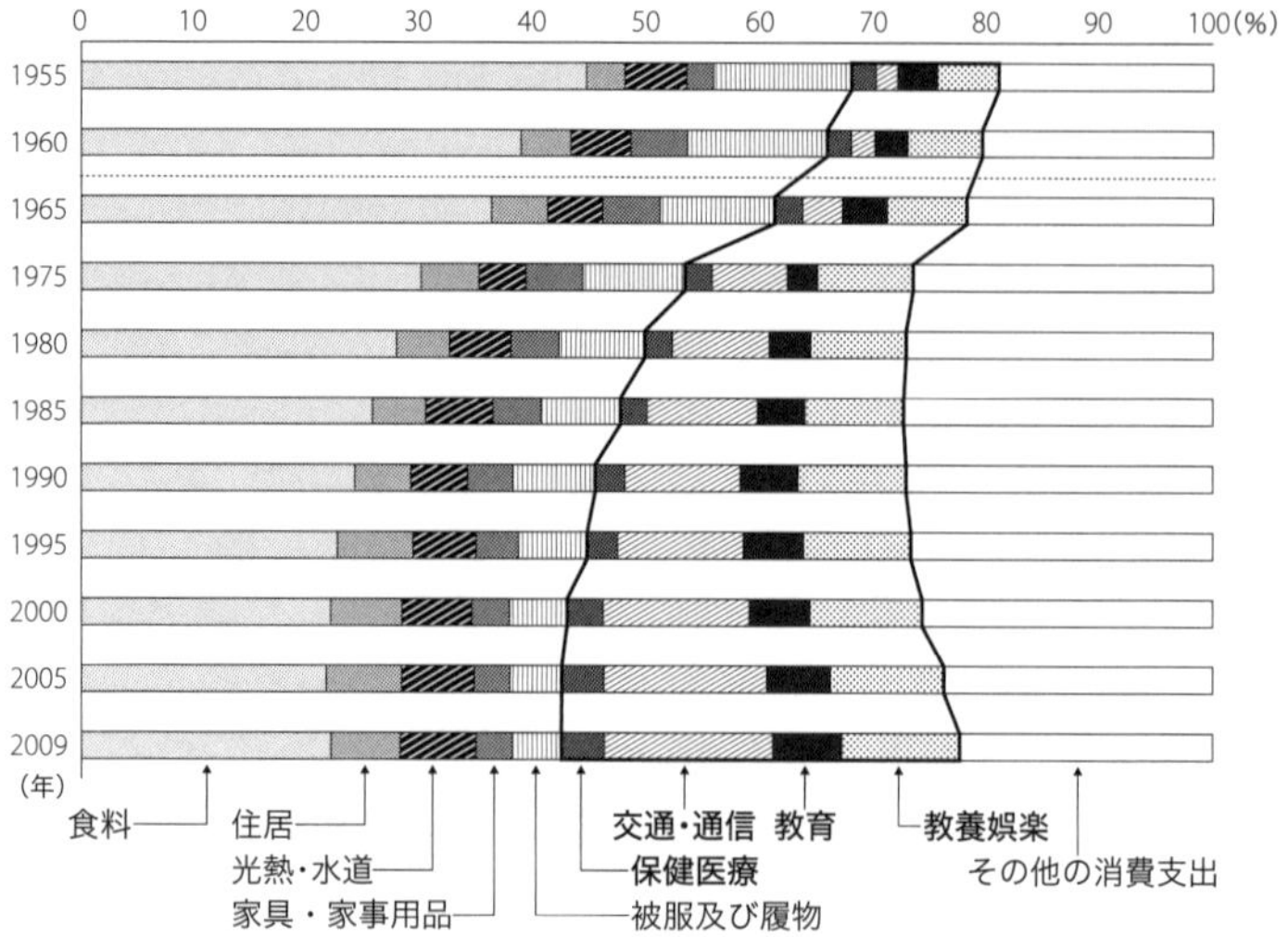

出典）総務省統計局「家計調査」
注）1）2人以上の勤労者世帯（農林漁家世帯を除く）の結果による。
2）1965年以降は全国、1960年以前は人口5万人以上の市のみを対象としている。
3）1960年以前の住居は水道料、家具・什器を除く住居費、光熱・水道は光熱費と水道料の計、家具・家事用品は家具・什器、被服及び履物は被服費、教養娯楽は教養娯楽と文房具費の計としている。
4）分類の変更があるため、厳密には接続しない。

図表4–10　日本の家計消費構造の推移（1955–2009年）

及の結果だという要因も大きく、イギリス人が格別に書籍愛好家であることを必ずしも意味するものではなかろう。**図表4—9**はインターネット利用者の対人口比である。インターネット利用とは、コンピューターやタブレット端末はもちろん、携帯電話、スマホ、ゲーム機、携帯式デジタル音楽プレーヤー、デジタルテレビなどの利用を含む。米独日ともに一九九〇年頃には０％に近かったものが、一九九五年あたりから著増しはじめ、現在では80％強の利用者率となっている。なお世界全体では利用者率は50％程度である。

最後に第四として、以上の三側面（ないし、これに若干の加除を加えたもの）を包括する総合的な指標において、人間形成型活動の推移を確認しておく。まず最初に、家計の消費支出中に占める医療・教育・文化費の推移についてである。資料的制約のため、**図表4―10**は日本についてのものである。食料、被服、住居費をはじめ全一〇個の支出項目のうち、人間形成的消費とみなしうる保健医療、交通・通信、教育、教養娯楽の四つについて、その支出割合をみると、一九五五年には約10％であったそれが、二〇〇九年には約35％にまで増加し、代わって食料・被服などの物財消費の比率が低下している。他の諸国については、同じようなタイムスパンの経年変化統計に接することができなかったが、ここ二五年ほどのスパンで見るかぎり、人間形成型支出は概して微増傾向にある。

いま一つの総合的指標としては、国連の「人間開発指数」Human Development Index（ＨＤＩ）がある。これはきわめて包括的であると同時に、ある単一の数字で示されるので便利かつ有用であり、現に国際開発の分野では大いに利用されている。それは人間の開発（発展）つまり人間形成を、（1）長寿で健康な生活、（2）知識、（3）人間らしい生活、の三側面において捉える。そして、これらを測る指標として、（1）については平均余命（＝出生時平均寿命）、（2）は成人識字率（三分の二を加重）と総就学率（三分の一を加重）、（3）については一人当たりＧＤＰ（購買力平価で調整）の対数をとる。それぞれの指標は指数化されて、0と1の間に収まるよう調整される。要するにＨＤＩは、（1）平均寿命指数、（2）教育指数、（3）一人当たりＧＤＰ（対数）の合成からなる。指数計算法は二〇一〇年に修正されたが（UNDP 2010: 訳 239-242）、さしあたり当初のそれを定式化すれば、人間開発指数＝（平均寿命指数＋教育指数＋ＧＤＰ指数）÷3であり、この数値が1に近づくほど人間開発度は大となる。

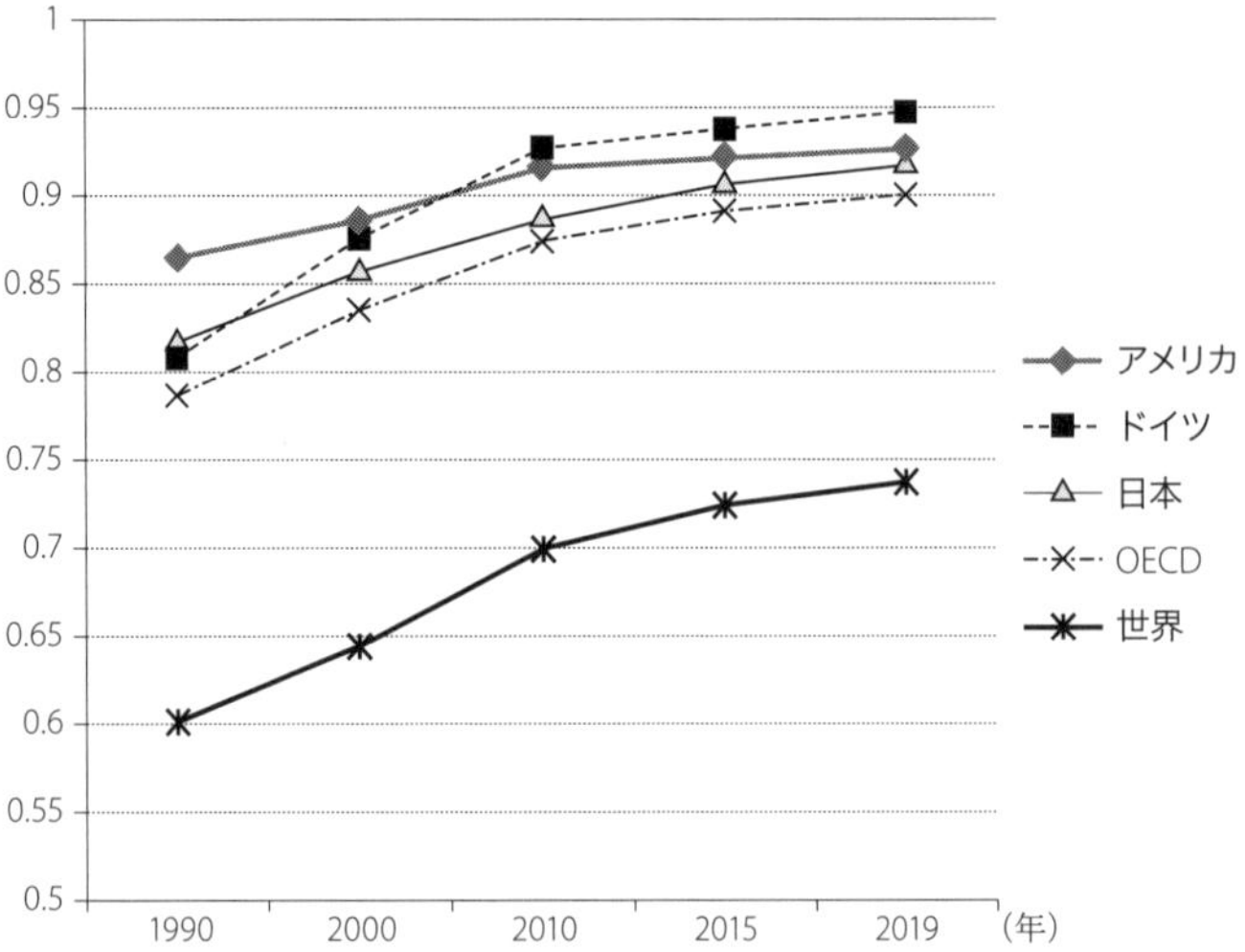

出典）UNDP（2020）より作成

図表 4–11　人間開発指数の推移（1990–2019 年）

長寿と教育は人間の潜在能力の形成を、所得（一人当たりＧＤＰ）は能力を発揮する選択幅の尺度を表わしているといえる（足立 2006: 3）。

この人間開発指数はＧＤＰ的要因を含みつつも、健康と教育という側面に光を当てている点で、人間形成型モデルへの接近度を測る指数としてきわめて有用である。そして、国連開発計画は一九九〇年以降、毎年、『人間開発報告書』を公表している。**図表 4―11** は UNDP（2020）をもとに、ＨＤＩ指数の変化を図示したものであるが、米独日はこの三〇年間、0.8 台から 0.9 台へと数字を上げ、この指標で測ったかぎりでの人間形成型発展へと近づいている。参考までに世界全体としては、0.6 から 0.75 近くへの上昇が記録されている。

4　人間形成型発展とウェルビーイング

前節でみた各種指標はあくまでも、人間形成型発展様式に向かっていることを示す個別的諸要素を意識的にピックアップしたものであって、この発展様式が現実に成立ないし確立していることを意味するものではない。それどころか現実には、金融が主導する新自由主義のもと、パンデミックを通じてプラットフォーム資本主義が世界を主導し、デジタル監視社会化や不平等拡大が浸透している。しかも新自由主義は、医療・福祉・教育などに「自己責任」原則を適用し、これら人間形成部門の市場化を推進してきた（Harvey 2005: 訳 95）。そのような支配的潮流のなかで「秘かに」育まれている諸要素を意識的に摘出したにすぎない。現実の支配的潮流に抗して人間形成的活動が顕在化し、これを基軸とした新しい経済社会が形成されるか否かは、人びとによる社会政治的連合の結成とそのヘゲモニー的位置の獲得いかんにかかわる。加えて、それらすべての背後にあって重要なのは、従来型の「富」概念の転換が社会総体においてなされていくかどうかという点である。

切り口としてこの最後の点を取りあげてみよう。第1節でも引用したところだが、ボワイエはこう述べていた。「人間労働による人間の生産〔医療・教育・文化など〕への支出がひそかに経済活動のうちで増大してゆく部分を占めていたが、しかしこの支出は民間の工業イノベーションを阻害するコストとして認識されていた」（Boyer 2020: 訳 255）。現代資本主義のもとでは、医療・教育・文化への支出は「工業イノベーションを阻害するコスト」扱いされている！　工業財こそが「富」であり「ゆたかさ」そのものであって、医療・教育・文化はその阻害要因でしかない！　ゆたかさは「財」goods/bien にあるのか「人間形成」（ゆたかな生 well-being/bien-être）にあるのか。もちろん、両者は単純な二者択一で決着する問題でないが、つまり bien-être の増進のためにも bien 生産の拡大やイノベーションが必要とされることはあるが、二一世紀においては、「ゆたかさ」や「富」の概念的再考を抜きにはオルタナティブ社会を構想することはできないであろう（経済学はアダム・スミス以来、つねにこの問題と格闘してきた）。

ここに再考されるべき「富」概念とは、いうまでもなくＧＤＰであり、「ゆたかさ」概念とは一人当たりＧＤＰである。そして、このＧＤＰを基準にして「経済の規模」が語られ、その拡大は「成長」という魔法の言葉とともに政策運営の至上目的と化してきた。すでに数々の批判があるように、ＧＤＰは市場化され商品化されたかぎりでの経済活動（財・サービス生産）しか扱わない。家庭内をはじめ各所でなされる無償労働の成果や、自然資源の枯渇なども無視される（村上／高橋 2020）。

しかし、人間形成型部門の伸長とともに、そして資本主義の現代的展開とともに、経済社会の深部では、市場化された財・サービス生産（付加価値）や生産性（＝付加価値÷投入労働）では測りえない活動が重きをなしてきた。付加価値生産性にこだわるかぎり、真の意味で「生産的」な成果が見落とされてしまう。例えば医療活動の成果としての平均余命の伸長とか、教育活動の成果としての人間能力の開発などは、経済的な意味での付加価値では測りえない。社会経済活動の目標が財 bien/goods の生産から「よき生＝ゆたかな生」bien-être/well-being の生産へと重点移動していくにつれて、そしてbien-être/well-beingを主軸とするオルタナティブ社会が顕在化していくにつれて、経済活動の達成を測る尺度も転換していかざるをえない。この点、宇沢（2000, 2016）が「社会的共通資本」の概念を提起して、医療・教育といった制度資本はもちろん、自然環境や社会的インフラストラクチャーを含めて、それらの安易な市場化（したがってGDP化）を戒めていることも特筆されるべきであろう。

前節でみた国連の人間開発指数（HDI）がすでにして、そのようなオルタナティブな指標のひとつであった。たしかにそこには「一人当たりGDP」なる尺度も加味されているが（そしてそのことは決して無意味でないが）、それは寿命や教育と並ぶひとつの指標へと相対化されていた。ただし、このHDIは単一の指数として表現されるという包括性と便宜性は備えているが、主たる適用対象は発展途上国に置かれているので、いわゆる先進資本主義諸国にこれを適用した場合、各国間で指数に大きな差が生じなかったり、一国の経年的変化も微々たるものに終わったりしうる。人間形成型発展に向かって先頭をきる諸国の分析のためには、健康や教育を測る指標について一工夫が必要になろう。

このHDI以外にもいくつかの代替的指標が提起されているが、そのうち現在有力視されているウェルビーイング指標は、OECDのBetter Life Index（BLI）である。これはサルコジ仏大統領（当時）の要請にもとづき、GDP成長率に代わる経済社会的パフォーマンスの適切な尺度につき、スティグリッツやセンを中心に組織された委員会（スティグリッツ委員会）が作成したものを出発点としている（Stiglitz et al. 2010）。OECDはこれにもとづいて二〇一一年以来、ウェルビーイングの報告書を隔

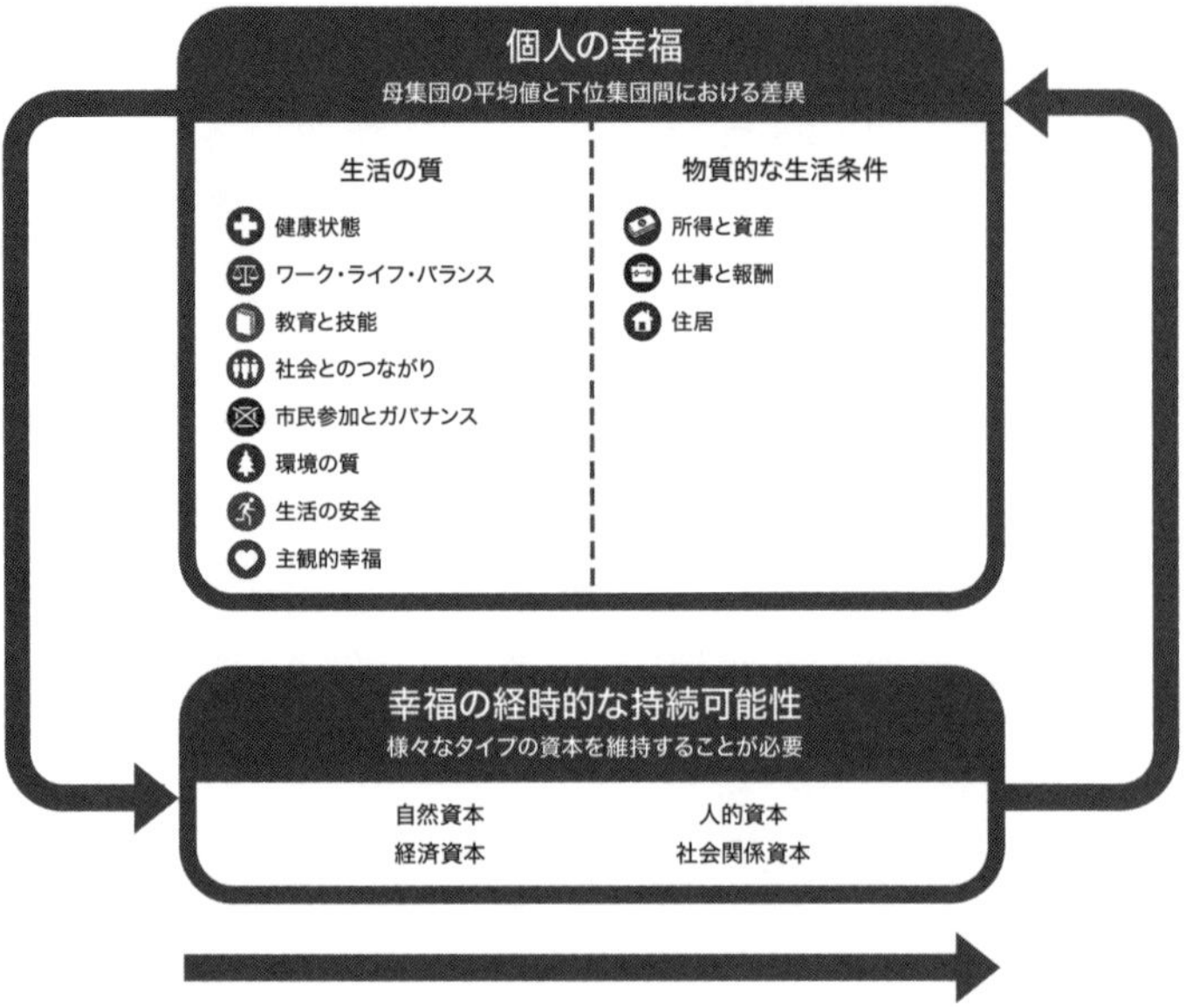

出典）OECD (2011), *How's Life?: Measuring Well-Being*, OECD Publishing, Paris (http://dx.doi.org/10.1787/9789264121164-en).

図表 4–12　Better Life Index の概念的枠組み

年ごとに出している(OECD 2011, 2013, 2015, 2020 など)。日本語では『OECD幸福度白書』の名で何冊か出版されている。

Better Life Index の概念的枠組みは**図表4—12**に示されるとおりである。それは大きく三つのカテゴリーからなり、各カテゴリーはいくつかの指標から構成される。三つのカテゴリーとは、（1）生活の質 quality of life、（2）物質的な生活条件、（3）ウェルビーイングの持続可能性である。（1）の生活の質は、健康状態、ワークライフバランス、教育と技能、社会とのつながり、市民参加とガバナンス、環境の質、生活の安全、主観的幸福といった八つの指標から構成される。（2）の物質的な生活条件は、所得と資産、仕事と報酬、住居といった三つの指標からなる。以上の（1）（2）が個人のウェルビーイングを規定する要素だとすれば、そうしたウェルビーイングが将来的に持続していく可能性もベターライフには欠かすことができず、したがって（3）として、そうした持続性を保証すべきものとして、自然資本（環境的自然など）、人的資本（教育歴など）、経済資本（金融資産など）、社会関係資本（法制度への信頼など）といった四指標が挙示される。（1）（2）が「平均の向こう」を見るこころみだとすれば、（3）は「現在の向こう」を見る指標である。

国連の人間開発指標が「健康、教育、所得」に焦点を当て、またボワイエの人間形成的活動が「医療、教育、文化」を中心としたものであったのに比べると、このBLIははるかに包括的な目配りがなされている。またGDPが国単位での指標であったのに対して、BLIは各国別とならんで、個人（家族）別の指標をも視野に入れている。またBLIの各指標は、資源投入よりは成果《アウトカム》に注目しているし、その成果としては、客観的側面（第三者によって観察可能なもの）のみならず、主観的な側面（当事者のみが知る内的感情や状態）にも配慮している。加えて、成果の平均値だけでなく、成果の分布（例えば年齢・性別・学歴・所得などに伴う格差）を問うて、機会や結果の平等を視野に入れている点でも、いっそう精密な情報を提供するものとなっている。

これだけ多数かつ異質な諸指標からなるということは、いわば多角的なものを多角的なままに観察しようというのがBLIの本来の趣旨だということである。単一の数字に集約して観察するのでなく、まずは、いわばダッシュボード（例えば、飛行機の操縦席にあるように各種計器類を搭載したボード）において経済社会を見ようというわけである。もっとも、それではあまりに雑然としてしまうので、各種指標およびその合計のスコア化も試みられており、諸国の定量的比較を排除しているわけではない（中村 2022: 90）。

ダッシュボード型比較の一例を**図表4―13**として掲示する。この図表は、上記の（1）生活の質と（2）物質的な生活条件に限定して、それを構成する各種指標ごとに数個の項目（ヘッドライン指標）を選定し、それらにつき各国は全体のなかで上中下のどのクラスに分類されるかを見たものである。まさに多数の「計器」がひとつの盤面上に並置されており、計器ごとにさまざまな実態が提示されている。図表は例によって米独日について抽出したものだが、参考までにスウェーデンも加えてみた（最下段に上位ランキングと下位ランキングの数を追加してみた）。これによって、ウェルビーイングの合計スコアとその世界的順位といった粗っぽい数字を超えて、各国はウェルビーイングの諸側面のなかで、どの点で進んでおり、どの点で遅れているかが判明する。その意味でBLIは、人間形成型発展を推量するうえで有力な指標となるであろう。

さて、以上は人間形成型発展を示す各種指標の議論であった。あくまでも各種指標の提示であって、人間形成型モデルの全体的構図を示すものではなかった。先にも一言したように、人間形成型発展様式はいまだ潜在的可能性にとどまっていて現実化しているわけではないし、まして経済社会を主導しているわけではない。したがってその全体的構図やマクロ経済的連関を提示することは、ほとんど不可能である。もちろん、第2節で述べたように、その蓄積体制や調整様式を特定することも今はでき

図表 4–13　ウェルビーイングのダッシュボード

◎は上位 20%、◆は下位 20%，▲は中位 60%に属することを示す

			瑞	米	独	日
物質的な生活条件	所得と資産	家計調整純可処分所得	▲	◎	◎	▲
		家計保有正味金融資産	▲	◎	▲	◎
	仕事と報酬	就業率	◎	▲	▲	▲
		フルタイム雇用者の平均年間報酬	▲	◎	▲	▲
		短期在職者率	◆	▲	▲	
		長期（1 年以上）失業率	▲	▲	▲	▲
	住居	1 人当たり部屋数	▲		▲	▲
		住居費	▲	▲	▲	▲
		衛生設備（屋内水洗トイレ）	◎	◎	▲	◆
生活の質	ワークライフ・バランス	長時間労働（週 50 時間以上）	◎	▲	▲	
		レジャーとパーソナルケアの時間	▲	▲	▲	◆
	健康状態	出生時平均余命	◎	▲	▲	◎
		自己報告による健康状態	◎	◎	▲	◆
	教育と技能	学歴（後期中等教育修了者割合）	▲	◎	▲	
		予想教育年数（40 歳までに）	◎	▲	▲	
		生徒の認知技能（PISA 調査）	▲	▲	▲	◎
		成人力（数的思考力と読解力）	◎	◆	▲	◎
	社会とのつながり	社会的ネットワークによる支援	▲	▲	▲	▲
	市民参加とガバナンス	法規制定に関する協議	◎	▲	◆	▲
		投票率	◎	▲	▲	▲
	環境の質	水質に対する満足度	◎	▲	◎	▲
		大気質（PM_{10} の平均濃度）	◎	▲	▲	▲
	生活の安全	殺人率	▲	◆	◎	◎
		自己報告による犯罪被害	◆	◎	▲	◎
	主観的幸福	生活満足度	◎	▲	▲	▲
◎の数			12	7	3	6
◆の数			2	2	1	3

出典）OECD（2013）より作成。最下の 2 行および（　）内は筆者による追加。
＊瑞はスウェーデン。

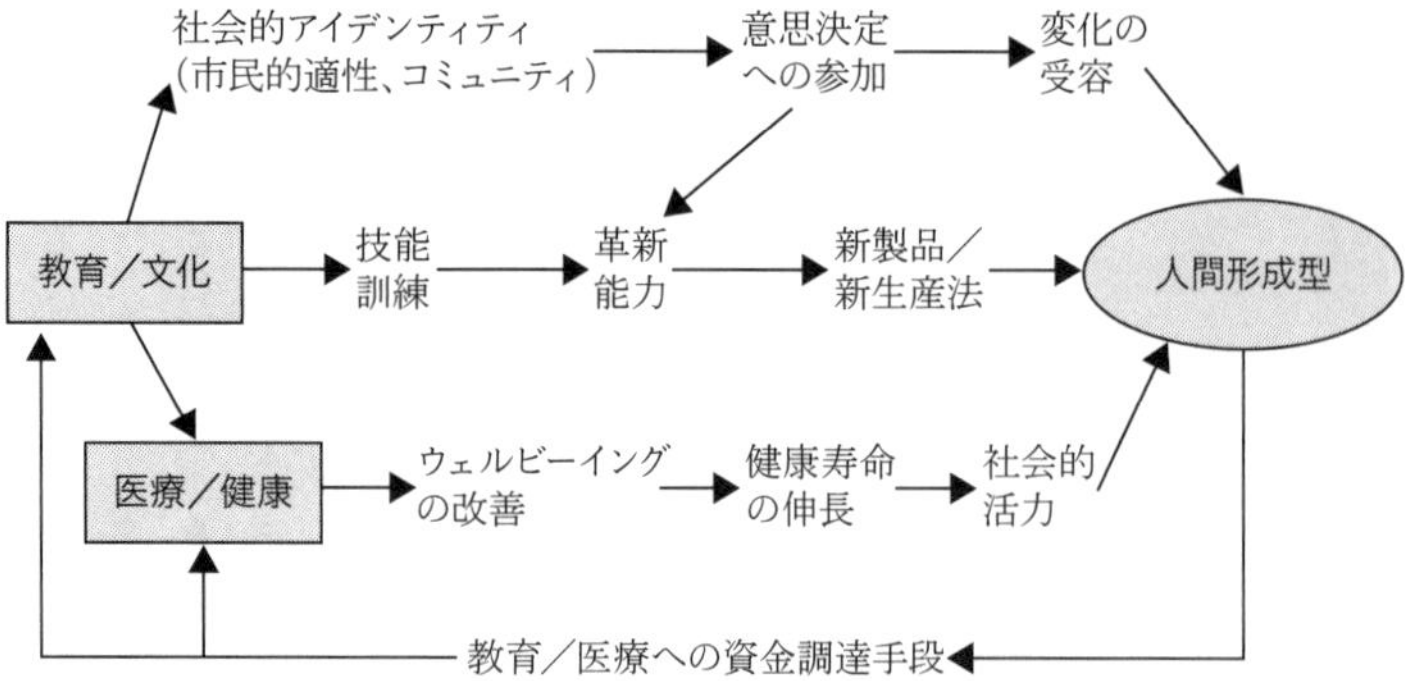

出典）Boyer（2015a: 165）

図表 4‒14　人間形成型モデルの好循環的構図

ない。今の時点でできることは、もしこの人間形成型が主導的になった場合、そこに生まれるであろう理想的な好循環の構図を予測的に描いてみることのみである。Boyer（2015a）は**図表4―14**のような構図を提示する。

図は以下の諸点を物語る。（1）「教育／文化」は市民的適性、技能訓練、健康を促進する。（2）市民的適性の涵養やコミュニティの形成は、意思決定への各人の参加や経済的社会的変化の受容を促進する。（3）技能訓練はイノベーション能力を育み、新しい製品や生産方法の開発に資する。（4）「医療／健康」はウェルビーイング、健康寿命、社会的活力を促進する。（5）教育・医療・文化の総結果は「人間形成型モデル」による経済社会的発展を強化する。（6）その人間形成型モデルの発展は医療・教育・文化への資金調達を支える。

このかぎりではまことにラフなスケッチであり、また理想論的なスケッチであろうが、それでも各種指標の羅列を超えて、「教育、文化、健康の間の相乗効果」を浮かび上がらせ、人間形成型モデルの構図を描こうとする一つの試みではある（「成長と分配の好循環」の先に、この「医療・教育・文化と人間形成＝ウェルビーイングの好循環」がアジェンダにのぼる日が待ち望まれる）。そして重要なことは、このモデルの成否はもはやＧＤＰ成長率などでは測りえない、とボワイエが注意喚起している点である。いわく、「このモデルの成功はもはやＧＤＰ成長率では測定されず、社会成員が感知したウェルビーイングの改善を見ることによって測定されるのである」、と（ibid. 165）。人間形成型というオルタナティブ・モデルは、富やゆたかさにおけるパラダイム・シフトとともに追求されねばならないのである。

5　おわりに――ゆたかさ概念の転換へ

以上、これまでの議論を要約すれば、次のようになろうか。コロナ・パンデミックのなか、直接にはデジタル資本主義や国家資本主義が勢力を伸ばしつつも、国際的対立が激化しているが、しかしその間隙をぬって、「医療・教育・文化」を軸とする人間形成型活動の重要性が認識され、それらが経済活動中に占める比重は増加している。その増加はしかし、さしあたりはいまだ経済社会の伏流としての位置にあり、これが金融経済や情報経済に代わって経済社会全体を主導するまでには至っていない。そうなるためには、人間形成型の全面的開花を求める政治連合の形成が不可欠であるが、同時に、富やゆたかさの概念の転換も不可欠である。

その転換を一言でいえば、財goodsからゆたかな生well-beingへの富概念の転換である。概念の転換は当然ながら尺度の転換を含み、GDPやその成長率といった一義的な数字で示される尺度から、「ゆたかな生」の多面的な内容を多面的なままに観察するダッシュボード型の指標への視点の変革が求められている。「尺度の選択は暗黙裡に世界観を体現している」(Cassier and Thiery 2011: 65)とは名言である。

経済学の歴史を振り返りみれば、重商主義は外国貿易による貿易差額(金銀)の蓄積に一国の富と繁栄をみた。それをアダム・スミスがひっくり返して、「国民が年々消費する生活必需品と便宜品」のうちに国富の本質を見たことから(Smith 1776: 訳(上)27)、経済学はその本格的展開をみることになった。マルクス『資本論』も、資本主義社会の富は「巨大な商品の集まり」として現れると書き出して、物的生産を軸にして資本主義を分析した。つまりスミス以降、経済学の対象は物財の生産・消費を中心とし、サービスは「不生産的労働」として脇役へと追いこまれた。二〇世紀になってGDP統計が整備されるなかで、財とならんでサービスも復権したが、しかし、それら財・サービスはすぐれて市場財に限定され、付加価値の大小という形で貨幣化されて表象され、測定されるものであった。

こうした物的豊富性を中心とした富概念への反省は——マルクスの「富の尺度は自由に処分できる時間となる」(Marx 1953: 訳III 657)という早熟的予感を別にすれば——二〇世紀後半あたりから提起されるようになった。一定の所得に達するとそれ以上所得が増えても幸福感の増大にはつながらないという、一九七〇年代に提起された「イースターリン・パラドクス」もその一例である(Easterlin

1974)。一人当たりGDPなるものは人びとのウェルビーイングと乖離しはじめたのである。こうして今日、アマルティア・センのケイパビリティ・アプローチ——人間一人ひとりがもつ潜在能力《ケイパビリティー》の形成・拡充・発揮としてのゆたかさを捉える見方——にも刺激されて、富（ゆたかさ）概念は再度の転換を迫られている。人間の開発＝発展や生活の質を中心としたそれへの転換である。「人間形成型発展様式」というオルタナティブな進路は、そうした新しい富（ゆたかさ）の概念や尺度とともにしか構想しえないであろう。

後編　資本主義のレギュラシオン理論

前編でみた「めざすべき経済社会」はたんなる政策だけでは実現できない。資本主義の変化や変革とはどういうことかへの省察が必要だ。後編では「レギュラシオン理論」に学びつつ、歴史を動かす力を見定め、社会を形づくる各種制度の変化の理論を問うとともに、近年最大の歴史的変化たる「社会主義から資本主義への移行」にも目を配りながら、変化の仕組みを考える。

第5章　レギュラシオン理論とは何か

経済や制度は時とともに変化し、所とともに多様である。そうした可変性を捉える経済学として「レギュラシオン理論」が生まれた。資本主義的変化の基礎理論である。それによれば、戦後資本主義は産業主導のフォーディズムから金融主導の新自由主義へと転換した。その「新自由主義からの転換」が提起されている今日、かつてのフォーディズムが実現した「成長と分配の好循環」についても回顧しておこう。

1　はじめに

新型コロナウイルス感染症の世界的蔓延のなかで、二つの印象的な風景があった。一つは、パンデミックは一時的攪乱に終わることなく、私たちの生活や社会に大きな変化がやってくるという直感を、多くの人びとがいだいたことである。もう一つは、少なくともワクチン接種が普及する以前、各国のコロナ対策や感染抑止の実績には大きな開きが見られたことだ。分かりやすい例をあげれば、人びとの「自由」制限のうえに感染をある程度抑止したシンガポールや中国、「経済」を優先し感染爆発を起こしたアメリカ（トランプ政権時）やブラジル、そして「健康」と「経済」の両立を図るべくストップ・アンド・ゴー政策をとり、感染波の反復を招いた欧州や日本が思いうかぶ。

第一の、社会生活の大変化という直感のうちには、歴史の大いなる変化への予感があり、これは資本主義の時間的可変性という問題関心へとつながっていく。ウイルスも変異するが人間社会も「変異」するというわけである。第二の感染対策・効果の多様性が示唆するのは、同じ脅威ないし危機に遭遇し、ひとしく「健康・経済・自由のトリレンマ」に直面したときでも、各国の選択はまちまちだったという事実である。このような政策の各国別多様性の背後には、おそらく資本主義の空間的可変性の問題が存在していよう。

このように資本主義社会は時間的にも空間的にも多様なのであって、それを考えると、いつでもどこでも当てはまる理論といった、いわゆる普遍主義的理論（新古典派経済学）なるものへの疑問が生まれてくる。これに反してレギュラシオン理論は「可変性」ないし「多様性」を捉える政治経済学であろうとする。

2　可変性の政治経済学

レギュラシオン理論（調整理論）は、一九七〇年代の経済危機のなかから生まれた。ほぼ半世紀前のことである。この時代、石油ショックやその後のスタグフレーション（インフレと不況の共存）によって、従来型のマクロ経済政策モデルが通用しなくなってしまった。そのことを思い知らされたフランスの若き官庁エコノミストたちは、危機の背後に何があるのか探ろうと共同研究を始める。アグリエッタ（国立統計経済研究所）が『資本主義の調整と危機』（Aglietta 1976）を公刊したのに続いて翌年、当時、フランス財務省のエコノミストとして研究を開始したボワイエらは『インフレへのアプローチ』と題する冊子をまとめる。先回りして言えば、それから四〇年、レギュラシオン学派を牽引してきたボワイエは、二〇一五年、集大成の書『資本主義の政治経済学――調整と危機の理論』（Boyer 2015）を世に問う。学派創設的なアグリエッタの本と成果総合的なボワイエの本に共通するのは、タイトルからも分かるとおり、「調整と危機」の視点である。資本主義の可変性を「調整と危機」の観点から問おうというのがレギュラシオン理論である（フランス語の régulation は「調整」であって、英語の regulation ＝「規制」とは別の意味をもつ）。

では、かれら官庁エコノミストたちは時代の変化をどう分析したのか。答えは「フォーディズムの成長と危機」の語に要約される。「フォーディズム」とは、さしあたり大量生産‐大量消費の経済体制を指す。つまり一九七〇年代の危機は、たんに石油値上げといった流通表面での一時的乱気流などではなく、戦後先進諸国に特徴的な経済システム（フォーディズム）からの歴史的断絶として理解されるべきだ、という見方を打ち出した。戦後先進諸国は、当時の大方の予想を裏切って、史上まれに見る持続的高度成長を遂げたのだが、その成長が危機へと陥ったことこそが一九七〇年代危機の実相だと看破したのが、レギュラシオン理論であった。

危機はそれ以前の成長の認識とワンセットで理解されるべきであろう。だから問題は、そもそも戦後的成長はどのようにして可能だったのかにある。レギュラシオン理論は、それは大量生産‐大量消費のマクロ経済体制（成長体制）が国民経済的レベルで成立したからだ、と答える。では、なぜ戦後に？大量生産技術なら二〇世紀初めから存在していたのだが、戦前はそれが大量消費につながらなかった。だから、一九三〇年代恐慌（過剰生産恐慌、有効需要不足危機）が起こってしまったわけである。

しかし戦後、大量生産（成長）は大量消費（賃金上昇）へとうまくつながっていった。つまり「成長と分配の好循環」が見られた。それは「自然に」とか、「市場の力で」や「国家の力で」とかでは説明できない。労使間にある特定の制度や妥協が成立したからだ、とレギュラシオニストたちは発見した。戦後には労働組合制度が広範に承認され、また労使間の団体交渉が制度化された。そのもとで労働者はテイラー主義的な単純作業（いわばイヤな仕事）を引き受ける代わりに、それによって生産性が上がったら、経営側はそれを利潤として独占することなく、生産性上昇に連動（インデックス）する形で賃金上昇にも振り向ける（賃金上昇は耐久消費財を中心とした大量消費につながる）。労働側も譲歩し

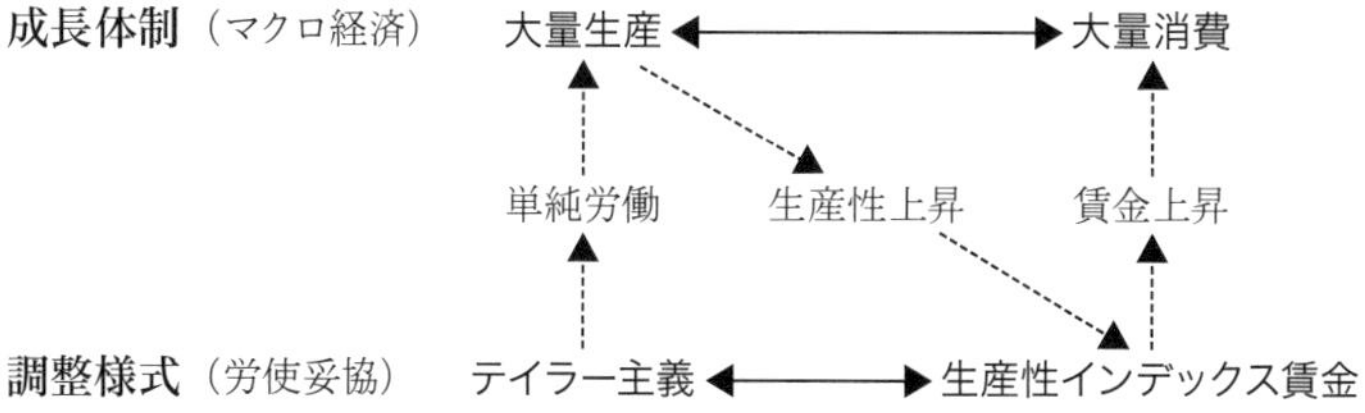

図表 5–1　フォーディズム的成長の構図

たが経営側も譲歩し、ここにテイラー主義受容（労働側）対 生産性インデックス賃金の提供（経営側）という労使妥協が成立し、それが社会のゲームのルールとなって成長体制をうまく誘導し調整した、という次第である。大量生産‐大量消費の成長体制は、テイラー主義受容‐生産性インデックス賃金という調整様式によってうまく誘導されたのだ、と理解することが肝心な点である。この点、すでに第3章で**図表3—2**として説明したところであるが、同じことを簡略化して示せば**図表5—1**のようになる。

　そういうあり方は、二〇世紀初頭のヘンリー・フォードによる流れ作業（大量生産）と高賃金政策（大量消費）の先駆的な試みにちなんで、「フォーディズム」と名づけられた。戦後、このフォーディズムは成功をおさめ、先進各国は前例なき高度成長を実現した。だが、経済は生きものであって、成長の要因はやがて危機の要因へと転化する。成長ゆえに危機に陥り、成功ゆえに失敗に逆転する。それが経済社会の生々しい現実だ。どういうことか。一方で、テイラー主義的単純労働が普及し強化されると、労働者は疲弊し労働意欲を喪失し、さらにはストライキなどで反抗するようになる。また単品種大量生産が成功して消費財が豊富に出回ると、同じモノでも他人とちがったモノを持ちたいとか（物財消費の差異化）、モノでなくサービスを享受したい（サービス化）という需要動向が主流となってくるが、フォード的生産技術ではそれに対応できない。他方で、フォーディズム的工業化が成功して都市化が進むと、今まで農村内の助け合いで支えられていた保育・教育・看護・介護といった領域は、資本主義的都市生活のもとでは対価を払って担われることになる。しかしその対価は広い意味での賃金で賄われねばならず、したがってそれは賃金上昇の圧力を高める。またケインズ主義のもとで準完全雇用が実現すると、失業の脅威が小さくなって労働者は賃金上昇の要求を強める。要するに、生産の面では生産性の危機が、分配の面では利潤圧縮の危機が起こって、ここにフォーディズム的な調整様式（労使妥協）は崩れ、大量生産-大量消費型の成長体制は瓦解する。

それが一九七〇年代のフォーディズムの危機であり、レギュラシオニストたちは、当時、世界が震撼した石油ショックの背後にあるものとして、このような「戦後経済システムからの断絶」を透視した。それは資本主義のある大いなる歴史的変化であり、質的な構造的変化である。それまでうまくいっていた「調整」（労使妥協）が麻痺したがゆえの「危機」なのである。「調整と危機」、ここに、レギュラシオン的資本主義認識の真骨頂の一例がある（山田 1993）。

3 歴史的制度的マクロ経済学

レギュラシオン理論はこのようにフォーディズム分析のなかから生まれたが、以上の議論のなかには、もっと一般的に、経済社会の可変性をどう理解したらいいのかにかんする新しい示唆が含まれて

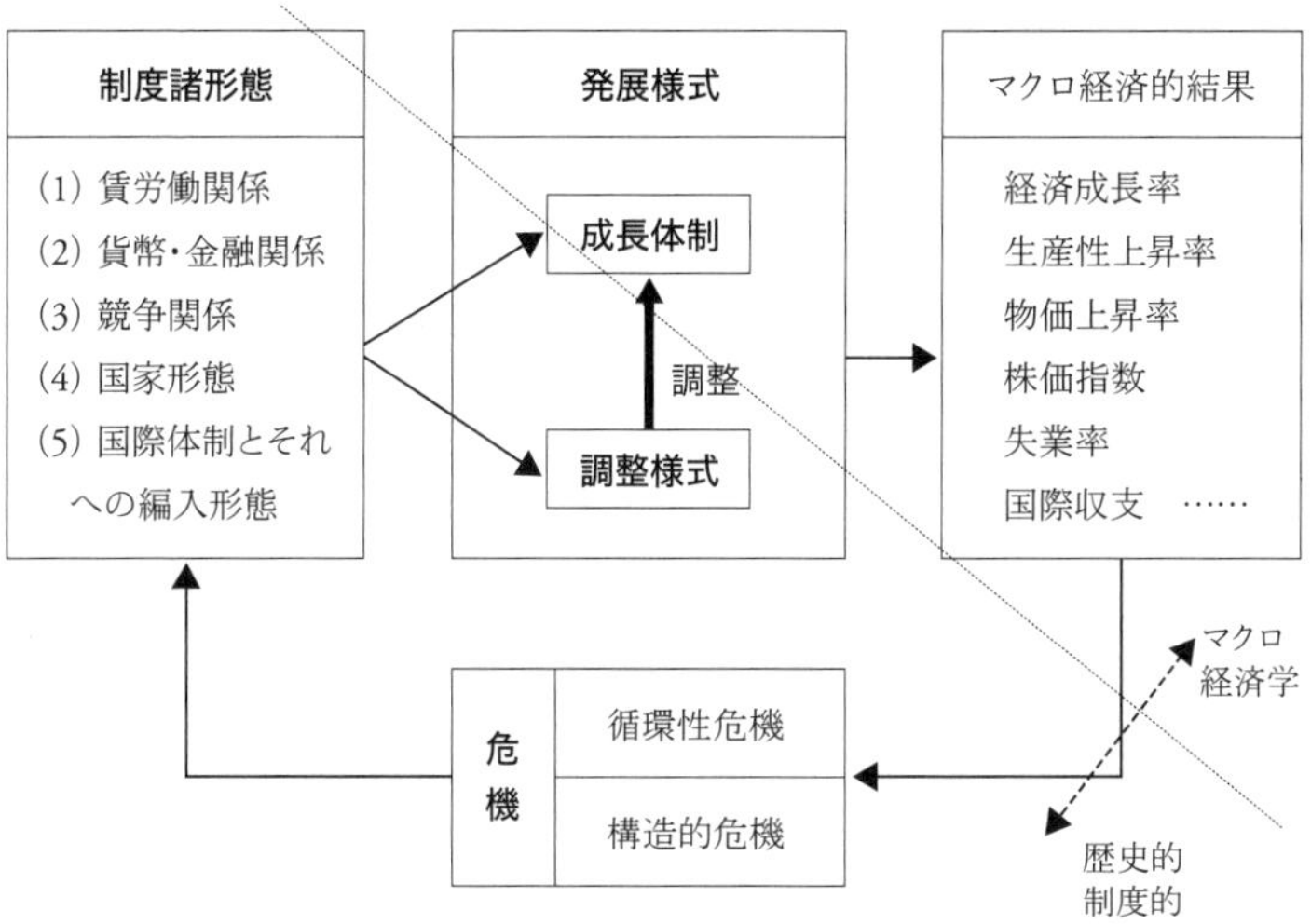

図表 5–2　レギュラシオンの概念構造

いる。新古典派流の市場中心的で静態的な理論でなく、「制度」を重視しつつ資本主義の可変性を捉える理論枠組み（概念構造）が示唆されている。以下では、そうした新しい経済学観を浮かび上がらせてみよう。それは**図表5—2**に集約表現されるが、これを参照しつつ以下の箇条書きを理解されたい。

❶レギュラシオン的な見方は（わずか）五つの基礎概念からなる。制度諸形態、成長体制、調整様式、発展様式、危機の五つである（図表中の太字箇所）。

❷制度は各国各時代に多様な姿をとるので、その点を考慮して「制度諸形態」と称する。人間社会には無数の制度が存在するが、そのうち経済的に重要な制度領域としては、賃労働関係、貨幣・金融関係、競争関係、国家形態、国際体制とそれへの各国の編入形態があげられる。

❸一国一時代の制度諸形態の総体は特定の「成長

体制」（マクロ経済的連関）を形成する。

❹同じく制度総体は特定のゲームのルール（規範意識）を形成する。それを成長体制との関連でみたとき、これを「調整様式」という。

❺調整様式に支えられた成長体制を「発展様式」といい、これが特定の時代、特定の国の資本主義の個性をなす。資本主義の変化とは主要には発展様式の変化のことである。

❻発展様式が作動した総結果は、各種のマクロ経済統計の数値（例えば経済成長率、物価上昇率、株価指数、等々）として知ることができる。

❼発展様式が順調に作動している間は、途中に小危機（循環性危機）を経験し、また制度の小幅な変化を伴いつつも、経済は成長をつづける。

❽しかし一定の点に到達すると、発展様式は大危機（構造的危機）に陥り、それまでの成長体制や調整様式そのものが麻痺するに至る。

❾構造的危機のなかでは、各種社会政治グループ間の闘争・妥協や連合再編がなされ、その結果、従来のものに代わる新しい制度諸形態が生み出される。（山田 1993）

これが資本主義の可変性を捉える経済学としての、レギュラシオン理論の基本的な概念構造（経済学観）である。ポイントは、通例の「マクロ経済学」（図表5—2中の「成長体制」や「マクロ経済的結果」の世界、つまり図表中の長い斜点線の上部）だけでなく、その背後にある「制度諸形態」（これは経済学だけでなく政治学や社会学で大いに議論されている）や「危機」（これは通例の経済学では理論的に無視されることが多いが、歴史学ではしばしば論ぜられている）を問うところにあり（斜点線の下部）、そしてとりわけ、大危機による資本主義の「歴史」的変化を視野に収めた理論だということである。レギュラシオン理論は「歴史的制度的マクロ経済学」なのである。そのマクロ経済学と制度論・歴史論をつなぐ決定的な回路が——図表5—2の太い矢印からも分かるとおり——「調整」にあることは、もはや明らかであろう（山田 2008; Yamada 2018）。

4　金融主導型の発展様式

以上が、一つの経済学として成立した当初のレギュラシオン理論の認識である。つまり、一九八〇年代半ばまでの一〇年間ほどの間に、この学派が解明したことの骨格である。しかし資本主義は不断に変化する。とりわけ一九九〇年代になると、少なくともヘゲモニー国では、製造業でなく金融が経済を主導する時代となる。また各国経済の多様性も顕著になってきた。この節では金融主導型経済についても一瞥しておこう。

フォーディズムの危機のなか、これに代わる新たな制度的模索が各国で進められてきた。国内需要のネックを突破すべく各国とも輸出需要に活路を見出し、経済のグローバル化が急速に進む。日本やアジア諸国が対米輸出を拡大し、ヨーロッパは自らの市場を囲い込もうと欧州市場統合へと舵を切るなか、アメリカのみが産業的没落に苦吟していたというのが、一九七〇―八〇年代の世界経済の景観であった。そんななかから一九九〇年代、アメリカ経済は見事な復活をとげる。しかし、その復活したアメリカはもはや工業のアメリカでなく、金融（と情報技術）のアメリカであった。デトロイトのアメリカはウォール街のアメリカへと変身した。アメリカで何が起こったのか。

何よりもまず、制度諸形態が一変した。フォーディズム時代の労使妥協は解体し、企業から労働者が放逐されて、代わりに経営は株主と手を組むようになった。株主のなかでは、機関投資家（年金基金、保険会社、投資信託、ヘッジファンドなど）という物言う株主が強力になる。これらの株主は企業に対して高い金融収益を要求し、いわば株主価値優先（株主主権）の経営への圧力を高める。もっとも株主は圧力だけでなく、ストックオプション（予定価格での自社株購入権）など、高株価が経営者にも有利となる制度装置を考案し、ここに高株価経営をめぐる経営―金融妥協が出来あがる。そしてこの金融の力こそ、他のいかなる諸制度にもまさる最上位の制度装置として、制度階層性の頂点に位置することになった。

かつてフォーディズム時代には労使の妥協が経済の主役をなしていた。ところが、この労使関係（広く賃労働関係）という制度領域は、いまや金融関係（グローバル金融を念頭におけば同時に国際体制）に支配される下位の制度となりさがった。金融の下僕となった賃労働関係は、雇用面では労働をフレキシブル化して不安定雇用を拡大させ、賃金面では賃金停滞を押しつけ、社会保障面ではワークフェア的な福祉削減へと舵を切った。労働者は所得低下や所得不安定を補うため、消費者ローンであれキャピ

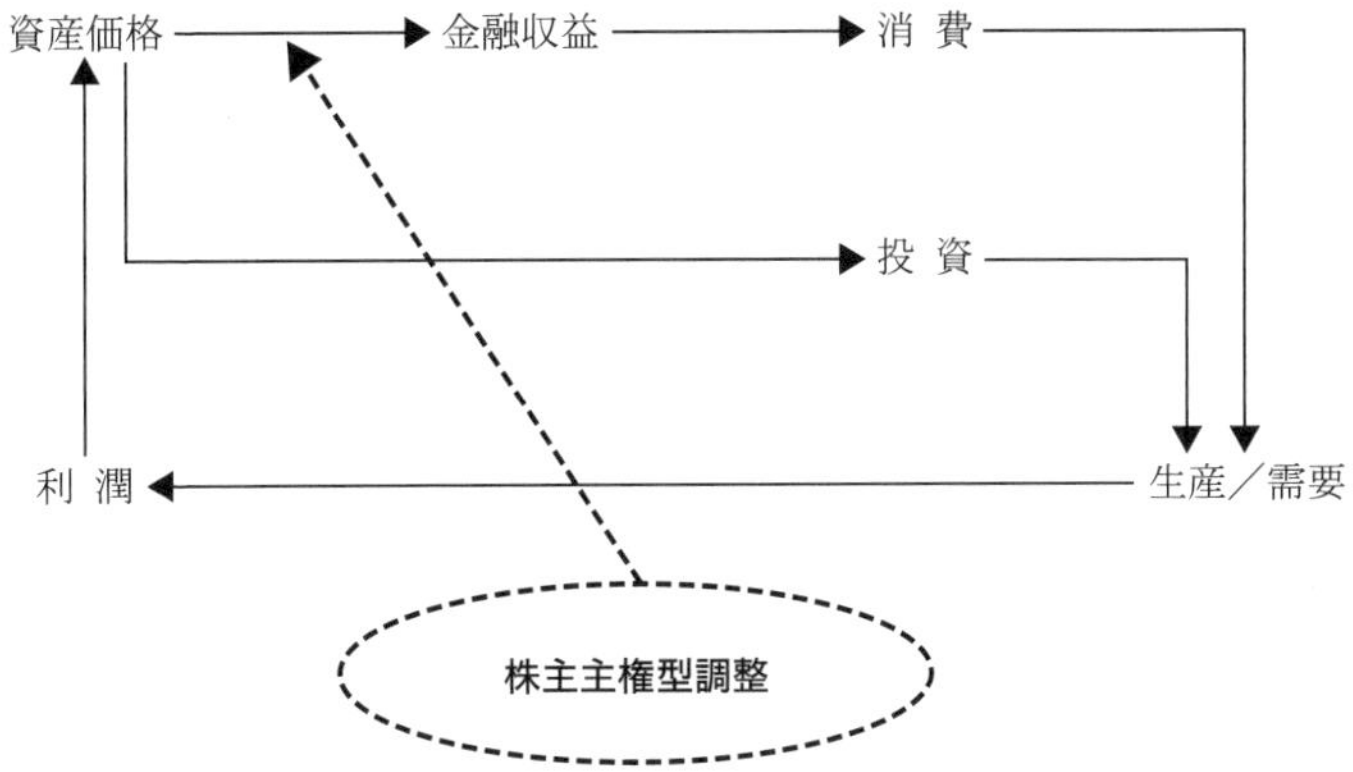

図表 5–3　金融主導型成長の構図

タルゲイン（譲渡益）目当ての株式投資であれ、金融への依存を強め、その結果、金融の力はさら強くなる。国家形態では「小さな政府」の標語のもと規制緩和と民営化が推進され、財政赤字補填のため国家は金融市場への依存を強め、その金融市場からは緊縮財政の要求を突きつけられる。こうした制度諸形態の変容には「新自由主義」のイデオロギーが深くかかわっていた。

新しい諸制度は**図表5―3**にみるような新しいマクロ経済的構図つまり成長体制を生み出した（山田 2008）。経済の起動力は資産価格（株価、住宅価格など）の上昇にある。強くいえば資産バブルだ。起動力はもはや工業生産性の上昇にはなく、資産価格という金融変数に移っている。そしてこの資産価格が金融収益へと連動する。それによって機関投資家の、ひいては富裕層を中心とした家計の、金融所得が上昇し、この資産効果によって消費が拡大する。消費によって投資が喚起されるだけでなく、高株価は企業の資金調達を容易にするから、そこからも投資が刺激される。**図表5―3**では他の需要項目を捨象しているので、この消費と投資が総需要を構成することになり、つまりは経済が成長する。その経済成長が企業利潤を増大させ、増大した利潤はさらなる利潤期待を生んで企業の株価をさらに上昇させる。まとめて言えば、資産価格→金融収益→消費／投資→生産／需要→利潤→資産価格という、金融が主導する循環回路が成立したのであり、いわば「金融主導型」成長体制が成立したのが、一九九〇年代のアメリカであった。

その成長体制を決定的に支えたのが、さきにみた資産価格上昇を金融収益上昇につなぐ制度装置である。金融収益のなかには、株主へと帰属するインカムゲイン（利払・配当）やキャピタルゲインだけでなく、経営者が獲得を期待するストックオプションも含まれるから、ここに経営者と株主の相利共生的妥協が生まれ、それが新しい成長体制を調整したということである。いわば「株主主権型」調整様式だ。こうして金融主導型成長体制と株主主権型調整様式のもとに、金融主導型と呼びうる資本主義の発展様式が成立したのが、一九九〇年代以降のアメリカであった。二〇世紀末、歴史は明らかにフォーディズム時代から一回転して新しい発展様式を生み出した。

ただし、新しい発展様式はアメリカの他にはせいぜいイギリスに成立したのみで、他の諸国にはあまり広がることはなかった。もちろん、他国もアメリカ型金融の影響を大きく受けて金融の自由化や革新を迫られたが、経済の骨組みが金融主導になったとまでは言えない。例えばドイツや日本は依然として製造業のもつ役割が主導的だといってよいであろう。その意味で金融主導型は経済の骨組みとしては非普遍的である。また、この発展様式はバブル頼みの成長という側面をもっており、きわめて不安定でもある。事実それは、一五年程度の「ニューエコノミー」的成長ののち、二〇〇八年のリーマンショックとその後のグローバル恐慌に示されるように、「世界金融危機」という名の構造的危機へと転がりこんでいった（Boyer 2011）。われわれは今日、覇権国アメリカにおける金融主導型という、普遍性も安定性もない資本主義の影響下にあり、しかもそれが大きな危機を経験しつつある時代に生きているというわけである。

5　資本主義の多様性

これまではずっと覇権国にしぼった発展様式転換の歴史を見てきた。しかし世界史は覇権国のみで動いているわけではない。最近では世界各地で新興の資本主義国が登場し、それぞれ独自な形の発展を遂げている。とりわけ中国やロシアなどは「国家資本主義」とも言われている（第7章参照）。視野をいわゆる先進諸国に限ってみても、各国は必ずしも米英と同じではないし、まして米英型に収斂しているわけでもない。これにかかわってレギュラシオン理論は、当初、フォーディズムは先進諸国にかなり共通した発展様式だったのではないかと考えていたが、やがて研究の進展とともに、フォーディズムはそれほど普遍的でなかったことが判明してきた。例えば戦後日本は、そう簡単にはフォーディズムの枠組みには収まらないことも分かってきた（山田／ボワイエ 1999）。ここにレギュラシオン理論は苦い反省とともに、資本主義の同時代的多様性ないし空間的多様性という問題に直面することになる。ところが金融主導型アメリカの躍進とともに、一九九〇年代以降、とりわけ新自由主義の影響下で、世界各国はアメリカに倣ってアメリカ型資本主義に収斂していくべきだとする資本主義収斂論が声高に叫ばれるようになってきた。これに対抗してレギュラシオン学派からも、さまざまな収斂論批判、逆にいえば資本主義多様性論が提起されてきた。以下、代表的なブルーノ・アマーブルの『五つの資本主義』（Amable 2003）に即してみよう。

　アマーブルの議論はVOC（varieties of capitalism 資本主義の多様性）アプローチの批判的継承のうえに立っている。VOCを代表するのはホール／ソスキス編『資本主義の多様性』だ（Hall and Soskice 2001）。この本はアメリカ型モデル（自由な市場経済＝LMEと呼ばれアングロサクソン諸国がこれに入る）に対置して、もう一つドイツ型モデル（コーディネートされた市場経済＝CMEと呼ばれ日本や北欧もこれに属する）が明確に存在することを説得的に提示した。この二類型の資本主義はその制度構造を異にし、それはイノベーション能力や産業的比較優位の相違となって現れる。例えば、アメリカでは何ごとも短期的スポット的な市場的契約関係が支配的だが、ドイツでは労使間・企業間に市場外的な長期的協力関係の諸制度が発達している。その結果、アメリカでは人びとは個別の会社に依存することなく個人としてどこでも通用する能力（一般的技能）を身につけるのが有利だが、ドイツでは特定の企業や産業で通用する技能（特殊的技能）がものをいう。技能的特化のちがいはその国が得意とするイノベーション能力のちがいとなって現れ、アメリカでは急進的イノベーションが重きをなす産業（バイオ、医療、情報通信）に、ドイツでは漸進的イノベーションに立脚する産業（工作機械、耐久消費財、自動車）に、

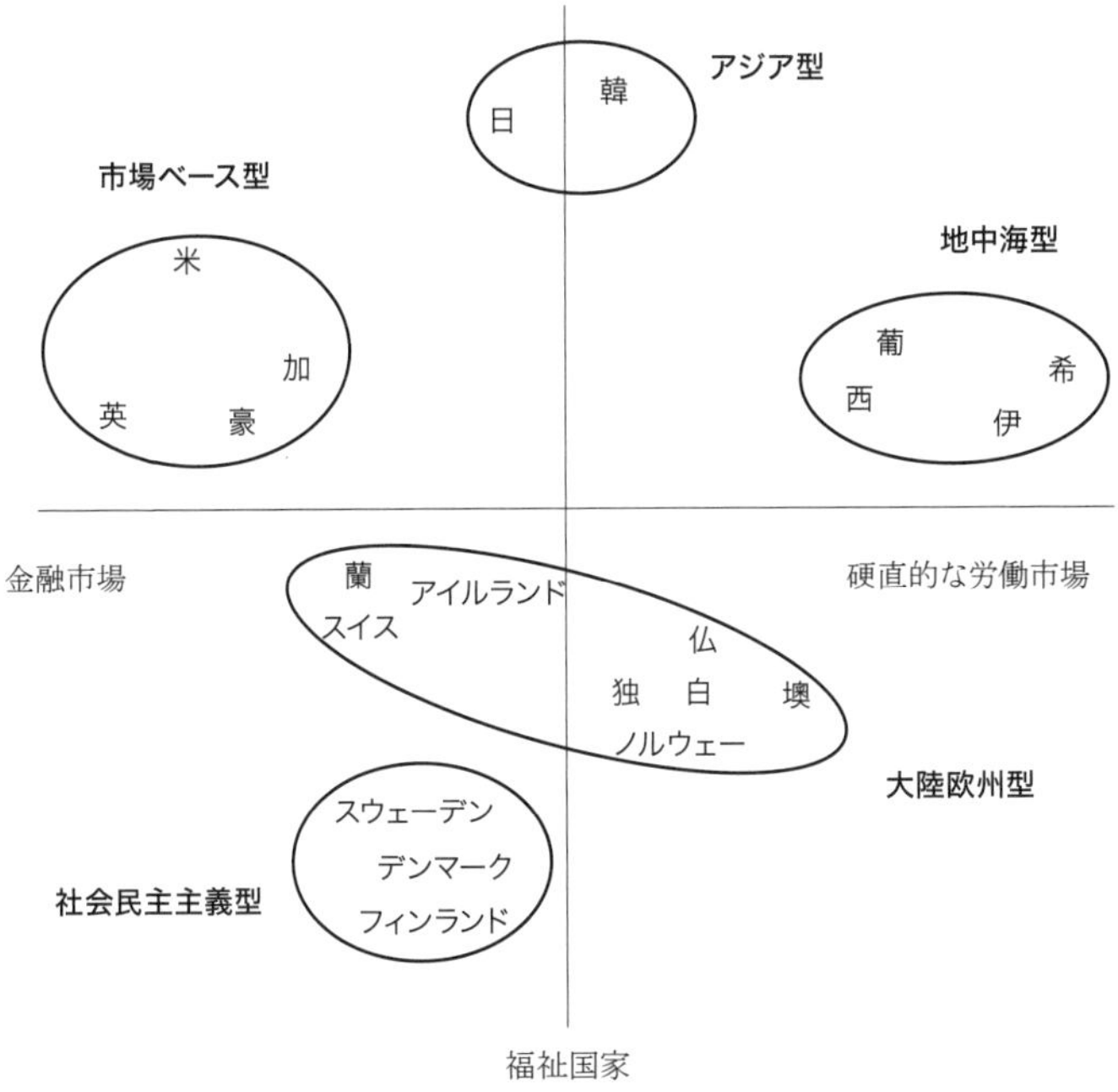

図表 5–4　主要 OECD 諸国をめぐる資本主義の多様性

それぞれ比較優位を示すことになる、と。

アマーブルがこの議論を評価するのは、それが資本主義比較のある種の基準としてアメリカ型自由市場モデルを据えている点であり、しかもこのモデルへの世界的収斂説を批判している点である。逆にアマーブルのVOC批判は、ドイツ型モデルのなかに北欧や日本までもが押し込められていることであり、またフランスやイタリアなど西欧の主要諸国がどちらのモデルにも属さない中間種として扱われていることにある。

そこからアマーブルは、特定の国や特定の制度に偏した比較対象設定を排して、OECDの主要二一か国につき、五つの制度領域（製品市場、労働市場、金融、福祉、教育）にまたがる夥しい数の制度を対象として比較分析を行った。定性的・理論的な分析に加えて、因子分析・クラスター分析といった定量的手法を積み重ねて、最終的に「五つの資本主義」を析出する。市場ベース型（米英加豪）、アジア型（日韓）、大陸欧州型（独仏墺蘭など）、社会民主主義型（北欧）、そして地中海型（伊西希葡）がそれだ。計量結果を「市場」と「福祉」を軸にした平面上にプロットした結果、アマーブルは**図表5―4**のように各国の布置図を描いてみせた。資本主義の多様性は一見して明らかであろう。

この図は以下のことを示している。

❶VOCアプローチにいうLME（アマーブルでは市場ベース型）の諸国は同質性が高く、他のモデルと明確に区別される。その意味で市場ベース型はたしかに資本主義比較の原点をなす。

❷他方、CMEについては諸国の異質性が強く、これらを一個のモデルにくくるには無理があり、大陸欧州型、社会民主主義型、アジア型へと分解されるべきである。つまりこの三類型は、中程度の市場自由化度という点では共通していても、福祉国家の発展度では格段のちがいがある。

❸市場の自由化度という意味でアメリカ型の対極にあるのは、アジア型、社会民主主義型、大陸欧州型のいずれでもなく、地中海型である。したがって資本主義比較を独米対比、日米対比、米国―北欧対比で代表させるときには、この点を念頭に置くべきである。

❹大陸欧州型ということで独仏が同一類型に括られることになったが、これはVOCにおけるフランスの欠落を批判的に乗り越えるものである。イタリアも地中海型として分類され、VOCの難

点が克服されている。

そのうえで、アメリカモデルへの収斂説に対しては、図の平面上の各国の位置を一九八〇年代末と一九九〇年代末の両時点で比較するとき、それほど大きな変化——市場ベース型への接近——は見られないとして、これを退ける。グローバリゼーションのなか、資本主義は均一化するどころか、逆に多様な展開をとげているということである。

アマーブルの議論はいわゆる先進資本主義国に限った類型化であるが、これに躍進著しいアジア諸国、あるいはＢＲＩＣｓとして注目を浴びている諸国など、他の新興市場経済諸国を加えれば、資本主義の多様性はさらに複雑になることであろう。「米中衝突」といわれる今日、中国資本主義の分析も不可欠であろう。レギュラシオン理論からするこの問題への挑戦もすでに始まっている（植村ほか 2014）。とりわけ、われわれ日本人としては、高度成長・経済大国から長期停滞・格差拡大へと落ち込んだ日本経済をレギュラシオン的に分析していくことも大きな課題である。

フォーディズムから金融主導型へと覇権国の資本主義は転換し、さらにはコロナ禍のなか、デジタル資本主義の台頭も著しい。これはたしかに世界史の大きなトレンドを形づくっている。そのトレンドをある程度共有しつつも、しかし各国の資本主義は覇権国の発展様式に必ずしも収斂することなく、それぞれ独自な展開を見せている。それらが総体として対抗しつつも補完しあうなかで、世界史はまた新しく変化していくことでろう。「資本主義を調整と危機の観点から問う」レギュラシオン理論は、そうした資本主義の可変性を今後とも解き明かしていく政治経済学であろうとしている。

6　制度の政治経済学

レギュラシオン理論はマクロ経済学の一種だと前に述べたが、同時に制度を重視する経済学だとも述べた。マクロ経済ないし資本主義の変化の根底には、制度の変化があるわけで、「可変性」の問題をいま一歩深めていくためには、「制度」というメゾレベルでの変化のあり方へと分析対象を広げていくことが必要であろう。「制度が重要である」Institutions matter。マクロ分析から出発したレギュラシオン理論は、こうしてメゾ分析へと視線を延ばしてきた。

ところで「制度」とは不思議な存在だ。具体的な形として見えるわけではないので疎遠な感もあるが、しかし制度なしには生きていけないかぎりでは身近なものだ。制度は、意識的にか無意識的にか人間が作りあげた人為の産物であるが、それが順調に機能しているかぎりまるで自然の存在であるかのようである。今日の制度は明日も続くという、制度不変の前提のもとで人びとは行動しているが、しかし中長期的に不変の制度などまず存在せず、制度は可変的なものである。

疎遠で身近、人為にして自然、不変にして可変……。その制度は、法律・条令・条約などといったフォーマルなものから、慣習・習俗に由来するインフォーマルなものまで、多様な来歴や形をとって存在している。その「制度」を学的にどう定義するか。実に多様な見解が乱立しているが、ここではやはり政治経済学という観点から、制度とは「社会的コンフリクトの規格化」(Aglietta and Brender

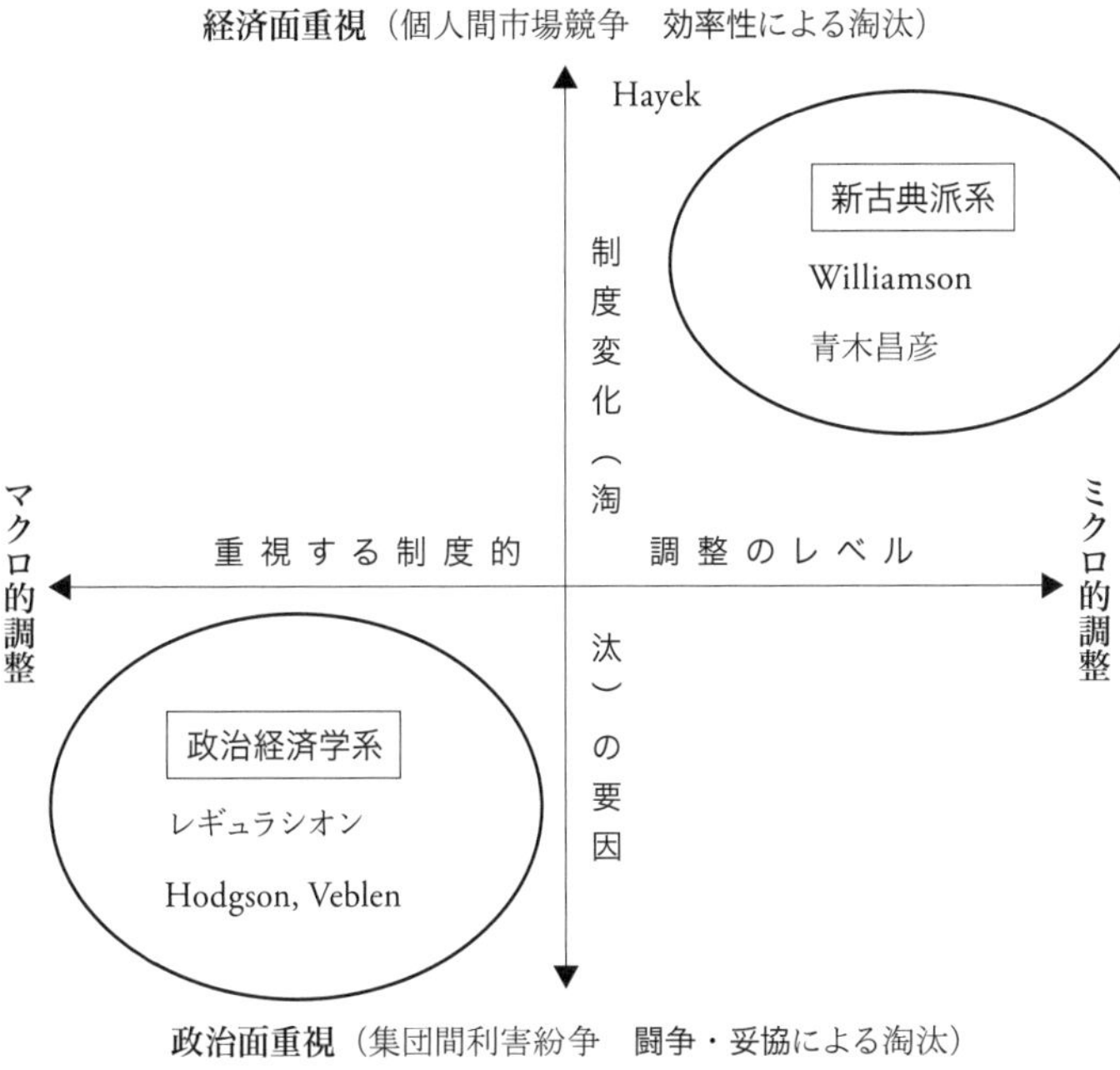

図表 5–5　制度経済学の諸潮流

1984）の装置だと考えておきたい。

さて「可変性」を問うているいま、焦点を当てるべきは制度変化の要因やパターンの問題である。一般に新古典派系の経済学では、制度変化の経済面を重視し、個人間の市場競争によって、より効率的な制度へと淘汰されていくのだという制度変化観が提起される。これに対して政治経済学系の議論にあっては制度変化の政治面が重視され、各種社会集団間の利害紛争（コンフリクト）のなかで、どのようなヘゲモニー的社会政治連合が形成され、それがどのように他のグループを支配し、あるいは相互に妥協するか、――そのあり方によって変化の方向が与えられるといった形で、制度変化が論じられる。

レギュラシオン理論もこの後者の見方をとる（図表5—5）。

制度変化論というと、政治学・社会学におけるキャスリーン・セーレンの議論が有名である（Thelen 2004; Streeck and Thelen 2005）。くわしくは第8章で検討するが、彼女は制度の突発的・断絶的変化論（経路依存説）を批判してその漸増的変化の重要性を強調するとともに、漸増的変化のパターンとして制度の重層・漂流・転用などを摘出した。しかしこの議論は、少なくとも制度変化の原因にかんするかぎり、あまり明確だとは思われない。そこでセーレンに示唆を得ながらも、制度変化の原因として「内生的」と「外生的」の区別を導入して、図表5—6のような変化類型を考えてみよう（Yamada 2018; 山田 2020）。

この表について説明しよう。「内部代謝」とは、長期にわたる局面の反復によって次第に構造が変化していくことであり、制度自体の内生的原因による漸進的な制度変化を意味する。あたかも生物が日々の新陳代謝を行うなかで幼・青・壮・老とゆっくりと変化していくように、制度も短期的には不変に見えても中長期的には大きな質的変化をこうむる。制度変化の型としては、これが最も基本かつ重要なものであろう（Lordon 1995; Boyer 2004）。次に「閾値効果」とは、その内部代謝が一定の閾値（限界値）に達すると生ずる急速な変化ないし崩壊のことであり、いわば内生的原因による急進的かつ非線形的な制度変化である。生物体でいえば

図表 5–6　制度変化の諸類型

		変化の原因	
		内生的	外生的
変化の過程	漸進的	内部代謝	ハイブリッド化
	急進的	閾値効果	大事件

出生や死、あるいは重病にあたるものであり、経済体でいえば——たんなる循環性危機でなく——構造的危機の時代に見られるものである。その時には在来の社会政治連合が分裂したり、新たに組み替えられたりする。

以上は内生的原因による制度変化類型だが、制度は外生的原因によっても変化する。ある制度が対外的・国際的影響を受けて、これに反発したり、あるいは逆にこれと次第に混成化したりすることによって生ずる変化である。とりわけ後者が重要であり、これを「ハイブリッド化」と名づけておくが、この用語はここでは漸進的変化に限定して使用することにしたい。つまりハイブリッド化とは、外生的原因による漸進的な制度変化である。最後に「大事件」をあげておいたが、例えば、戦争、革命、国際的大ショック、大災害、パンデミックなどがそれだ。これは外生的かつ急進的な制度変化の引き金となりうる。

制度変化の原因をとりあえず「内生的」と「外生的」に区別してみたが、実は両者の区別はそれほど明確にできるわけではない。どこから見るかによって結果はちがってくる。例えば、戦後のＩＭＦ制度の崩壊をもたらしたとされる「ニクソンショック」（一九七一年）も、これを寝耳に水の出来事とみれば外生的な大事件であろうが、一九六〇年代以来のアメリカ経済の相対的地位の低下と金準備の枯渇の結果とみれば、内生的な閾値効果だということもできる。一般に重要な制度は変わりにくいもの（粘着的）であるが、しかし内部代謝が閾値に達し、そこに大事件が重なると大きく変化する。つまり大事件は制度変化の直接的原因ともなれば、場合によっては潜在する閾値効果的変化の加速要因ともなるのであって、それは今回のコロナ禍のもとでも見られるのではなかろうか（Boyer 2020）。

7　制度階層性の逆転と新自由主義連合

以上は制度変化を外形的に分類ないし描写したに過ぎない。問題は、そうした制度変化（特に内生的変化）をもたらす政治的要因だ。つまり、支配的な社会政治連合の組み方の変化の問題である。

これを考えるとき、「制度階層性」というレギュラシオン派の考え方が参考になる。制度階層性とは、各種の制度領域には、時代ごと国ごと、重要で支配的なものとそうでなく被支配的なものとの間に階層的関係があるということを意味する。例えばフォーディズム時代には、支配的制度領域は「賃労働関係」であり、これに規定されて他の制度諸領域（例えば貨幣・金融関係、競争形態、国家形態、国際体制）における各種制度が成型されていった（前掲図表5―2の「制度諸形態」欄を参照のこと）。端的にいって、賃労働関係→金融・国際といった規定関係であり、だからこそさきにフォーディズムを論じたとき、賃労働関係に焦点を当て、また「労使妥協」を重視したのであった。いわば「金融・国際」を外部に追いやった「労使連合」（フォーディズム連合）が支配していたのである。

ところが、その制度階層性は時代とともに逆転する。フォーディズム後の新自由主義の時代になると、労働者が連合の外部に追いやられて「大企業‐金融連合」（新自由主義連合）がヘゲモニー・ブロックになる。しかもその金融は多分にグローバル金融市場として、国際舞台で活動している。その国際金融の力に押されて賃労働関係は下位の制度へと転落し、賃金停滞や不安定雇用を強いられる。つまりここに、金融・国際→賃労働関係という新たな制度階層性が出現したわけである。労使連合から大企業‐金融連合への支配的政治連合の組替えは、賃労働関係→金融・国際から金融・国際→賃労働関係への制度階層性の逆転と相即不離なのである。要するに新自由主義の根底には、覇権国における金融主導型成長体制の成立があったわけだ。

そして、新自由主義に向かってのこうした制度階層性の逆転（支配的政治連合の組替え）の経済的背景をなしたのは、脱工業化・サービス化、グローバル化、そして金融化といった事態である。いずれもフォーディズムが成功したがゆえに、またフォーディズム的諸制度の内部代謝が閾値に達したがゆえに、一九七〇年代以降、顕著になってきたものである。大企業‐金融連合という新自由主義連合は、フォーディズム連合にくらべたら、そのカバー範囲はごく狭いものである。しかし、グローバルに展開する多国籍企業は先進国市民に廉価な輸入消費財を提供し、またグローバル金融は、退役労働者の年金基金を運用したり、賃金停滞に見舞われた現役労働者に株価上昇による金融所得の上昇の夢をいだかせたりして、自らの外周に広範な市民を引き寄せた。こうして新自由主義は、不平等を拡大しつつも一定の成功をおさめたというわけである。

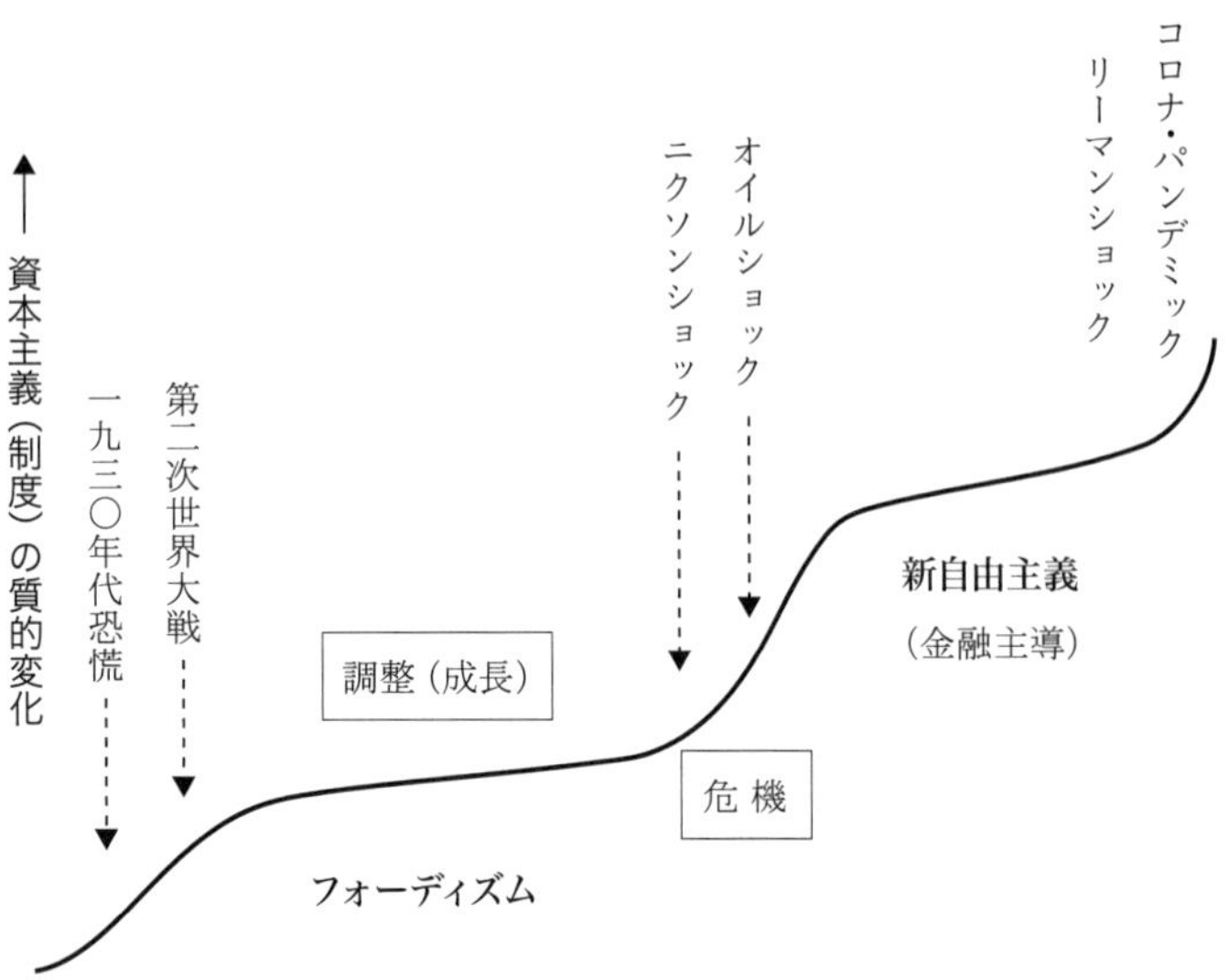

図表5–7　資本主義（ないし制度）の歴史的変化

8　おわりに――ポストコロナの経済社会

コロナ・パンデミックのなか、人びとは「もう元には戻らない」と直感しているが、このパンデミックは――リーマンショック（二〇〇八年）とともに――新自由主義的資本主義の構造的危機の加速要因になるのではなかろうか（**図表5―7**）。事実、今日、パンデミック対応のなか、グローバル化が見直されて停滞し、代わりに国家が復権してきた。また金融主導というよりも、GAFAに代表されるプラットフォーム資本主義が台頭している。

そのなかで米中衝突、各国の内部分断、監視社会化といったネガティブな動きも活発化しているが、他方でパンデミックは健康（医療）や環境の大切さを思い知らせてくれた。少し広げて、医療・教育・文化といった活動を軸にした新しい発展様式の必要が認知されはじめた。介護や福祉を含めてもいい。これらはいわば「人間による人間の生産」という活動である。「人間形成型成長体制」あるいは「ウェルビーイングの経済」が垣間見えてきたということかもしれない（Boyer 2002, 2020）。近未来社会を語ってしばしば「知識基盤社会」とか「非物質的生産」とか言われるが、「人間形成型」はそれよりもやや広い概念である。パンデミックがそのような発展様式の台頭に有利な形で終息するのを期待したいところである（くわしくは第4章参照）。

そうした若干の希望をこめて整理すれば、比喩的な表現ではあるが、歴史は「モノによるモノの生産」（フォーディズム）から「カネによるカネの生産」（金融主導型体制）へ、そしてそこから「ヒトによるヒトの生産」（人間形成型）へと歩みを進めていくのではないだろうか。というよりも、そうであってほしいと思う。

第6章　資本主義をどう調整するか

新自由主義の経験から手ひどく悟らされたように、資本の運動は、もしそれが野放しにされると大恐慌や不平等拡大へと突進する。それゆえ資本主義は社会的に調整されねばならない。「資本原理」と「社会原理」の対抗と補完として、経済社会を、そしてその変化を捉える眼が必要だ。

1　市場経済か資本主義か

前章でみたように、レギュラシオン理論が「調整と危機」を概念的基軸にした資本主義分析の理論であるとすれば、これまでの資本主義は具体的にどう調整され、いかなる危機に陥ったのか。これが問われねばならない。「危機」の問題はのちの第8章にゆずり、本章では「資本主義の社会的調整」

ということに視点を定めて、議論を進める。

用語の問題から始めたい。近現代の経済社会を指示する用語として「市場経済」market economy が普及し始めたのは、実はごく最近の二〇世紀末のことである。少なくともアダム・スミスはこの語を使っていない。[1] これに対して「資本主義」capitalism の語についていえば、スミスが使用していないのはもちろんのこと、マルクスにあっても、この語は名詞形でなく形容詞形の capitalist/kapitalistisch においてしか使用されていなかった。しかしやがて二〇世紀に入るとともに、ゾンバルトやウェーバーらを通して名詞形の「資本主義」が普及していく。[2] そして戦後期に至ると、この「資本主義」なる語は、近現代の経済社会を指す用語として広範に流通することになった。[3]

しかし一九八〇年代には、かつて一般的に使用されていた「資本主義」の使用が伸びなやみ、代わって「市場経済」の使用頻度が上昇してくる。そのあたりに関して当面、二つの指標で確認しておきたい。第一は、Google Books Ngram Viewer による検索結果である。これはある特定の用語が、グーグル社が電子化した全書籍（アメリカで発行された英語文献）のなかでどの程度の割合で使用されているかを示すものである。一つの参考資料でしかないが、それでも時代の趨勢を読む一助とはなる。**図表6―1**にみるとおり、「資本主義」の語の使用は一九三〇年代の大恐慌期に急増し、その後、戦後期に再び増加傾向を示したが、一九八〇年あたりを境にして横ばいとなる。他方「市場経済」の語は古くは一九四〇年代あたりから使用されていたが、とりわけ一九九〇年代に入って急増する。この時代、「社会主義の市場経済への移行」とか「社会主義市場経済」とかの表現が頻出したことと無関係では

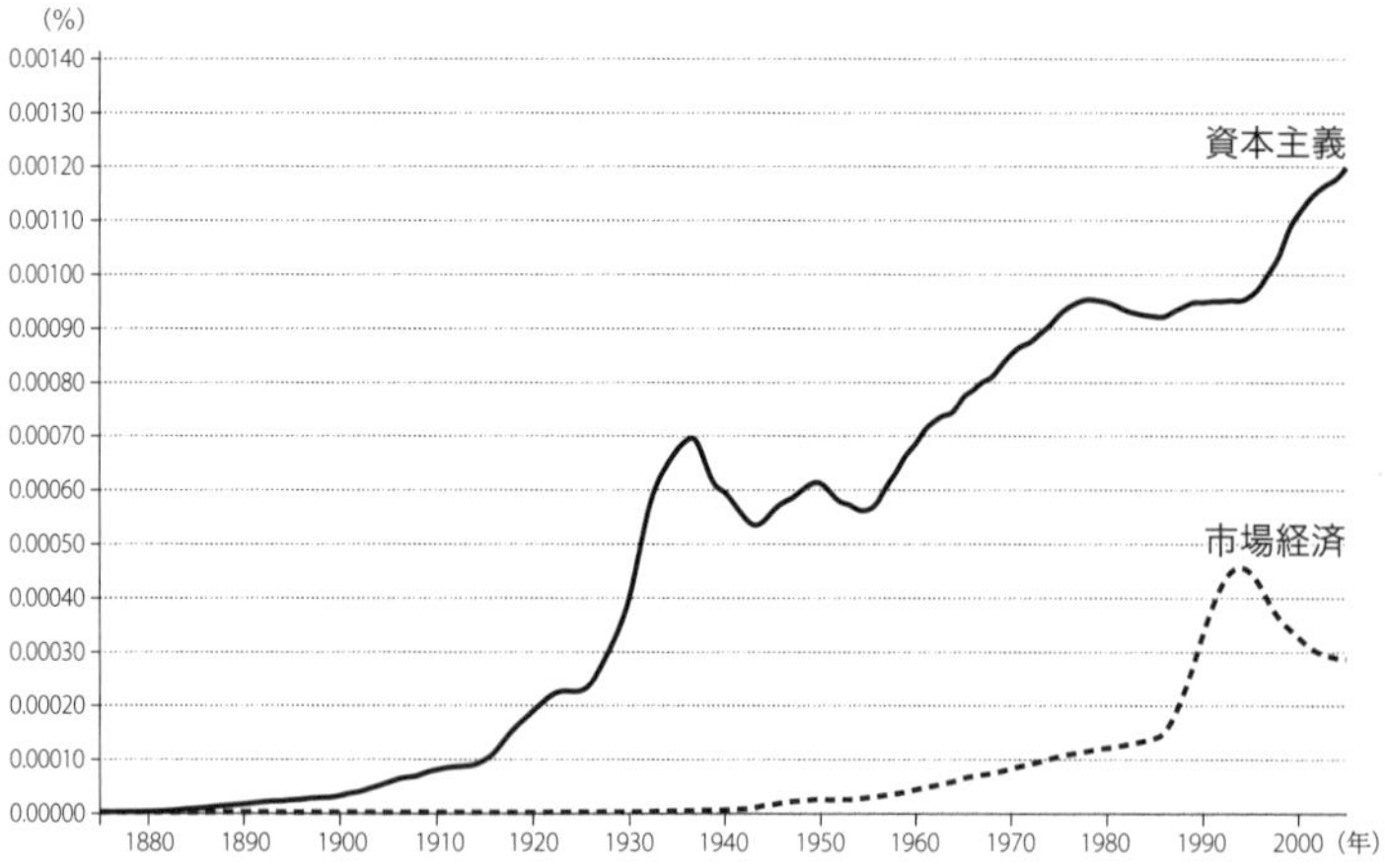

出典）Google Books Ngram Viewer　　(2022年4月19日閲覧)

図表6–1　「市場経済」と「資本主義」の使用頻度（1880–2000年）

なかろう。なお図表によれば、一九九〇年代後半以降には「市場経済」は減退し、再び「資本主義」の用語使用が上昇している。

第二の指標は経済学の世界に限定される話になるが、代表的な経済学教科書における「市場経済」と「資本主義」の扱いについてである。経済学では第二次大戦後、アメリカを中心にして、学生が学ぶべき経済学（とりわけ経済理論）は教科書として体系化されてきた。その代表的な経済学教科書において「市場経済」と「資本主義」の用語（概念）はいかに扱われてきたか。それを索引中の項目においてチェックしてみよう（**図表6―2**）。

いわゆる戦後期を代表したサミュエルソン『経済学』（Samuelson 1948/1980）においては「市場経済」は登場せず、むしろ「資本主義」という概念が使われていた。しかし、一九九〇年代以降、スティグリッツ（Stiglitz and Walsh 1993/2006）を中間項としつつも、

図表 6–2　代表的な経済学教科書（索引）にみる「市場経済」と「資本主義」

	市場経済		資本主義	
P. A. Samuelson, *Economics* 1st ed.（1948）… 11st ed.（1980）	×		○	——と共産主義 ——の運動法則 ——の危機 管理—— 競争的—— マルクスの——に関する予言
J. Stiglitz, *Economics* 1st ed.（1993）… 4th ed.（2006）	○	市場または—— ——における選択 ——の失敗 ——を動かすインセンティブ 価格システムと—— 所有権と—— 利潤と——	×	
O. Blanchard, *Macroeconomics* 1st ed.（1997）… 7th ed.（2016）	○	——への移行	×	
N. G. Mankiw, *Principles of Economics* 1st ed.（1998）… 7th ed.（2014）	○	——の成功 ——システム	×	

やがてブランシャール（Blanchard 1997/2016）やマンキュー（Mankiw 1998/2014）の教科書になると、逆に「資本主義」が消えて「市場経済」しか登場しなくなる。現代における経済学は概念としての「資本主義」をもたなくなった。少なくとも教科書化された経済学においては、「市場経済」こそが現代の経済社会を表現する唯一かつ正統なる概念となったのである。

なぜ「市場経済」か「資本主義」かにこだわるかというと、それは両者が同じ近現代の経済社会システムを対象としているといっても、その対象を見るさいの見方が異なるからである。そして見方の違いは分析対

図表6–3　「市場経済」と「資本主義」——概念的内包の相違

	市場経済	資本主義
市場の概念	・需給調節という純経済的抽象物 ・**平等な人びとの間の水平的なコーディネーション** ・理想的には自己均衡的	・社会諸関係のネクサス ・**水平的関係（企業間競争）および垂直的関係（賃労働関係）** ・不均斉な資本蓄積の伝播
各種領域の結合	・経済領域が完全に切断されうるという理想（純粋経済）	・経済・社会・政治の相互依存は本質的なこと
進化の性質	・暗黙のうちに「自然均衡」という考え方 ・せいぜい物理運動的時間	・蓄積法則と社会的・経済的諸関係の変化 ・歴史的時間という考え方
一様性／多様性	・パレート最適という理想……加えてベンチマーキング、および競争による多様性の縮減	・歴史的諸段階の継起〔段階論〕と各種資本主義ブランドの共存〔類型論〕

出典）Boyer（2007）

象の違いを生むこともある。そのあたりについて簡単に整理したのが、**図表6—3**である。

この表は四項目にわたって、市場経済アプローチと資本主義アプローチにおける見方の相違を対比している。すなわち第一に、近代以降に成立した特定の歴史的個体ないし体制としての経済社会（国民経済）を「市場経済」として理解する場合には、社会経済関係は概して、平等なる市場参加者間の水平的な商品取引関係としてのみ表象される。これに対して「資本主義」という把握法にあっては、水平的な市場関係だけでなく、資本–労働の垂直的な支配関係（賃労働関係）の存在が明確に視野におさめられ、したがって社会関係における非対称性や政治的・権力的関係の存在が問われることになる。いわゆる労使関係は決して自由平等な市場関係には還元されないし、労働市場なるものの自己調整によって作動しているのでもない。労働力商品の売買をめぐる問題はいわゆる市場の論理のみでは決して調整しえないのであって、ある意味では、この点をどこまで真剣に理論のうちに取り込むかという点こそ、市場経済か資本主義かのリトマス試験紙をなす。

第二に、市場経済アプローチにあっては、経済社会はニュートン物理学の世界にも似た無時間的な普遍法則の世界として理論化されるが、資本主義アプローチでは、一定の不可逆的な歴史的時間のうちに不確実な未来に向かっていくという時間観念が共有されている。第三に、市場経済アプローチのうちには、しばしば経済領域が他の社会領域から独立して存立しうるかのような前提が潜んでいるが、資本主義アプローチは、そのような経済領域ないし市場領域の排他的独立性という見方をとらない。経済を中心としつつも、政治・社会など、他の領域との相互関連を視野におさめようとする。第四に、市場経済アプローチは「最適への収斂」という思考回路をとることによって、世界を一様なもの（一様化すべきもの）と理解しがちであるが、資本主義アプローチでは「単一」の資本主義という理解法をむしろ拒否して、時間的にも（段階論）空間的にも（類型論）多様な経済社会のあり方が強調される。

われわれとしては近現代の経済社会を「資本主義」として理解する。ただし「市場経済」と「資本主義」の語はつねに上記のように使い分けられねばならないと主張するつもりはない。両語の使用には個人差や幅がある(4)。われわれも時に「市場経済」の語を用いるが、その場合でも、われわれ自身の積極的な心意は「資本主義」のうちにあることを断っておく。

2　資本主義の社会的調整

資本主義をどう調整するか。論題をこう立てたが、そこには市場経済は自己調整的でも自動均衡的でもないという暗黙の想定が含まれている。「どう調整するか」の前に――というか、それと不可分な問いとして――本節では、そもそも市場経済ないし資本主義は本来いかなる根本的性格を有するものであるかについて問うておきたい。この資本主義観のいかんこそは経済学の諸学派の分離と対立を生み出す分水嶺であり、各学派はそれぞれに市場経済をめぐる自らの背後仮説（それ自体は決して「証明」できない仮説）に立脚して、その延長上にそれぞれの議論を展開しているからである（**図表6―4参照**）。

すなわち新古典派は「市場は本質的に安定的である」という仮説に立脚し、これを「均衡」という大枠の概念で表現する。そこから導き出される政策的含意は、すべてを市場に任せよ、政府は経済に介入するな、そうすれば安定と成長が実現する、ということになる。現実に存在する不況や経済的困難については、それは市場外的な諸力（政府介入、再分配政策、労働組合など）によって市場の価格メカニズムが妨害されるがゆえに生ずるのであり、これら市場外的圧力を除去しさえすれば安定と繁栄がもたらされる、と説く。いわば市場の「見えざる手」への信頼であり、市場の自己調整能力への信頼である。

図表 6-4　資本主義(市場経済)をめぐる 3 大学派――背後仮説の比較対照

経済学派	市場経済観(仮説)	大枠的概念	政策の基本的方向性
新古典派	本質的に安定	均衡	市場攪乱要因（政府、組合など）を除去せよ
ケインズ派	本質的に不安定	有効需要	政府が、有効需要を創出せよ
マルクス派	本質的に矛盾	搾取	資本主義を打倒し、社会主義を建設せよ

これに対してケインズ派は、市場は絶対不可欠なシステムではあるが、残念なことに市場は新古典派がいうようには安定的でも均衡的でもなく、「市場は本質的に不安定である」との背後仮説に立つ。資本主義が発展すると「有効需要」が不足化する傾向があるが、それによって不況に陥ると、市場は需要不足（とりわけ労働需要の不足すなわち失業）を自ら回復する力をもたない。ただしこのとき、政府による適切な有効需要政策があれば、市場はやがて需要回復と経済成長へと復帰しうる。いわば政府の「見える手」への信頼であり、有効需要創出政策への期待である。

最後にマルクス派であるが、これは「資本主義は本質的に矛盾的である」との仮説に立つ。その矛盾は私有財産制や利潤追求制という資本主義の本質に由来しており、それは搾取、支配、貧富格差を必然的に生み出すシステムである。したがって「市場」であろうと「政府」であろうと、資本主義であるかぎり矛盾や不安定は決して解決できない。むしろ資本主義は、その内的矛盾によって崩壊するし崩壊させるべきである。その資本主義に代わって建設されるべき社会主義によってこそ、安定と繁栄の社会がもたらされるのだ、とマルクス派は信ずる。あえていえば「社会主義」への信頼の思想である。

そういうなかにあって、レギュラシオン理論はケインズ派やマルクス派には批判点をもちつつも、そのよいところを継承しようとする。(5) しかし新古典派にはきわめて批判的であって、とりわけ新古典派による市場の自己調整能力という見方には批判的である。(6) それを象徴的に示すのがアグリエッタの次のことばである。「資本主義とは、それ自身のうちにそれを調整する原理をもたない変化させる力である。資本主義の調整原理は資本蓄積を進歩の方向に誘導する社会的媒介の一貫性のうちにある」(Aglietta 1997: 訳 (27))。

ここでは問われているのは、「資本主義」と「社会的媒介」(さしあたり「社会」ないし「社会的制度」)の対抗と補完の関係である。すなわち、資本主義(市場経済)とは人類社会に不断の変革をもたらすものであり、まさに「変化させる力」そのものである。資本があってこそ社会は惰性から抜けだし変化していく。しかし逆に、ではすべてを資本の原理にゆだねればよいかというとそうではなく、資本それ自体は必ず暴走し、社会を不安定にし、そして時にはこれを解体してしまう。要するに資本は「変化させる力」ではあるが、しかし資本は自らの運動を「調整する原理をもたない」のである。では、その「調整する原理」はどこにあるのか。それは「社会的媒介の一貫性」のうちに、つまり整合性のある社会的諸制度のうちにしかない。要するに「社会」がうまく「資本」を調整することができるならば、「資本蓄積を進歩の方向に誘導する」ことができ、経済社会の安定と成長がもたらされることになる。資本主義は決して自己調整的でなく、社会の側からの適切な調整があってはじめて、市場も社会も安定し、また成長と福祉も実現する。――これがアグリエッタの言葉の含意であり、またレギュラシオン理論の基本的な資本主義観ないし市場経済観である。

これを一言に要約すれば、資本主義は社会的に調整されねばならない、ということである。それがレギュラシオン学派の基本的観点である。他の経済学派とのちがいをもう一度確認すれば、新古典派は市場経済の自己調整を主張し、「社会」を最大限「市場」化しようとする。反対に旧マルクス派は「市場」の「社会」化を、それも多くの場合「市場」の「国家」化（国有化、国営化）を主張した。ケインズ派は「市場」を残しつつも、その不安定性を「国家」政策によって救おうとした。要するに、「社会なき市場」（新古典派）でもなく、「市場なき社会（むしろ国家）」（旧マルクス派）でもなく、さらには「市場への国家的介入」（ケインズ派）でもなく、レギュラシオン派は「資本主義の社会的調整」という基本視点を貫く。

くどいようだが、資本主義の「社会的」調整を語るということは、資本主義市場の「自己」調整――いわゆる「自己調整的市場」――という立場をとらないどころか、これに真っ向から反対するということを意味する。両者の対立は経済社会観をめぐる多くの点で見られるが、最も重要かつ象徴的なのは「労働力商品」ないし「労働市場」をめぐってである。「労働力商品」は一般の財商品と同等に扱いうるのか否か。「労働市場」は一般の製品市場と同等に扱いうるのか否か。(7)

この問いにイエスと答えるのが自己調整的市場の立場であり、ノーと答えるのが社会的調整の立場である。「労働（力）」も他の凡百の売買対象物と同じ商品だとみる立場に立てば、マルクス的にいえばあの三位一体範式（資本－利子、労働－賃金、土地－地代という商品－価格関係）の世界が生まれる。あるいはポランニー的にいえば労働、土地、貨幣の「商品擬制」が完成して、それまで「孤立していた諸市場が一つの市場経済へと変えられる段階、すなわち規制された諸市場が一つの自己調整的市場へと変えられる段階」（Polanyi 2001: 訳 100）をみることになる。そこでは市場はひたすら「平等者間の水平的関係」として捉えられることになる。ちがいはただ、各自が持ちよる「商品」の使用価値のみとなる。

これに対してノーと答えるのがレギュラシオン理論をはじめとする資本主義アプローチの立場である。さきの**図表6―3**でいえば、「市場」には一方では企業間競争といういわば「水平的関係」も存在するが、しかし他方、労働市場はたんなる水平的関係には終わらない。労働市場は、その内奥に「賃労働関係」という「垂直的関係」を包蔵しているのであって、この点を凝視するかぎり、調整はたんに「市場」のレベルで完結することはない。その調整は、市場を超えた――市場の根底にある――「社会」のレベルにまで降り立たざるをえない。市場の奥底にあるものをマルクスは、「自由、平等、所有、ベンサム」が謳歌される商品交換の部面を去って「隠された生産の場所」（資本の生産過程）に入ることによって、そこでの資本-賃労働の支配関係すなわち階級的な搾取関係として暴露した。その分析の原点には、マルクスにおける「労働力」と「労働」の峻別があり、商品としての労働力の――一般商品とは異なる――特殊性の認識があった。ケインズの場合にも、とりわけ「非自発的失業」の存在という形で労働市場の問題は最大の分析対象をなした。いわゆる「屈折労働供給曲線」を提起することによって、労働市場が一般の財市場と異なる特殊な市場であることを示し、失業問題の解決は新古典派が唱える賃金引下げによってでなく、有効需要の創出による労働需要の拡大によるべきだとした。

レギュラシオン理論はそういったマルクス＝ケインズの認識を継承し、「賃労働関係」rapport salarial という概念を設定して、これを経済社会分析の基本に据える。賃労働関係を一般の商品市場と同列に扱い、そこに「自己調整的市場」を見るのか、それともこれを特殊な市場と認識し、いわゆる市場関係では律しえない課題――「社会」や「政府」の課題――を見るのか。レギュラシオン理論は後者の立場に立つことによって、資本主義の社会的調整という視点を堅持する。

3　労働力商品の売買と日本の市民社会論

市場経済と賃労働のかかわりの問題は、実は日本において独自な市民社会論を生み出すきっかけとなった論点でもある。ここに日本の市民社会論とは主に内田義彦のそれを念頭においている。明治期における日本の資本主義化以降、日本の社会科学者が直面した現実として、資本主義の進展はそのままでは労働力商品に対して等価交換（価値法則）を貫徹させはしないという問題があった。それは労働力商品をめぐる「市民」的関係の構築は、これを市場の論理に期待することはできないという認識につながる。その認識を内田は、大河内一男の社会政策論との格闘のなかで、自ら見解の動揺を含みつつも次第に確固たるものとしていった。どういうことか。

市民社会が「一物一価」の価値法則が貫徹する社会であるとするならば、価値どおりの交換は当然に労働力商品にも及ばなければならない。労働力の売買にも市民社会的関係が貫徹されなければならない。労働力商品に価値法則が浸透するということは、労働力が販売され、使用された（労働力が消費された）のちに、ふたたび正常に再生産されるということである。ここに再生産とは労働者個人の肉体的・精神的さらには社会的・文化的な再生産のみならず、労働者世代の継続的再生産を含む。そのためには、労働力の使用条件において一般商品とはちがって特殊な条件が課されねばならず、また賃金も右の広い意味での労働力再生産に必要な条件を満たさねばならない。

ところが資本主義の現実は、労働日の過度の延長、労働力に対する権力的な支配と酷使、衛生的・道徳的に劣悪な労働環境、労働力の価値以下への賃金の切下げ（低賃金）など、労働力の正常な再生産を許さないという事態の連続であったし、いまもそうであり続けている。この点、一九世紀のイギリス資本主義に即してはマルクス『資本論』が如実に描いているとおりであり、明治以来の日本資本主義にかかわっては、大河内一男が「原生的労働関係」としてするどく摘発したところであった[8]。戦時中の内田は大河内から多くを学んだのであるが、その大河内は一五年戦争のさなか、「戦争は社会政策の発展の推進力となる」として、こう語る。

> まことに戦争は経済社会の発展を集約的に遂行する。平時の経済社会が、その実現のために数十年の歳月と啓蒙運動とを必要とする社会政策を、戦争は一挙に実現するのである。戦時統制のあわただしい喧騒の中に、我々はかえって社会政策の静かな足どりを見出すのである。

（「賃金統制の理論」一九三九年 大河内（1969: 401-402））[9]

つまり戦争経済は、健全かつ有能な兵士や労働力を必要とし、また高度な軍需産業を発展させるべく日本資本主義は産業構造的にも生産力的にも高度化していかねばならない。こうして戦争の遂行は、結果的に、労働力の「保全」「培養」のための社会政策を推進することによって、労働力商品の売買に価値法則を浸透させていかざるをえない。「原生的労働関係」の解消なくして資本主義の高度な発展はありえないが、戦争経済はこの解消を一挙に遂行するというわけである。ここには労働力商品に限ってではあるが、統制経済が市民社会をもたらすという、いささか逆説的で問題含みの――しかし一概に無視できない――「市民的」議論が展開されている。

戦後直後の内田義彦が取り組んだのはまさにこの問題であった。一九四八年、雑誌『潮流』掲載の論文「戦時経済学の矛盾的展開と経済理論」で内田は指摘する。

> 社会民主主義的な主張すら許されない戦時中において、戦争が社会政策を遂行するというような主張が、一つの――少なくとも一面の現実性を持ち、しかもかぎられた範囲にせよ一つの進歩性を持ち得たのは、どういう根拠があってであろうか。……大河内教授は生産力の名において、前期的原生的労働関係の掃蕩と、労働力の軍隊的または前期的くいつぶしからの労働力の肉体としての保持を、資本主義の高度化そのものが「内在的」に要求する労働力の「価値通り」の売買

にかかわらしめて要求し、時局に対する一つのプロテストとなし得た。

（内田 1948: 40-41 ⑩ 113, 116 傍点は原著者）[10]

ここで内田は、価値法則的社会の形成という観点から、大河内の議論を戦時日本資本主義への批判として評価している。たしかにそう評価しうる余地はあるが、はたしてそれで事は済むのだろうか。事実、この内田論文はその後「生産力論」（生産関係ぬきの議論）だとの批判を受けるのであるが、内田は一面で批判を受け入れつつも、「だが批判者の批判で問題がつくされているかというと、どうもそうは思われない」（内田 1971b: 217 ⑦ 529）ということで、問題の解決を求めてアダム・スミス研究に沈潜していく。問題は「市民社会」をどう形成していくかにあり、それは結局「市民社会」とは何かの問いに連なる。仮に大河内理論が「市民社会」的主張を含んでいたとしても、その「市民社会」はすぐれて「総資本の立場」からの「国策」として、「上から」形成されるべきものとして捉えられていなかったか。あるいは、戦争や統制にもたれかかった価値法則論に終わっていないか。おそらくこの問いが、内田の胸中に突き刺さった棘をなしたのであろう。

やがて内田はさまざまな機会にこれを問う。ただし大河内そのものに即してでなく、マルクスを材料にして問い返す。——大河内が戦時経済のうちにみた社会政策（さしあたり労働力の価値どおりの売買）の必然的進展という問題は、実はマルクスが一九世紀イギリス資本主義のうちにみた「工場立法」の必然性をめぐる問題と通底している。『経済学の生誕』（一九五三年）後の内田は『資本論』のマルクスについても積極的に発言するようになるが、その時、しばしば引かれるのがこの工場立法の問題である。[11]労働日の短縮をめぐる労働者の闘争、そして労働日を法律によって規制する工場立法に関する『資本論』の記述は周知のところであるが、内田はこれを読み解いて、工場立法が「議会に上程されてくる必然性」と、「上程された法案が資本家によって骨抜きにされる必然性」と、――この二つの必然性に注目する。「工場立法」の背後には、程度はともあれ、労働力への価値法則の浸透という市民社会的要求が存在する。労働力の原生的食いつぶしに対して、工場立法という形で労働力の正常なる再生産を保証しようという市民的動きは、大工業制度の時代にいわば「自然史的過程」として必然的に登場してくる。しかし、その実現はまずは資本家の利害によって阻止されるのであり、これも他方の必然なのである。こう読み込みつつ内田独自の視点が以下のように開示される。

工場立法の実現が、大工業制度の展開という物質的土台から自動的に出てくるかというと、そうではない。議会に上程はされるが必ず骨抜きにされる。そこで工場立法の実現をめぐって闘争が起こる。工場立法はこの「長い内乱の所産」だというまことに意味深い表現をマルクスはとっているわけですが、ここに階級闘争史観と生産力史観を、見事に統一した彼の見方がある。

（内田 1971a: 192 ④ 165 傍点は原著者）

当面の関心に引きつけた用語に直せば、労働力への価値法則の貫徹という動きは、大工業制度のもと「工場立法」という形で出てくるのではあるが、その自然必然性は「自動的」には実現しない。「実現」のためには労働者による「闘争」「長い内乱」が絶対に不可欠なのである。労働者の側での意識的かつ主体的な努力がなければ、価値法則は実現しないということだ。「生産力」的必然は「階級闘争」の媒介なしには実現しない。こう内田はみる。[12]

ここには、かつて「戦争は社会政策を遂行する」という大河内理論を評価した内田はいない。価値法則は「上から」与えられるべきものでもないし、事実、「個別資本の立場」はもちろん、「総資本の立場」からも簡単には与えられはしない。価値法則はまた客観性にもたれかかって実現するものでもない。客観性や生産力的基盤を背景としつつも、下からの主体的な努力や闘争を通じて実現され、維持されるものなのである。労働力商品の問題を契機として、内田市民社会論はここに「下から」の、そして「主体的」な社会形成という方向へと視野を深めていく。

そこに示されているのは、価値法則の貫徹のために必要なことは「資本主義」にもたれかかるのでなく、「社会」の側からの制度化と調整が不可欠だという認識である。労働力商品における価値法則は労使間の「闘争」「内乱」を通してこそ実現するものだ、とマルクス工場立法論を読み込んだ内田の視点は、労使関係や労働力再生産過程を「市場」に委ねるのでなく、社会的・政治的に制度化していく必要と必然の議論へとつながっていく。内田市民社会論はその意味で、市場調整万能の思想では決してなく、むしろ「資本主義の社会的調整」を語りだすものであった。[13]

4　資本原理と社会原理

以上、市場経済や資本主義の自己調整でなく、その社会的調整という見方を開示してきたのであるが、しかしまだ「社会的調整」なり「社会」なりについて立ち入った検討がなされていない。その検討のためにもまずここで提起したいのは、経済社会認識における「資本原理」（場合によっては「市場原理」と言ってもよい）と「社会原理」という視角ないし概念である。[14]

ここに「資本原理」とは、マルクス的にいえばG―W―G'（自己増殖する価値）の運動世界であり、貨幣、金融、利潤、対外性、世界、変化といった語でイメージされる人間活動の世界である。他方の「社会原理」とは、P……P（生産資本循環、つまり人間と自然との社会的物質代謝過程）の世界であり、大地、労働、生活、地域、日常性、連帯、安定の世界である。

社会＝歴史認識の根底にこうした二つの原理を読みとることは格別に新鮮なことではなく、用語こそ異なれ、これまで多くの論者によって提起されてきたことである。例えばポランニーは「経済的自由主義の原理」と「社会防衛の原理」との「二重の運動」として近代史を捉えていた（Polanyi 2001）。ブローデルが「物質文明・経済・資本主義」を論じたとき、「物質文明（および経済）」はいわば社会原理の世界を、「資本主義」は資本原理の世界を含意していた（Braudel 1979）。開発経済学の分野に眼を向けると、「市場経済と慣習経済」（石川 1990）、「資本主義と基層社会」（原 2000）といった表現がしばしば登場するが、これらもいわば資本原理と社会原理の別様の表現であろう。資本原理と社会原理という視角は、たんに低開発や歴史を理解するためだけでなく、まさに今日の経済社会を把握するための基軸概念たりうるのである。

その資本原理と社会原理は、歴史を通じて「対抗」と「補完」の関係のなかで展開されてきた。両者の対抗と補完はたんに近代史においてのみならず、人類の文明史を通じて見られるものであろう。近代という時代は資本原理が圧倒的に強力になった時代ではあるが、それでも近代を含めて人類史全般を通じて、両原理は対抗しつつも補完しあい、補完しつつも対抗しあうという形で経済社会の駆動力となってきた。社会原理は安定をもたらすが、しかし同時に停滞や退嬰に陥りやすい。それに満足できないのが人間であって、人間は進取と革新を求めて資本原理の世界に身を投じる。資本原理によって人間は貨幣や外部の世界へと開かれ、社会を変革してゆく。しかし資本原理は多分に暴走し、社会を不安定に陥れる。人びとは安定のなかにも変化を求め、変化のなかにも安定を求める。こうして歴史は、両原理の対抗と補完の弁証法のうちに展開してきたのであり、現代の資本主義社会とてその例外ではない。

ここで注意しておきたいことは二点。第一に、資本原理と社会原理はたんに「対抗」しているだけでなく、同時に「補完」しあっているということ。両原理のどちらか一方が欠けても人類社会は維持できないのであり、その意味で――それぞれの比重の大小はともかくとして――両者は共存し補完しあっているのである。第二に、ここで資本原理をネガティブなもの、社会原理をポジティブなものと

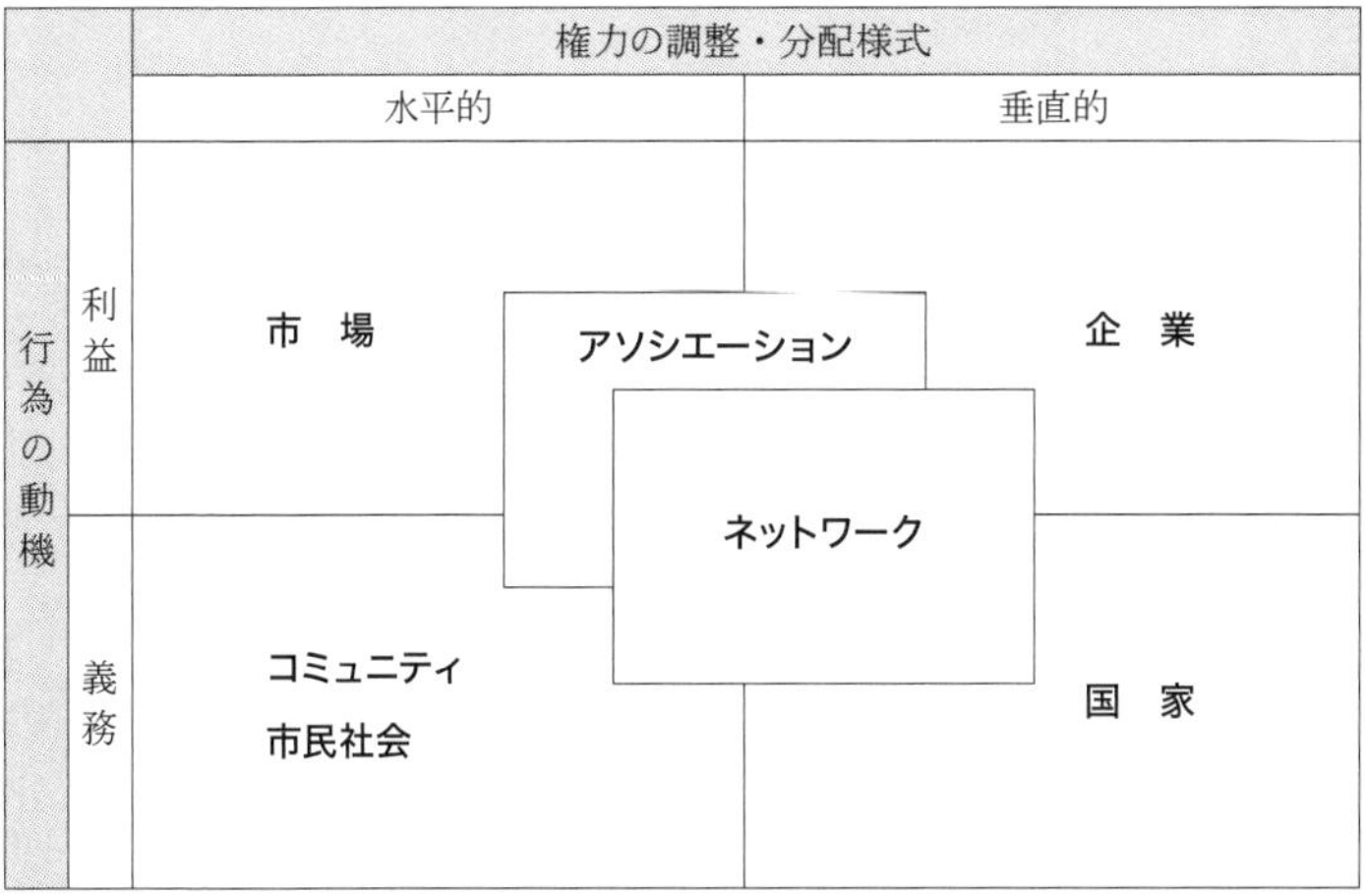

出典）Hollingsworth and Boyer（1997）, Boyer（2004, 2015）

図表6–5　各種調整原理の分類

は見ていないということ。資本原理のうちにポジ（革新性）とネガ（不安定性）があるのと同様、社会原理のうちにもポジ（安定性）とネガ（停滞性）が存在すると考えるべきであろう。

こういう視角を設定してみるとき見えてくるものは、重ねていうが、近代とは社会原理に対して資本原理が圧倒的に強力になった時代であるのだが、しかしその資本原理は自己調整能力を欠いて暴走するのであり、だからこそ、資本原理は社会原理によって調整されねばならないということである。アグリエッタ的にいえば「資本主義の調整原理は……社会的媒介の一貫性のうちにある」ということである。では、その「社会的調整」とか「社会」とは具体的に何なのか。「社会」とか「調整」といっても、それはあまりにも漠然としている。

このとき参考になるのが**図表6―5**にみる調整諸原理の分類図である。これは「調整」原理に関する分類図なので「市場」という一個の調整制度も加えられているが、それ以外の「企業」「コミュニティ／市民社会」「国家」そして「アソシエーション」「ネットワーク」は、むしろ「社会」ないし「社会的調整」の諸形態を表わしていると読むことができる[15]。ひとくちに「社会」といっても、その基軸となる制度はこのように多様であり、したがって「社会」といっても実は多様な編成形態がある。見方によれば「市場」も社会編成の一形態だとも言える。

一般に、いかなる時代のいかなる経済社会もこれら四―六個の社会編成の原理ないし形態をもっているのであり、各経済社会はそれらが何らかの比重において組み合わさった複合体として存在する。しかし、それらのうちどれが中心的ないし基軸的な調整原理となるかは、国や時代によって、あるいは市場経済や資本主義のタイプによって異なる。そうした相違は多分に歴史・伝統（経路依存性）、文化・地域性、あるいは地政学的位置や対外関係（ハイブリッド化）などに由来していようが、いずれにしても各経済社会のあり方は、この社会原理を支える基軸的な制度が何であるかに大いに規定されている。社会編成が企業中心なのか、国家中心なのか、コミュニティ／市民社会中心なのか、それともアソシエーション中心なのか、それともそうした社会原理が弱くて市場原理が――その成否はともかくとして――社会編成の基軸をなすのか。

話をもっと具体化した方がよい。さしあたり主要OECD諸国を対象にして、各国における経済調整において中心的な役割を果たしている制度を特定し、それに基づいて資本主義を類型化してみると、図表6―6にみるように、ほぼ四つの類型が識別される（Boyer 2004: 訳 118-119）。前章ではAmable (2003)

図表 6–6　基軸的な社会的調整制度と資本主義の類型

	資本主義の類型			
	市場主導型	企業主導型	国家主導型	アソシエーション主導型
総体的ロジックと支配的原理	**市場ロジック**がほとんどすべての制度諸形態の編成原理	多様化生産を行う**大規模経済単位**の内部での連帯と可動性の原理	生産・需要・制度的体系化の面での**公共的介入**が生み出す経済循環	社会・経済の多くのルールに関する**社会的パートナー**間の交渉
調整様式の特徴	精緻な法的装置の支配下での大幅に**市場**的な調整	**大企業**によるメゾ経済レベルでの調節、市場や国家は二次的	マクロ経済調節の中心は**国家**、市場や企業は国家のゲームのルールに従う	制度諸形態の核心には三者(**政労使**)の交渉がある
代表的な国	アメリカ	日本	フランス	スウェーデン

出典) Boyer (2004: 訳 118-119); 引用者による抜粋・強調・補足あり

に即して資本主義の多様性をみたが、ここではボワイエに倣って「調整様式」のちがいに視点をおいた議論をしてみたい。

第一に、いわゆる社会原理が弱く市場原理(資本原理)が社会の多くの面を覆いつくし、市場原理こそが社会総体を調整する基軸的ロジックになっている経済社会がある。資本主義類型としては「市場主導型」と呼ばれ、アメリカを筆頭にして、程度の差こそあれ、多くのアングロサクソン諸国がこれに該当する。もちろんそのアメリカにおいて社会的調整とよびうるものがまったくないわけではなく、強力な「国家」が市場ルールの設定者および監視者として存在しているし、さまざまな「アソシエーション」(ボランティア団体や慈善団体)によってなされる社会的調整も無視できない。

第二に、大企業を中心として、その内部で福祉(社会的連帯)や労働移動(内部労働市場)が組織されたり、あるいは各種大企業が構成する業界団体が経済的調整の役を担ったりする経済社会がある。ここでは社会的調整が「企業」中心になされているのであり、それは企業が社会編成の中心をなす「企業主導型」（メゾ・コーポラティズム型）の資本主義である。このとき企業はたんに株主中心の利潤追求組織である以上に、従業員の共同体としてある種の社会原理をも体現することがある。かつての日本企業がその典型であり、韓国もこれに近い（ただし日本・韓国とも、現代では企業がもつ「社会原理」的側面は相当に弱体化している）。

第三に、資本主義類型としては「国家主導型」と呼ばれる諸国がある。これはフランスをはじめとして、大陸欧州諸国（ドイツ、オーストリア）にある程度共通してみられるもので、マクロ経済調整の中心が「国家」にあり、いわば国家が「社会」を代表する形で調整の主役となっているものである。付言すれば、南欧諸国（イタリア、スペイン、ポルトガル）にあっても「社会」はしばしば「国家」に集約される傾向があるが、ここでは同時に「家族」や「地域ネットワーク」もまた社会的調整において重要な役割を果たしている。

最後に第四の「社会民主主義型」の資本主義類型にあっては、「社会」は政労使、とりわけ労働組合によって代表されていよう。政労使という社会的パートナー間の交渉によって、社会・経済に関する多くのルールが決められてゆく。ここに労働組合はいわば一種の「アソシエーション」であるが、その労働組合と直接間接に関連しつつ、あるいはその外部に、さまざまな「市民社会」組織が発達している点も注目に値しよう。これはスウェーデンをはじめとする北欧諸国に見られる社会的調整のあり方である。(16)

このように、資本主義の社会的調整は現代世界に共通してみられることではあるが、しかしその実相は、社会的調整が弱く市場的調整の強いタイプがあったり、また、社会的調整といってもその基軸が企業か国家かアソシエーションかによって内容が異なったりというように、まことに多様な構図を示している。そこから見えてくるのは、資本主義といっても時代的にも国民的にも実に多様であって、抽象的に資本主義の一般像も、さらにはあるべき資本主義の普遍的一般像も描きえないということである。

以上、資本主義の多様性を確認し、これを類型化してみたが、それだけではまだ今日の資本主義に関するスナップショットを提供するのみであって、資本主義の歴史的動態について語ったことにはならない。われわれは、資本主義の空間的可変性の議論からその時間的可変性の議論へと視野を深めていかなければならない。そのとき、あの「資本原理」と「社会原理」の概念が再び有効な認識装置として登場してくる。すなわち、この二百年ほどの世界史は、資本原理が強くなる時代（市場暴走の時代）と社会原理が強くなる時代（資本主義が社会的に調整された時代）という形で、歴史のトレンドが転換（交替）してきたものとして描くことができる。

まず、一九世紀から一九二〇年代にかけては、「自由競争」の時代といわれ、また「自己調整的市場」の時代といわれるように、資本や市場の原理が浸透し、さらには暴走して、社会や生活の原理が解体された時代だと見ることができる。それをポランニーは「悪魔のひき臼」satanic millと表現した。古典的自由主義はこの時代の資本原理を代弁した（Polanyi 2001）。

これに対する社会の側からの自己防衛は、これまたポランニーによれば、ようやく一九三〇年代から始まった。ニューディール（米）、計画経済（露）、ファシズム（日独伊）と形はさまざまであったし、なかには歪んだ形もあったが、これらはともかくも市場の独走をチェックしようとする試みであった。やがて世界は第二次世界大戦へと突入したが、戦後の先進諸国にできあがったものは、社会の側から資本主義を調整するような経済体制（ケインズ＝フォード主義）であった。資本主義の社会的調整がそれなりに成功し、社会原理が優勢化し、その結果、経済成長と福祉国家が両立しえた時代を迎えた。

ところがしかし、一九七〇年代以降になると、そのフォーディズムは危機に陥る。それを通して再び資本原理が強力に復活し、社会原理が弱体化する時代となった。それが今日であり、折からのICT革命をバックにして金融主導型の経済が全体をリードし、経済のグローバル化が進行した。それら全体を背後で支えた経済思想が「新自由主義」である。その新自由主義的な金融主導型経済は二〇〇八年のリーマンショックによって大いに打撃を受けたのであるが、しかし今日、これに代わる新しい成長体制や調整様式が力強く育っているとは言いがたい。現代はその意味で、コロナ禍のなかほころびが見え始めたとはいえ、依然として資本原理優位の時代にある。

このように近現代の歴史は、資本原理→社会原理→資本原理という形で、二つのトレンドの間を往復してきた。近現代はこのようなトレンド転換の歴史であった。その意味で、資本原理と社会原理という概念は、さきにみた資本主義の空間的可変性（類型）を認識するための道具として生きるだけでなく、その時間的可変性（歴史ないし段階）の認識用具としても有効である。そして、これが示唆するものは、抽象的普遍的な――そしてワン・ベスト・ウェイとしての――市場経済の理想像を求めることは無意味であって、われわれとしては、よりましな、そしてウェルビーイングに親和的な経済の姿をその時間的空間的可変性のなかで探っていくしかないということである。

注

（1）近代的経済社会を表現するものとしてスミスが使った用語をあえて拾い出せば、commercial society ないし civilized society であろう。ついでながら二〇世紀において市場への信頼を最も説得的に語りだしたハイエクにあっても、market economy よりは market order（市場秩序）が基軸をなしていたようである。

（2）一例として書名を挙げれば、W・ゾンバルト『近代資本主義』（原著一九〇二年）、M・ウェーバー『プロテスタンティズムの倫理と資本主義の精神』（初出一九〇四年）、V・I・レーニン『資本主義の最高の段階としての帝国主義』（原著一九一七年）、J・シュンペーター『資本主義・社会主義・民主主義』（原著一九四二年）、等々、といった具合である。

（3）もちろんこの間、「市場経済」の語がまったく使われなかったというわけではない。例えば戦後西ドイツおよび統一後ドイツの経済モデルは、しばしば「社会的市場経済」social market economy/soziale Marktwirtschaft と呼ばれた。また、かつて「資本主義 対 社会主義」が時代の最大トピックとなっていた戦後期において、これを特に経済面に焦点を当てつつ「市場経済 対 計画経済」market economy vs. planned economy という対比でもって、両者の優劣が大いなる熱を帯びて議論されたこともあった。しかしこれらの場合、あるいは「社会的」という形容詞つきであったり、あるいは「計画経済」という対立項を念頭に置いていたりの用法であって、「市場経済」はそれ自体単独で自立した概念という位置を占めてはいなかった。

（4）例えば、政治学において「資本主義の多様性」アプローチを提唱したHall and Soskice（2001）は、「自由な市場経済」「調整された市場経済」の語を使っているが、そこにいう「市場経済」の中身は、われわれのいう「資本主義」とほとんど同義である。

（5）レギュラシオン派はマルクス理論における窮乏化理論、利潤率の傾向的低下論、そして「収奪者が収奪される」式の資本主義の歴史的傾向論には批判的であるが、マルクスにおける資本‐賃労働関係（階級関係）分析や歴史の動態的変化を重視する視点からは学ぼうとする。またケインズ派に対しては、その政府による有効需要政策に偏った政策的提言の狭さを指摘するが、しかしケインズが問題とした二〇世紀における巨大株式会社の出現（供給能力の過剰）や先進国における海外投資の拡大（国内需要・雇用の減退）といった、資本主義の制度的変化の視点は高く評価しており、また金融市場の拡大による資本主義の不安定化というケインズ的見方にも共感を寄せる。

（6）自己調整的市場の思想は新古典派をもって始まるのではもちろんなく、一八、一九世紀以来の経済学においてはむしろ主流をなした思想だといってもよい。すでにアダム・スミスの「見えざる手」の思想がある意味ではその嚆矢をなしたともいえるが、決定的にはポランニーが指摘するように一九世紀イギリスにおける経済的自由主義が果たした役割が大きい。「経済的自由主義は、市場システムを創出しようとする社会の組織原理であった。この教義は……やがて自己調整的市場に基づく人間の世俗的な救済に対する紛れなき信念へと転じた。……つまりこの教義は、ようやく一八二〇年代になって、労働はみずからの価格を市場において見出すべきである、貨幣の創出は自動的なメカニズムにゆだねるべきである、財は妨害や特恵なしに国家間を自由に移動すべきである、という古典派経済学の三つの信条を表わすようになった。詰まるところそれは、労働市場、金本位制、そして自由貿易を主張するものとなったのである」（Polanyi 2001: 訳247）。「経済的自由主義」については、若森みどりの次の指摘も参照。「経済的自由主義は、市場と社会が完全に同じものではありえないし同じものにはなしえない、という社会科学が前提としてきた岩盤をひっくり返す。そして、市場の原理によって社会が調整される領域が拡大すればするほど、自由と富、そして平和など人類が望むことが可能な事柄の最大限を手に入れられるはずだ、と主張する」（若森 2015: 84）。

（7）同じことは「土地」（広くは環境的自然）についても当てはまる。土地や自然を一般の財と同様に商品化し、さらには資本主義的価値増殖の論理に組み入れることは許されるのか。くわしくは本書第1章を参照。

（8）一九三三年の大河内一男論文「労働保護立法の理論に就いて」（大河内 1969: 179-189）を参照せよ。大河内の労働力商品論一般については、彼のルヨ・ブレンターノ評価のうちにその一端をうかがうことができる。「商品化せられた労働力は、その特殊な制約のために、未だ充分なる商品性を獲得するに至らぬものと考えられた。従って労働力に商品性を賦与し、これを完全なる資本制的市場商品たらしめようとする点にブレンターノの社会改良主義の全課題が存していた。資本制社会の『修正』ではなく、むしろその『完成』にこそ社会政策の任務が存していたのである。」「ブレンターノにとっては、『社会改良』の真実の途は団結の自由の承認、団結権、したがってまた争議権の確立の下に労働力の商品性の貫徹を図るということに他ならなかった」（大河内 1968: 286, 158）。

（9）ほかに大河内「社会政策と統制経済」一九三八年（大河内 1969: 344-345）も参照。

（10）内田義彦からの引用に際しては、同時に『内田義彦著作集』（内田 1988-89）での該当箇所について、このように巻数（例えば⑩は第一〇巻を指す）と頁数を並記する。

（11）『資本論の世界』第V章（内田 1966 ④317-361）、『日本資本主義の思想像』第五章（内田 1967 ⑤279-282）、『社会認識の歩み』むすび（内田 1971 ④164-176）を見よ。

（12）内田義彦においては、価値法則の展開はたんなる外的・客観的事実としてではなく、その実現のための意識的・主体的な行動と結びつけられて理解されていたことについては、すでに指摘のあるところである。

例えばこうである。「労働者の側での行動がなければ労働日の短縮は生じないのである。……内田義彦の通時的理論のなかでは、資本主義社会のなかでのそれぞれのカテゴリーの人びとが、等価関係の維持のために行動するかどうかが、決定的なポイントなのである」（杉山 2012: 22）。また田中（2013: 122）は、「マルクスの価値概念の貫徹に労働日をめぐる闘争という運動の契機を重視したユニークなマルクス学者であった内田義彦」と評しているが、これは内田の核心をついている。

(13) 内田市民社会論について補足しておけば、それはこの労働力商品への価値法則の貫徹、つまり労働力を含む「交換的平等」としての市民社会論に終わらない。これを出発点としつつも、内田は「さまざまな体制をくぐり抜けながら実現してゆく市民社会というかたちのもの」（内田 1967: 100 ⑤84）へと視線を注ぐようになり、そこでは「人間は、ただ人間であるという単純な理由で生きる権利がある」という「人間的平等の観念」（同 348-349 ⑤287-288）が前面に押し出される。この人間的平等の世界とさきの交換的平等の世界は明らかに次元を異にするものであるが、内田が最終的に到達した地点は、人間的平等（生存権の絶対性）を根底に持ちつつもそれと交換的平等（労働・能力の尊重）との緊張をはらんだ共存という世界だったのではなかろうか（山田 2020: 157 および本書第1章参照）。なお、本節は全体として、山田（2020: 135-141）から多くを引いている。

(14) 以下、山田（2008: 第8章）参照。

(15)「企業」が「社会」なのか「市場」なのかは微妙な問題であるが、これを法人擬制説的な企業＝財産観的にみればより多く「市場」的なものであろうし、逆に法人実在説＝共同体観的にみれば、企業はある種の「社会」を代表しているという面がある。

(16) 以上の四類型論は、前章でみた Amable（2003）の五類型論とかなり共通した点も多いが、ここでのボワイエの議論は、より多く「調整様式」の相違に焦点を当てた議論となっている。

第7章　社会主義から国家資本主義へ

本書後編は、経済社会はどう変化するか、その仕組みの解明をテーマとしている。近年最大の経済社会的変化は二〇世紀末に始まった「社会主義から資本主義への移行」だ。移行した先にどんな資本主義になるか。三〇年前の予想と期待を裏切って今日われわれが眼にするのは「国家資本主義」である。諸国の歴史や調整様式の分析ぬきには変化は捉えられない。

1　はじめに——移行経済論の今昔

社会主義が崩壊し資本主義への移行を開始してから三〇年余が過ぎた。「資本主義への移行」というよりも「市場経済への移行」という表現の方が一般的なのかもしれない。しかし「市場経済」なるものの実質は、中国を含めて「資本主義」以外の何ものでもないので、ここではこの両語を同じものとして扱う。ともあれ、旧社会主義国は「市場（経済）移行国」と呼ばれ、経済学の分野では「移行経済論」の名のもと、この世界史的大転換を分析する試みが続けられてきた。そして今日、多くの諸国はすでに「移行」経済を脱して、独自な資本主義を定着させつつあるようにみえる。

少しばかり振り返ってみよう。この間の移行経済論の論点は多岐にわたり、また主要争点も時の経過とともに変化してきた。そのあたりについては中兼（2010）がまことに包括的かつ鋭利な議論を展開していた。くわしくはそれに譲るとして、私のように移行経済論を外野席から眺めていたにすぎない者にとっても、いくつかの争点が鮮烈に思い出される。

移行当初の時期にあっては、何よりも移行戦略をめぐる「ショック療法か漸進主義か」が激しく争われた。計画経済から市場経済へ、国有制から私有制（民営化）へ、そして一党独裁制から複数政党制民主主義へといった移行課題をどのように、またどのような政策順序（シークエンス）で進めるか。この点、急進主義的なショック療法を採用したロシアの失敗と、漸進主義中国にみる高成長という成功とがしばしば対比されてきた。制度論なき即時市場化論が失敗するのは当然だが、では漸進主義が普遍的に正しい選択かというと、そう一概には断定できず、中国の労働市場改革はかなり急進的であったと言われている。各国の歴史的および制度的な文脈に応じて多様な選択肢がありうるのであろう。

移行経済論の論点はやがて、体制移行の結果をどう評価するかという問題に移って行った。各国・各地域の経済パフォーマンス（成長率、インフレ、産業構造、分配問題、対外経済開放、等々）に関する詳しい個別研究が蓄積され、また、体制移行の核心をなす制度改革（市場化・民営化・民主化）の実態にも詳細な分析のメスが入れられたし、それは今後も続けられるであろう。制度改革に関する各種の統計指標も考案され、定量的ならびに定性的な国別比較を通じて移行経済の多様性が認識され、さらにはその類型化が試みられた。ごく大ざっぱには、バルト・中東欧諸国で制度改革が進み、中国・ベトナム・中央アジアが遅れ、ロシア・南東欧はその中間というところであろうか。

そして、体制移行の一定の進展とともに「腐敗・汚職」の問題が新たに浮上してきた。これほど大きな体制移行は、何らかの形で制度的空白を生みださざるをえず、また仮に制度化がなされてもそれが実効性のある制度となる保証はない。というところには必ずレントシーキング活動が暗躍し、政官業にわたる腐敗・汚職が大量に横行する。旧社会主義の強権的かつ不自由な政治経済体制を打破して、自由・公正かつ透明なそれを目指したはずの移行経済諸国が今日直面している問題は、皮肉にも以前と変わらない政官業の公然隠然たる結びつきと、エリート層による各種利益の私物化なのである。移行諸国が「市場経済」を目指した果てにたどり着いたのは、腐敗にみちた「国家経済」だったということなのだろうか。

とりわけ、ロシアと中国という二つの移行経済大国にあっては、二〇〇〇年代に入ってから、つまりプーチン大統領下のロシアや胡錦濤・習近平政権下の中国で、市場化したはずの経済のなかに国家が再び強力に介入し、あるいは民営化が進んだはずなのに国営企業の影響力が増大してきたといわれる。中国語で「国進民退」という。別の言い方をすれば、「資本主義」が「国家」との強い結びつきのなかで展開されるようになってきた。こうした近年の状況を指して、いつしか人びとは「国家資本主義」state capitalism と呼びならわすようになった。そしてこれが、今日の移行経済論の一大焦点をなしている。

2 イアン・ブレマー『自由市場の終焉』

近年の国家資本主義論議に火をつけたのはイアン・ブレマーである（Bremmer 2009a, 2009b, 2010）。ブレマーは一九六九年生まれのアメリカの政治学者で、ユーラシア・グループという名の政治リスク調査・コンサルティング会社を設立し、現在、その社長を務める研究者兼実業家である。彼の著書『自由市場の終焉』（Bremmer 2010）は、邦訳の副題「国家資本主義とどう闘うか」が示すように、国家資本主義の台頭がいかに危険なことであり、それによって彼のいう「自由市場資本主義」free-market capitalism がいかに脅威にさらされているかを説いて、とりわけ英語圏で大きな反響をよんだ。

まずは、この書物の紹介から始めよう。ブレマーのいう「国家資本主義」とは何なのか。彼によれば現代世界の資本主義は、大まかに「自由市場資本主義」と「国家資本主義」に二分される。自由市場資本主義は「混合」資本主義とも呼ばれているが、自由市場での競争と限定的な政府介入を特徴とする。これ自身はさらにアングロサクソン型とヨーロッパ型という二つのモデルをもち、いわゆる欧米先進国ならびに日本がこれに属す。ただしブレマーは、自由市場資本主義の名ですぐれてアメリカ資本主義を念頭においているようだ。そして、この自由市場資本主義と「本質的な違い」を示すのが国家資本主義であり、そこでは国家による強力な経済介入のもとで、資本主義ないし市場経済が展開される。

一般に、そして広義には、国家との結びつきの強い資本主義は「国家資本主義」と呼んでよいのであろうが、ブレマーに特徴的な定義はもう少し限定的である。国家（政治）が資本主義（経済）に対して主導的な立場にあり、政治が自らの「政治上の利益」political gainを追求するために市場を利用する仕組みが、国家資本主義なのだという。「本書では二一世紀の国家資本主義を『政府が経済に主導的な役割を果たし、主として政治上の便益を得るために市場を活用する仕組み』と定義する」(Bremmer 2010: 訳47)。ここに「政治上の利益」とは、政治的支配層の利益のことであり、具体的には支配層による権力の維持・存続・拡大であり、またこれと関連する富（レント）の最大限収奪である。このように国家資本主義を「政治上の利益」追求システムとして定義するブレマーの真意は、それが「経済成長の後押し」「公共福祉の増進」「国民の繁栄」のために政府介入がなされるとされる自由市場資本主義とは別物だという点の強調にある。いずれにしても、政治権力者によるレントシーキングが至上目的であり、そのために市場を利用するシステムが、彼のいう国家資本主義なのである。

こうした国家資本主義モデルは、ブレマーによれば、移行経済国たるロシアや中国のほか、ペルシャ湾岸のアラブ君主国（サウジアラビア、アラブ首長国連邦）にも見られ、さらにはインド、ブラジル、インドネシア等にも見られるという。つまり、新興市場経済として格別に注目を浴びているBRICs諸国は、いずれも国家資本主義的発展の産物だということになる。そして二〇〇八年のリーマンショック以降、アメリカ型の自由市場資本主義への信頼が失われた結果、他の発展途上国において国家資本主義を模倣する動きが広がっている。事実、「政府の富、政府による投資、政府による所有」が顕著に復活し、また「政府系企業の活用」が拡大した。

では具体的に、政治権力にある者はどういう手段によって国家資本主義を舵取りするのか。権力者たちは以下のような各種媒介組織を掌握することによって、これを日常的に管理することなく絶大なる影響力を及ぼし、また利益を獲得しているのだという。すなわち国営企業 state-owned enterprises (SOEs)、民間の旗艦企業 national champions、政府系ファンド sovereign wealth funds (SWFs) といった媒介組織である。第一の国営企業としては、ロシアの石油・天然ガス関係（例えばガスプロム）、中国の電力・金融・自動車関係（例えば中国第一汽車集団公司）が有名である。世界の原油埋蔵量の四分の三は国営企業の保有下にある。第二のナショナル・チャンピオンとは、民営でありながら政府出資・政府支援を受けて輸出市場で支配的な地位を手に入れる大企業であり、ロシアでは鉱業・製鉄関係、中国ではレノボ（情報通信機器関係）や中国航空工業集団（航空関係）などが知られている。第三の政府系ファンドは、余剰資金を集めて政府が運用し、戦略的な投資へと振り向けるため、近年、中露はもちろん、新興輸出国を中心に急速に数を増やしている。アブダビ投資庁、中国投資有限責任公司、中国国家外国為替管理局などが名高い。これらが巨額な資金を運用しているのだが、情報開示が十分でなく実態は闇の中にある。

ブレマーの本は最後に、国家資本主義の脅威、短所、そして将来展望を述べて終わる。脅威とは、政治権力者による市場への介入と操作によって市場の原理が歪められる点にある。そしてこれは、最終的には自由市場国民の生活水準と安全保障を脅かすとして、こう述べられる。「アメリカにとっての——そして自由市場を重んじる民主主義国全体にとっての——懸念は、国家資本主義が生み出す歪みのせいで、近い将来の人口増大に見合った速さでパイが拡大しないおそれがあることだ。これは生活水準を低下させせかねないばかりか、いずれおそらく、自由市場陣営の民主主義各国の安全保障を脅かすであろう」(ibid. 訳 184)。だがしかし、その国家資本主義にも短所は多い、と彼はいう。政府介入、官僚主義、腐敗の国家資本主義にはイノベーションを起こす力はなく、国民の福祉や公正を目指すシステムでないので多数の共感を得られないことだ。こうして国家資本主義は、いずれ終末を迎えるであろうが、しかし「あと数十年は存続する可能性が高い」(ibid. 訳 222) と展望して締めくくる。

以上がブレマー『自由市場の終焉』の骨子である。正直いって、「自由市場資本主義」対「国家資本主義」という単純な二項対立——というよりも善玉悪玉史観——で世界の資本主義を捉え、しかも市場原理主義への賛美が透けて見える立論には辟易するところが多い。アメリカ的な自由市場資本主義はそんなに理想とすべきものなのか。この点、例えば新自由主義アメリカで、いかに企業マネーがロビイングなどを通して政治を支配し腐敗させ、したがって公共的福祉と市民的民主主義の衰退をもたらしているかを一考してみるだけでよい (Reich 2009)。ブレマーのいう国家資本主義が「政治による経済の支配」(力は富なり) のシステムであるとするならば、今日、少なからずの自由市場資本主義は「経済による政治の支配」(富は力なり) に変質したとも言える。われわれとしては国家資本主義とも、アメリカ的自由市場資本主義とも一線を画したスタンスをとらざるをえない。

そう留保したうえで、ブレマーにおいて評価すべき点を挙げれば、中露をはじめとする眼前の国家資本主義を、政治権力者による「政治上の利益」の追求システムとして、限定的に定義したことである。「国家資本主義」概念をめぐっては、実は社会科学において一世紀以上の長きにわたる議論があるが（第5節参照）、ブレマーの定義は――移行経済のみならず新興市場経済やエネルギー資源輸出経済をも視野におさめたそれであるが――われわれの当面の対象たる移行経済諸国の多くにおける近年の特徴をそれなりにうまく捉えていると思われる。しかもブレマーはこの概念を、究極的には自由市場資本主義の勝利と国家資本主義の凋落を希望的に展望しているという意味で「段階」論的なニュアンスを残しながらも、当面は自由市場資本主義と並ぶ「類型」的概念として使用している。ただし類型論としては、先述のようにあまりに単純ではあるが。

3　ブレマー国家資本主義論の反響

前節の最初に述べたように、ブレマー『自由市場の終焉』は大きな反響を生んだ。とりわけ英米圏では原著の発売直後から、『ニューヨーク・タイムズ』『ワシントン・ポスト』『ウォールストリート・ジャーナル』といった主要紙や、『フォーブズ』『フォーリン・アフェアーズ』といった政治・経済・外交誌で書評や紹介が相ついだ。(1) さらにまた『エコノミスト』誌は、本書をめぐる特集を大々的に組んだ（Economist 2012）。

そこに見られる議論の多くはブレマーとともに、国家資本主義の急拡大に脅威を感じ、とりわけ中国については「中国モデル」や「北京コンセンサス」の議論とかかわらせながら、これが新興諸国にとっての新たな発展モデルになるのではないかと危惧している。国家資本主義が自由市場とグローバル経済を攪乱するのではないかと恐れるのではあるが、そう言いつつも最終的には、自由市場が勝利するはずだと期待する。そういった論調である。

また、『エコノミスト』によれば、以前とくらべて現代の国家資本主義がもつ強力性と洗練性にも注意が必要だという。すなわち、「第一、それがはるかに広範な規模で発展していること。中国だけでも世界人口の五分の一を占めている。第二、それがきわめて急速に出現したこと。中国とロシアが国家資本主義的方式を発展させたのは、わずかここ一〇年のことにすぎない。第三、それがはるかに洗練された手法を駆使していること」（Economist 2012）。この第三点にかかわっては、例えば国営企業について、その株式を市場に上場したり、官僚や縁故者でなく専門経営者や金融ストラテジストに経営を委託したりしている次第が明らかにされる。

この他にも同様の議論は多い。Schuman（2011）は、二〇〇八年の世界金融危機以降にあっては、自由市場資本主義よりも国家資本主義の方が経済パフォーマンスにおいて優れていると映るかもしれないとしつつも、しかし、国家資本主義のもとでは経済の歪みや腐敗が桎梏となり、このシステムは将来的に強力な市場改革が必要になるのだという。Aligica and Tarko（2012）は、国家資本主義が今日いかに強力に見えようとも、それはレントシーキング・システムなのであって、過去のレントシーキング・システムと同様、今日の国家資本主義も敗北の運命にあるのだと強調する。その他にLubman（2012）は海外進出する中国国営企業の不透明性を問題視し、Dyer（2010）は「市場レーニン主義」中国は今後イノベーションという難問に直面するだろうと予見する。

こうした国家資本主義の脅威論ないしは非将来性論に対しては、当然ながら批判論や一歩距離をおく議論も出されている。イギリス出身の歴史家ファーガソンは、「われわれは今やみな国家資本主義論者だ」（Ferguson 2012）という皮肉いっぱいのタイトルのもと、世界のどの国も多かれ少なかれ「国家資本主義」の側面をもっており、指標の取り方いかんでは中国よりもアメリカの方が「国家資本主義」的でありうるという。経済において国家が一定の役割を果たすのは自明のことなのだから、安易にこの用語を使うべきでないと戒める。そのうえで重要なのは、経済効率の向上とレントシーキング行動（腐敗）の抑制において、国家が果たすべき役割とその方策を明示することだと結論づける。Campbell（2012）もこれに共感を寄せる。他方、Kurlantzick（2012）は、国家資本主義のイノベーション能力に疑問を投げかける論調を意識して、そのイノベーション能力を過小評価すべきでないと警告する。

『市場は毛沢東を超える』を著わしたLardy（2014）は、中国経済躍進の原動力はあくまでも民間市場の活力にあるのであり、また今後もそうであり続けるだろうと主張して、国家主導、国営企業支配を強調する国家資本主義論を批判する。「国進民退」でなく「民進国退」こそが真実だというのが、彼の主張である。また中国側からのブレマー批判としては、例えばLi and Shaw（2013）による中国モデル擁護論がある。それによれば、中国式国家資本主義を理解するためには、中国独自の国家観、外来思想を同化させる文化および党–国家の能力、独自な国家–市場関係にまで降り立つ必要があるとする。そのうえで将来、多様な資本主義が競合するなかで、中国共産党は中国的特色をもった政治経済体制を樹立させていくだろうと締めくくる(2)。

4　国家と資本主義の関係

「国家資本主義」という概念は、ブレマー自身が紹介しているように長い歴史をもっており、実に多くの理論家によってそれぞれの含意において使用されてきた。ブレマー的概念の位置を見届けるためにも、次節で国家資本主義の概念史を振り返ってみるが、そのための予備的考察として本節では、資本主義と国家の関係についてごく手短に整理しておこう。

資本主義発展における国家の役割、ないし資本主義と国家の関係性。この古くて新しい問題を考えるとき、古典的には経済史家による開発経済論が想起される。すなわち、「後発性の利益」論で有名なGerschenkron（1962）は、一九世紀ヨーロッパにおける先進イギリスに対する後発諸国のうち、フランス・ドイツは工業化において「銀行」が大きな役割を果たしたのに対して、さらに後進のロシアでは信用秩序の欠落ゆえに、銀行ではなく「国家」の役割が決定的であったという。他方、「経済成長段階論」でアメリカ型の大衆消費社会への段階的発展を説いたRostow（1960）は、二〇世紀中葉、近代社会への「離陸」に遅れた中国では、共産主義という名の強権的独裁国家が、日本の明治維新に相当するものを実現するためのひとつの方法になってしまうかもしれないと危惧して、共産主義という病の駆除に全力をあげる。

以上は、いわゆる後発諸国の産業的発展における国家の役割に関する議論であるが、では先発国イギリスはどうであったのか。ブレマー自身がそれを否定している。そこでは資本主義は、国家の助けを借りることなく「自生的」に発展したのか。ブレマー自身がそれを否定している。事実、東インド会社の存在を想起されたい。東インド会社は株式会社でありながら、イギリス王室の勅許のもと数々の特権を得て、一七世紀から一九世紀半ばまで、アジア貿易を独占したナショナル・チャンピオンであった。これに象徴されるように、資本主義揺籃期のイギリスは、政府（国家）が積極的に主導して産業育成、輸出促進、販路開拓、軍備増強に励み、資本の本源的蓄積（原始的蓄積）のための槓桿となった。世に「重商主義」と呼ばれるが、これも広い意味で「国家資本主義」だと言えよう。

そのように見てくると、およそ「資本主義」なるものは、その生誕の当初から「国家」と結びつき、その援助を必要とするものでなかったかという推測が成り立つ。少し譲っても、およそ資本主義は先進・後進の区別なく、その歴史上の一定局面（段階）において、国家による政策的後見を格別に必要とするのではないかということである。これを裏づけるかのように、「世界システム」論の内在的批判のなかからMielants（2007）は、商人こそが国家権力を握り、それによって富の蓄積のための体系的政策を遂行した点に、「資本主義の起源」を求めた。東洋では貴族や役人が権力者でありつづけたのに対して、西洋では商人階級が政治権力を奪取したのだが、この点こそ、西洋をして資本主義の先進国たらしめた理由だという。というわけで、およそ資本主義は国家の存在なくしては成立しないのである(3)。その限りでは、資本主義は生まれながらに国家資本主義なのである。

このようにまずは、こうした広義における国家資本主義を確認しておくことは、安易な自由市場資本主義論へのよき解毒剤になる。後者のうちには、しばしば以下のよう背後仮説ないし信念が横たわっている。すなわち、市場経済は人類史のなかで「自生的」「自然発生的」に生長してきたものであって、市場の自由競争にすべてを委ねるのが最も効率的かつ公正なシステムだ、と。したがって、政府や団体など特定組織が市場に圧力を及ぼすようになると、自由競争が抑圧され、価格体系が歪み、社会的厚生が損なわれる、と。さらにまた、社会主義国が市場経済に移行するためには、眼下の計画経済や国有といった悪しき覆いを取り去ってみよ、そうすれば足元から自然に市場経済の泉が湧いてくる、と。そこからは、資本主義は生まれながらに自由市場資本主義であるという思い込みが読み取れる。しかし、一九九〇年代ロシアにおけるショック療法の失敗を見るまでもなく、また、近年における新自由主義の支配のなか、「国家の撤退」のかけ声のもと、多国籍大企業や金融業による「国家の乗っ取り」が進められている事態を見るにつけ、資本主義は生まれながらに自由市場なるものではないのである。

5　国家資本主義概念の諸相

以上のように、資本主義の展開にとって国家は不可欠の存在をなしてきたが、両者の結合のあり方は時代別・国別により強弱さまざまであった。ごく一般的には、国家による介入や領導の強い資本主義は「国家資本主義」と呼んでよいであろうが、これを社会科学上の「概念」として設定する場合には、さらに特定の内包が要求されるし、事実、この一世紀以上、さまざまな概念的内包の国家資本主義論が展開されてきた。ブレマーのそれを含めて数種の国家資本主義論が思い浮かぶ。ただしそれらは、何らかの一貫した概念的継承関係を示すというよりは、時代や課題に応じてまちまちの諸相からなると言った方がよい。

第一のものは、一九世紀末から二〇世紀初めにかけてのマルクス主義において使用された概念である。用語としての「国家資本主義」の使用は、ドイツ社会民主主義の祖ヴィルヘルム・リープクネヒトによる一八九六年の演説をもって始まるという。この語は他にヒルファディング、カウツキー、ブハーリンらにおいても使用例があり、しかも彼らは必ずしも同じ概念的内包において使っていたわけではないが、最も知られているのはレーニンのそれであろう。

すなわちレーニンの見るところ、ロシア革命（一九一七年）が成功して社会主義への移行を開始したとはいえ、その後進性ゆえにロシアには、家父長制的農民経済、小商品生産、私的資本主義、社会主義など、さまざまな経済制度（ウクラード）が混在している。彼によれば、以上に加えてさらに「国家資本主義」ウクラードが存在し、これは外国資本による利権事業（石油など）、協同組合、資本家への国有財産の賃貸しなどからなる。ここに国家資本主義は、体制総体を示す概念としてでなく、全体としての社会経済構成のなかの一経済制度として概念化されている。と同時に、この経済制度は「社会主義への一歩前進」だとして、資本主義から社会主義への移行のための「最も完全な物質的準備」であり、「社会主義の入口」だとして、レーニンはこれをきわめて高く評価した（レーニン 1960: 75, 113）。

今日の時点であらためてレーニンの国家資本主義概念を見直すと、これはかなり特異な規定である。第一に、近年はともかく長らく、国家資本主義の概念は、マルクス主義ないし反資本主義の思想と運動のなかで用いられるケースが多かったが、その場合、概して否定的（よくいって中立的）なニュアンスにおいて使用されてきた。しかしレーニン的概念の場合、それは「社会主義の入口」だとして、彼の立場からきわめて肯定的な意味を与えられている。第二に、国家資本主義が「段階」論的概念として使われている点は他の多くとも共通するが、どういう「段階」に位置づけられているかというと、それはいわば資本主義の最高最終の段階、あるいは社会主義への過渡の段階であって、この点は他の国家資本主義諸概念と著しく相違する。

第二の国家資本主義概念は、一九六〇―七〇年代日本の開発経済学に登場した国家資本主義学派のそれである。二度にわたる石油ショック後の一九七〇年代末ともなれば、アジアＮＩＥＳの躍進が耳目を集めるようになるが、それ以前のアジア諸国の多くは、一部に後の飛躍の芽を育みながらも、いまだ先の見えない停滞のなかにいた。ひろく第三世界にあっても、植民地からの独立は成しとげたものの、独裁的政治体制のもと国家主導的な経済運営をなす国が多かった。いわば国家資本主義の様相を呈していたわけだが、国家資本主義学派は当初、これをレーニンゆずりの「非資本主義的発展の途」（つまり社会主義への途）につなげようとの展望のもとに出発した。

しかしやがて、本多健吉はこれを批判して、第三世界の国家資本主義が「農村の前資本主義的諸要素を解体し、それを資本主義的要素に編入していく過程」（本多 1970: 92）であり、「一九世紀後発資本主義国の成立当初の段階に現われた原蓄国家と同質な役割」（本多 1978: 64）を担っているものだという視点を打ちだし、拙速な「社会主義の入口」論と距離をおいた。二〇世紀中葉の第三世界における国家資本主義は、一九世紀後発国（ドイツ、ロシア、日本）の国家主導的な資本主義化政策（例えば明治日本の「殖産興業」）と共通するものであり、資本の本源的蓄積過程を圧縮的に遂行するものだというわけである。要するに国家資本主義の本多的概念は、社会主義への過渡段階としてではなく、資本主義の原蓄段階のものとして設定されたのである（坂田 1991, 2008; 日臺 2015）。なお坂田（2012）は、「国家資本・主義」（国有企業の拡大）か「国家・資本主義」（国家の経済過程への広範な介入）かを問い、後者の立場に立つ本多の功績を讃えているが、当面の移行経済における国家資本主義を分析するためには両方の見地が必要であろう。

第三には、崩壊したソ連の政治経済体制を「国家資本主義」と概念化する立場である。つまり旧ソ連は通例「社会主義」あるいは「国家社会主義」だと言われているが、そうではなく実は国家資本主義であり、しかもきわめて特殊かつ初期的な形態の資本主義であって、その後の生産力的発展の結果としてこの形態が桎梏となった結果、二〇世紀末、ソ連崩壊という形でこの国家資本主義が崩壊することになったという理解である。日本では、いわゆる社会主義崩壊後に出版された大谷／大西／山口（1996）が代表的文献である。これには編者のほか、小澤光利、谷江幸雄、松尾匡らも寄稿しており、細部での意見の相違はともかく、全体として「旧ソ連＝国家資本主義」説という点では一致した主張となっている。

巻頭の大谷禎之介論文によれば、一九三六年のスターリンによる社会主義突入宣言から一九九一年の崩壊までのソ連社会は、およそ社会主義などではなく、「独自な型の国家資本主義」であったという。「独自な型」とは、「党・国家官僚の権力のもとで、行政的に・指令的・兵営的な諸政策によって強行的に資本蓄積を推し進める」生産様式ということであり（同22）、要するに原蓄国家なのではあるが、それが国家資本の強権的蓄積を軸として重工業部門中心の拡大を果たしたというところに、その独自性がある。それが一定の功を奏して一九五〇年代には新たな生産力段階に達したが、原蓄型の国家資本主義のもとではさらなる生産力的課題に対応できず、数々の部分的改革（リーベルマン方式からペレストロイカまで）にもかかわらず、ついに一九九一年、この体制は崩壊した。一部、筆者の脚色もあり、またスターリン体制の成立根拠としての原蓄段階説には松尾からも修正意見が出されているが、これが「ソ連＝国家資本主義」論の公約数的見解であろう[4]。

なお、外国でもこれと似た見解はChattopadhyay（1994）やScrepanti（2001: 276-279）にも見られる。また「ソ連=国家資本主義」説は、実はソ連崩壊後に出てきた議論ではなく、元をたどればスターリンによる社会主義樹立宣言以降、これに反発する形で絶え間なく噴出していたとして、外国ではラーナ・ドゥナイェフスカヤ（大谷／大西／山口 1996: 275-282）、トニー・クリフ、シャルル・ベトレーム、日本では対馬忠行らの名が論者としてあげられている。なお、「国家資本主義」なる語は使っていないが、井汲（1979）も、「今日の社会主義なるもの」は「本質的に資本主義と異なるものをもたない」としつつ、それは「市民社会なき資本主義」（まず国家とその指導的・支配的権力集団があり、市民社会はその下の抑圧されているような資本主義）の転型形態だとして、これを西欧にみる「資本主義的市民社会」と対置している。

第四の国家資本主義概念については簡単な言及でよかろう。いわゆる比較経済システム論ないし資本主義多様性論におけるそれである。例えば英独仏の資本主義を比較してSchmidt（2003）は、それぞれ「市場資本主義」「管理資本主義」「国家資本主義」と規定しているが、ここでは西欧諸国内でのフランス資本主義の種差を表す類型概念として「国家資本主義」の語が使用されている。フランスについては他に「国家主導型」と形容する論者もいる。「国家主導型」はまた、アジア資本主義の類型比較においても、中国、マレーシアなどを指して使われることがある（Walter and Zhang 2012）。

見られるとおり、学説史における「国家資本主義」の概念は時代や研究分野いかんによって多様な内容をもつ。分野的には、ソ連経済論、開発経済論、比較経済論、移行経済論でこの概念が取り上げられ、その概念的内包はさまざまであるが、肯定的含意を込めるものはごく少数（例えばレーニン）であり、残りの多くは否定的ないし中立的に意味づけている。またこの概念は当初、マルクス主義の文脈で議論されることが多かったが、現在ではそれを超えて広い思想潮流において採用されるようになった。段階論か類型論かの問題では、レーニン、第三世界国家資本主義学派（本多）、ソ連国家資本主義論（大谷ら）が段階説をとっているが、では国家資本主義は資本主義のいかなる段階のものかに関しては、末期段階（社会主義の入口）と見るレーニンと、初期段階（原蓄段階）とみる本多・大谷ほかとが顕著な対象をなす。他方、類型説としては、当然ながら比較経済システム論からの発言がこれに属するが、一九七〇年代の世界史を大きく問うた井汲もこれに入ろう。

そのようななかにあって、あらためてブレマー国家資本主義論を位置づけると、それは開発経済（というよりも新興市場経済というべきか）と移行経済を対象とし、非マルクス主義ないし自由主義の思想文脈のなかでの立論である。また、国家資本主義をきわめて否定的に評価しやがて消滅すべきものと見ている限りでは段階説的であると同時に、しかし当面、これを自由市場資本主義と対置・対決させているという点では、一種の類型説をなしている。いずれにしてもブレマーは、国家資本主義を「政治による経済の支配」のためのレントシーキング・システムと概念化し、これが近年ＢＲＩＣｓをはじめとする諸国に急速に広がり、世界的に甚大な悪影響を及ぼしているという点を力説している。

6　調整様式としての国家資本主義

　さて、以下では国家資本主義をブレマー的に狭義に解して、権力者が政治・経済上のレントを得るために市場を活用する仕組みと理解し、移行経済大国の一例としての中国について、少々フォローしておこう[5]。ブレマーは国家資本主義の現状と世界的「脅威」については饒舌ではあっても、なぜそれが現に一個の経済社会体制として成立し存続しえているかについては語らない。この難点を克服するためには、国家資本主義を一つの「調整様式」と概念化し、それによっていかなる「成長体制」が成立し、一国の経済成長がその矛盾とともにいかに実現されているかを分析する必要があろう。それがレギュラシオン理論の見方である。もっとも、移行経済論を専門としない筆者がここで示しうるのは、ごく初歩的な方法視点の提起にとどまる。

　中国において二一世紀に入ってから「国進民退」の国家資本主義的傾向が前面化したのは事実だとしても、中国経済をそれのみで語ることはできない。「国家資本主義の光と影」を副題とする加藤ほか（2013）は、国家資本主義概念を軸にして現代中国経済の特徴を描いた好著だ。そこでの論点を借用する形で議論を進めてみたい。すなわち本書では、中国経済について、（1）ルールなき激しい市場競争、（2）国有企業の比重の高い混合体制、（3）地方政府間の成長競争、（4）官僚・党支配層の利益集団化、という四点の特徴が指摘されている。このうち（4）の論点が、ブレマー的な国家資本主義に直接かかわっていようが、中国経済の特徴は実はこれら四点がすべて重層的かつ緊密に絡みあっているところにある（図表7―1）。

最初に、（1）については、多数の民間企業のドングリの背比べ的な激しい競争が各地で展開され、そうした民間活力が経済成長の根底を支えていることはよく知られている。例えば「大衆資本主義」（丸川 2013）、「競争主導型蓄積体制」（ボワイエ 2014）といった形容が、それを物語っている。図表7―1では「競争的調整」として表記してある。（2）については、国際比較的にみて中国は、ロシアと並んで、国有企業の付加価値割合や政府の経済介入が大きな国であることは間違いない。中国内での経年的比較をすれば、工業部門における国有経済のシェアは継続的に低下しているのは確かであるが、しかし通信サービス、自動車、電力、石油化学、それに銀行といった重要かつ戦略的な産業はほぼ国有化されている。政策面では近年、国有企業への支援やマクロ・コントロールの強化など、明らかに「国進民退」を示しているという（加藤ほか 2013: 第2章）。中国においては、とりわけ金融を通じて、中央政府によるマクロ経済管理が貫徹していることは、しばしば指摘されている。これは中国経済がもつ「国家的調整」（厳 2011）の面である。

次に（3）にいう「地方政府間の成長競争」であるが、これはきわめて中国的な特色であり、また中国的調整様式の理解に際して結節点をなす。加藤弘之によれば、「中国独自の中央‐地方関係のもとで、地方政府間では疑似的な市場競争に似た成長競争が観察され」、また、この「地域間競争の担い手は政府官僚であり、各レベルの地方政府や中央政府の官僚は、程度の差はあれ等しく成長志向的

図表 7–1　調整様式としての国家資本主義

	年代	調整様式		レントシーキング	成長体制
		調整内容ないし基礎的妥協	主要調整主体 主要調整経路		
中国 国家資本主義	2000s–	生活水準向上（雇用創出）⇔共産党の政治独占	〈重層的調整経路〉 国家的調整（マクロ経済管理） 地方コーポラティズム（地方政府と企業の相利共生） 競争的調整（ルールなき殺人的競争） 民間市場は十分な調整機能を果たしえず、代わりに強力な国家主導	地方コーポラティズムを中心とした政治的レントシーキング	投資・輸出主導型
ロシア 国家資本主義	2000s–	安定的生活の保障（対民衆）および富追求の自由承認（対富者）⇔政治権力への服従 ナショナリズム		プーチン閥を中心とした政治的レントシーキング	資源輸出主導型
アメリカ フォーディズム	1950s–1960s	生産性インデックス賃金⇔テイラー主義	労使団体交渉＋市場調整	後年、経済界による政治家へのロビイングが活発化	賃金・消費主導型
日本 企業主義	1950s–1980s	雇用保障⇔無限定的職務受容	企業内交渉＋企業間連携	政官財癒着による汚職はあるがそれほど構造的でない	投資・輸出主導型

（注）比較参照のためアメリカ・フォーディズムと日本・企業主義についても付記した。

であり、そこでは経済成長に成功した者が昇進できるというしくみ」が形成されている（加藤ほか 2013: 26）。要するに地方政府（官僚、党）が地域的成長を求めて企業を誘致・厚遇し、企業の側はそのもとで高収益をあげるとともに、地方政府に納税する（しばしば贈賄する）。その資金をもとに地方政府官僚はさらなる地域開発に邁進し（しばしば私腹を肥やし）、好成績をあげた官僚は昇進し、さらには中央政府に抜擢される。そういったインセンティブのもと、地方政府間で激しい成長競争が起こり、ひいては中国全体の高度成長がもたらされる。

地方政府と企業のこうした相利共生は「地方コーポラティズム」（Oi 1992; ボワイエ 2014）とも呼ばれているが、梶谷懐はこれを「積極果敢なアクターとしての地方政府」「地方政府主導型経済発展」（梶谷 2011）と特徴づけ、また「分散型の開発体制」（梶谷 2012）とも規定する。中国における競争的調整および国家的調整の重要性は十分に確認したうえで、それらと深く絡みあいながら存在する独自なシステムとしての「地方コーポラティズム」ないし「地方政府主導型経済発展」こそは、中国的調整様式の軸心をなす。それは成長の源泉をなすと同時に、政治的レントシーキングの温床をもなす。

こうして論点は、（4）の「官僚・党支配層の利益集団化」の問題、つまりブレマー的な意味での国家資本主義の問題へと至る。梶谷によれば、地方政府主導型発展といっても、一九八〇年代には、「地方政府が地元金融機関への介入を通じて地元企業の成長を後押しする」というポジティブな形をとっていたのだが、一九九〇年代以降になると、「土地の独占的供給を通じて地方政府および不動産・開発業者がレントの受益者になる」というネガティブな形に変化する（梶谷 2011: 187）。金融（一九八〇年代）でなく土地（一九九〇年代以降）という希少資源をめぐる争奪戦では、勝者と敗者が明別される。勝者とは官僚・党支配層および関係業者であり、敗者とは農民（低価での土地供出）および都市住民（高価での住宅購入）である。地方政府間での激しい開発競争は環境問題を悪化させると同時に、土地市場を通じたレントシェアリングは一部に超富裕層を生んで格差社会をもたらす。[6]「国家」という語を「地方政府」を含めて広義に解釈すれば、ここに政治（権力）による経済（富）の支配を通したレントシーキングという、文字通りブレマー的な国家資本主義が形成され、腐敗・汚職が蔓延する。[7]

以上のように、中国的調整様式を媒介する特徴的な経路は、競争的調整－地方コーポラティズム－国家的調整の重層性であろう。この重層構造の各所で政治家による私的利益の略取が発生する余地が存在する。そして問題は、こうした調整経路を通して何が調整されているのか、何が中国国民の（おそらく暗黙的な）妥協内容をなしているのかである。それはおそらく、中央・地方政府による民衆的生活水準の向上（雇用創出を含む）の約束と、民衆による共産党の政治独占の承認との取引であろう。こうした基礎的妥協のうえに、少なくともこれまで、あの輸出主導型あるいは輸出・投資主導型の中国的成長体制が存立しえてきたのであった（図表7―1参照）。ただし、そうした中国的調整様式ないし国家資本主義が、どのようにしてマクロ経済的回路を刺激し、その結果、どのような好循環の成長体制的構図が生まれたか。その点に関する緻密な分析は今後に残された課題である。

そして今日の中国経済は、大きな難問をかかえているのも事実である。「生活水準の向上」に関しては、なるほど一人当りGDPはそれなりに上昇したが、しかし成長とともに異常な所得格差が出現し、世界屈指の不平等社会となった。またGDP中の個人消費のシェアは異常に低く、賃金シェアも低い。つまり内需主導型とりわけ消費主導型のレジームにはほど遠い（もっとも近年では内需主導化への試みも始まっているが）。それが将来的な成長のネックとなるだけでなく、さきに指摘した環境問題の深刻化と相まって、民衆的不満を爆発させかねない。中国の国家資本主義的調整は、経済成長と国民福祉の阻害要因に転化する可能性を秘めており、厳しい試練に立たされている。習近平政権も近年「共同富裕」を掲げざるをえなくなったゆえんである。

7　おわりに——市場・国家・市民社会

およそ一世代前、社会主義は崩壊し資本主義への移行を開始した。もはや「資本主義 対 社会主義」という対立の構図は消滅し、これからの世界は資本主義一色に染まるものと思われた（Fukuyama 1992）。これに抗するかのごとく、ミシェル・アルベールは『資本主義 対 資本主義』（Albert 1991）を世に問うて、ひとくちに資本主義といってもそのあり方は多様で、これからは相異なる資本主義類型が覇を争うだろうと予測した。対立しあう類型とは、「アングロサクソン型」（米英などの自由な市場経済）と「ライン型」（日独などの制度化された市場経済）であった。そして、経済的効率においても社会的公正においても優れているのはライン型であるのに、崩壊した旧社会主義国——さらには新興経済諸国——が競って模倣しようとしているのは、ライン型でなく、他ならぬアングロサクソン型だ。何という歴史の皮肉か、と告発した。

それから三〇年余、旧社会主義国は、大勢としてはアングロサクソン型にもライン型にもならなかった。少なくとも中国・ロシアという移行経済大国がたどり着いたのは、どちらの型の資本主義でもないし、今後もそうであろう。またグローバリゼーションの進行とともに、第三世界の少なからぬ国々が新興市場経済として世界的舞台に登場してきたが、これら諸国の資本主義も、アングロサクソン型かライン型かの枠組みには収まらない(8)。代わりに今日の中露や新興諸国は、しばしば「国家資本主義」と呼ばれるようになった。ブレマーは、この「国家資本主義」は「自由市場資本主義」に脅威を与える存在だと強調することによって、事実上、今日における「資本主義 対 資本主義」の構図は「自由市場資本主義 対 国家資本主義」だと語ることになった。ここでは、アルベールのいうアングロサクソン型とライン型は、ともども「自由市場資本主義」として括られている。

世界経済を自由市場資本主義と国家資本主義の二項対立で把握しようとするブレマー的視点は世界総体の認識枠組みとしては十分とはいえないが(9)、こうした議論がもつ積極的意味をあえて掘り起こせば、それはたしかに「米中衝突」「米露対決」という今日的焦点を鮮明に浮彫りにしている。「経済大国」中国および「軍事大国」ロシアと「経済・軍事大国」アメリカとの覇権争いが、世界を大きくゆさぶっている。「覇を争っている」のはもはやアングロサクソン型とライン型ではなく、ブレマーいうところの自由市場資本主義と国家資本主義であろう。

加えてそれは、グローバリゼーションとともに進んだ世界の資本主義化――しかも三〇年前とは異なる新たな多様性を生みだしつつある資本主義化――という現実を確かに写し取っている。旧社会主義の資本主義化、第三世界の新興市場経済化などによって、資本主義圏はいまや地球上のほぼすべての国々を包括するまでになった。G7からG20への政治経済サミットの拡大に象徴されるように、世界経済はもはやOECD諸国など、いわゆる先進諸国のみでは語れない時代となった。新たに資本主義化した諸国を含めた二一世紀的な「資本主義 対 資本主義」へのひとつの問題提起として、ブレマーの議論は意味をもつ。

しかも、ブレマーにおいて自由市場資本主義か国家資本主義かは、資本主義の成熟度ないし発展段階の差というよりも、より多く資本主義の類型的相違として対置されている。この点は妥当な見方であろう。今日「国家資本主義」と呼ばれる諸国はそう軽々に「自由市場資本主義」になりうるとも思われないし、自らそう志向するとも思われない。逆もまた然りである。ただしブレマーに欠落しているのは以下の視点である。

「資本主義」が「国家」に傾斜するか「自由市場」に傾斜するか。極端な国家傾斜はレントシーキング型国家資本主義を生み、極端な市場傾斜は市場原理主義となる。健全な「市民社会」の不在がこの両極端を生む。レントシーキング型国家資本主義は市民社会の未熟と不可分であり、市場原理主義的資本主義は市民社会の衰弱と軌を一にする。資本主義の発展とともに市民社会が自動的に発展する保証はないだけに、どの国においても市民社会の形成と成熟が要請されており、市民社会の側からの資本主義の調整が必要とされている。その意味で資本主義の多様性と動態を語る場合、「市場」と「国家」の間にもうひとつ「市民社会」という概念装置の挿入が欠かせない。移行経済における国家資本主義の問題は、たんなる移行経済論の枠を超えて「市民社会」という大きな課題を投げかけている。

注

（1）ほんの一例としてJanjigian（2010）、Cooper（2010）、Levingston（2010）、Stewart（2010）などをあげることができよう。

（2）その他、直接にブレマーの議論にかかわる点は少ないが、Haley and Haley（2013）は中国政府による産業への補助金と貿易政策を問い、Musacchio and Lazzarini（2014）はブラジルの国家資本主義を、Nölke（2014）はブラジルに加えて中露印韓泰のそれを取り上げている。英語文献を中心に見てきたが、フランス語では、中国についてはBergère（2013）が、ロシアについてはSapir（2013）が目につく。また日本語の、しかもどちらかというと経済界向けの中国国家資本主義論としては、関（2012）、馬田（2012）、三浦（2012）などが出ている。

（3）ただし、資本主義は国家の助けのみで成立するわけではなく、広く、人びとの意識構造の変化を含む新しい制度の形成が不可欠である。

（4）この「ソ連＝国家資本主義」論はそれなりに興味深い議論であるが、一点疑問を述べておく。すなわち、ソ連崩壊を原蓄的国家資本主義の崩壊と位置づけるこの説に立つと、エリツィン政権期をもって自由競争資本主義が始まったとの歴史把握が予想される。事実、大谷はおそらくソ連崩壊後を念頭において、いまや「国家資本そのものの解体」（大谷ほか 1996: 28）がもたらされたのであり、「いま舞台に登場しつつあるのは、『自由と民主主義』を掲げた正真正銘のブルジョア社会」（同 34）だという。とすると、プーチン政権を特徴づけて今日いわれている「国家資本主義」はどう位置づけられるのだろうか。何もブレマー的な国家資本主義概念にこだわる必要はないが、少なくともプーチン政権に特徴的な国家主義的傾向をどう評価するのか。プーチン政権は原蓄的国家資本主義を脱して「正真正銘のブルジョア社会」を指向しているると言えるのか、それとも「自由と民主主義」からのある種の逆転なのか。すでにエリツィン時代よりもプーチン時代の方が時期的には長くなっているという現実に立って、「ソ連＝国家資本主義」説は今日のロシア資本主義をどう段階的に位置づけるのであろうか。

（5）もう一つの移行経済大国ロシアの国家資本主義については立ち入る余裕がないが、一言のみ触れておく。エリツィン時代の「自由」と混乱へのロシア国民の反動として、プーチン政権に対する民衆の最大の要求は安定的生活の保障であり、そしてプーチンは、輸出財たる石油・天然ガスの価格高騰という僥倖にも恵まれて（原油安によって苦境に陥った時期も多いが）、その民衆的要求をある程度かなえることができた。ただし彼はそれと引き換えに、自らの政治的権力への民衆の服従を求めた。財界に対しても、政治的権力に服従する限り、彼らの富追求の自由を認めた。これらがプーチン政権の基盤をなす国民的妥協であり、長期政権の基盤であろう。そのうえに立ってプーチンは、石油・ガス産業をはじめ重要産業を再国有化し、これらの企業のトップをプーチン閥（出身地サンクトペテルブルグ関係者と出身組織旧ＫＧＢなどのシロビキ）で固め、自分たちのレント追求と政治権力強化のシステムを構築した（日臺 2009; 木村ほか 2010; Åslund 2013）。さらにプーチンは「強い国家」「強い指導者」を演出することによって、ロシアのナショナリズム意識を高め、この点でも国民的支持を受けている。これがロシアの国家資本主義であり、それは中国とくらべてもはるかに強い集権的国家権力を形成している。そして、こうした国家主導の調整経路を通して、資源輸出型の成長体制を確立したのが二一世紀のロシアである（**図表7―1**参照）。その詳細は今後の検討課題である。

（6）二〇二一年、中国の巨大不動産企業「恒大グループ」の経営危機が世界の株式市場を震撼させたという事件は、この間の中国経済の存在感の拡大と同時に、そこでの不動産業の大きな位置を象徴している。

(7) この点、加藤(2014)が言うように、中国では腐敗と経済成長が構造的に共存し、腐敗は成長にビルトインされていると見た方が妥当なのかもしれない。習近平政権による「反腐敗運動」の行方が注目されるところである。なお、近年における中国の腐敗認識指数つまり公職清潔指数は、世界一八三カ国中七八位であり、一〇〇を満点とする清潔指数は四二である。参考までにロシアは一二九位(指数三〇)。清潔度一位はデンマークとニュージーランド(同八八)。最上位諸国には北欧諸国が多い。なお日本は一九位(同七四)、アメリカは二五位(同六七)である(Transparency International 2020)。

(8) アジア諸国を含む資本主義の類型化については、遠山/原田(2014)を参照のこと。

(9) この点、例えばBoyer(2011: Ch. 4)における世界経済の七類型論をみよ。七つとは、支配金融型(米英)、産業主義型(日独)、開発主義型(中、印、ブラジル)、レント経済型(ロシア、ベネズエラ、サウジアラビア)、従属金融型(バルト諸国、アイスランド、アイルランド)、脱臼経済型(アルゼンチン、メキシコ)、産業以前型(アフリカ)である。Cf. Yamada(2018: Ch. 9).

第8章　制度の内部代謝とレジーム危機

「新自由主義からの転換」が叫ばれている。正しいことだが、どのように転換するのか。経済レジームや制度の転換は、たんなる政策変更のみでは実現できない。制度変化の仕組みへの理論的省察を踏まえた新自由主義批判が求められている。

1　はじめに

二〇〇八年、「百年に一度」ともいわれたリーマンショックが勃発し、そのご世界は金融や経済社会における大きな危機を経験した。二〇二〇年以降、世界は新型コロナウイルス感染症の猛威にさらされているが、これもスペイン・インフルエンザからほぼ百年後のパンデミックであった。二一世紀初頭のこうした事態のなかでいくつかの新政策が実施され制度改革がなされてきたのは事実である。

しかし、それらは全体として、新しい経済社会レジームの形成に向かっているものなのか。いくつかの危機を経験してきたが、今日に生きるわれわれの眼には推移の方向性は「よく見えない」というのが正直なところだ。

とりわけ、ここ数十年の経済政策をリードしてきた新自由主義の思想と政策は、一部に反グローバリズムやポピュリズムの動きを誘発させつつも、あるいは国家の復権の徴候を見せつつも、あるいはさらにGAFAMに代表されるデジタル資本主義の躍進の様相を呈しつつも、依然として支配的な思想であり続けており、アメリカではウォール街の政治支配が終わったようにはみえない。また金融が主導する資本主義の形態が消滅したようにもみえない。新自由主義の政治経済システムやイデオロギーに代わる新しいそれらは、果たして本当に芽生えているのだろうか。そしてそれは、現代にふさわしい民主主義への道を用意するものであろうか。

この時われわれに必要なのは、制度やレジームの変わりにくさ（粘着性）と変化可能性の両面をしっかりと理解することである。それはまた、制度変化を規定する力とは何かを問うことでもある。と同時に、レギュラシオン理論の課題としていえば、これまでマクロ経済分析に軸足をおいてきたこの理論が「制度」というメゾレベルへと視線を伸ばしていく必要に迫られているということでもある。

この章は、これまでの新自由主義を念頭におきつつ、このレジームの危機とは何でありうるかを展望する。そして、危機を経済社会のメゾレベルに降り立って分析するために、制度とその変化という中間的レベルの問題に焦点を当てる。つまり、代表的な制度変化理論を振り返りみることによって、そもそも制度変化とは何なのかについて考察する。そのさい本章は「制度の内部代謝」という視点を積極的に取り入れることの意義を強調したい。要するに本章は、制度変化に関する理論史的な省察を踏まえつつ、今日の新自由主義的レジームの政治的経済的危機の可能性について基礎的な展望を得ることを目的とする。

なお、ここに「レジーム」とは一般に、国際面であれ国内面であれ、特定のまとまりをもった政治的・経済的あるいはイデオロギー的な体制を意味し、それは諸制度の相互補完的かつ階層的な総体からなるものと理解する。本書は、とりわけレギュラシオン学派のいう「成長レジーム」(「成長体制」)に多くの示唆を得ている。そこではこの概念は、一国一時代のマクロ経済的諸変数間の規則的・全体的な構図を指すものとされる。そして、この成長レジームは、適切な制度や「調整様式」[1]に支えられれば活力ある「発展様式」を生み出すが、そうでない場合にはその発展様式は衰退し危機に陥るものとされる(Boyer and Saillard 1995)。ただし本章では、成長レジームの語をむしろ発展様式に近いものとして拡張的に使用する。以下では主としてヘゲモニー国アメリカを念頭におきつつ、金融主導型成長レジームを主要な分析対象とする。

2　出発点としての経路依存論

近年の制度変化論に大きな刺激を与えたのは「経路依存」path dependence の理論である。事実、成長レジーム論においても、少なくとも当初期に暗黙裡に前提されていた歴史認識のパターンを抽出してみると、ある種の経路依存説的な構図を読み取ることができる。すなわちそこには大略的に、構造的危機→持続的成長〔成長レジーム〕→新たな構造的危機、という歴史的経路が想定されていた。

ここに見られるものは、ある決定的な時期〔レジーム危機の時代〕において従来の諸制度が再検討に付され、さらには新しい諸制度の萌芽が形成され、そしてやがてそのなかから、適切な制度や政策によって経済発展や政治的安定が支えられる時期〔持続的成長期〕が到来するが、しかし時代の推移とともに、最後にはそれらも行き詰って新しいレジーム危機ないし制度イノベーションの時代を迎えるという歴史認識である。例えばボワイエは次のように言う。「ある制度的構図が外見的に安定する長い時期〔持続的成長期ないし発展軌道〕ののちには、一般に、以前の規則性を不安定化させる急激な危機〔構造的危機ないし決定的転機〕がやってくる」(Boyer 2004: 訳 240)。

このように成長レジーム論の歴史認識は、後述するようにやがて修正されていくとはいえ、少なくともかなりの期間、意識すると否とにかかわらず、何らかの程度において経路依存論を下敷きにしていた。その意味で経路依存論は制度変化やレジーム変化への認識を深めていく場合の出発点の位置にあった。その経路依存論にはすでに膨大な文献が蓄積され、しかも多様な分野で多様な学説が展開されているので(2)、その全貌をここでフォローすることは不可能でもあり、また不必要でもある。経路依存説は制度研究の分野では、とりわけ「歴史制度主義」historical institutionalism の潮流に多大な影響を与え、またこの潮流のなかで経路依存説自体もいっそうの彫琢を受けてきた。そこで以下では、この潮流を中心にしてごく簡単な予備的考察をしておこう。

経路依存論に特徴的な歴史認識は、以下のように表現できる（Pierson 2000; Mahoney 2000; Deeg 2001）。すなわち、歴史の経路は「決定的転機」critical juncture と呼ばれる時代をもって始まる。そこでは、危機と混乱のなかさまざまな将来的可能性がひしめきあっているが、そのなかからやがて、どれかひとつないし少数の可能性（それ自身は小事象を契機とすることが多い）が選択されてゆく。どの制度や経路が選択されるかを決定するものは、多くの場合「偶然的」ないし「外生的」なショックである。しかしいったんある経路が選択されると、その経路はポジティブ・フィードバックないし収穫逓増の効果[3]を発揮し、自らを比較的長期にわたって「再生産」reproduction していき、さらに諸制度や経路は特定の型に「ロックイン」lock-in される。つまり経路依存的になる。このような自己強化的連鎖の時期が制度の安定期である。しかしやがて、新しい事態の出現によってその経路は不安定になり、経路の急激な崩壊と新しい模索の時代、つまり新たな「決定的転機」を迎える。

見られるように経路依存論は、決定的転機→発展軌道（経路再生産）→決定的転機、という構図で歴史を理解する。これを縮約表現すれば「急進的変化によって周期的に阻止される長期的連続」(Pempel 1998: 3; Thelen 2004: 28）という歴史認識である。制度理論の領域におけるこの経路依存説の功績は、（1）制度を固定的・静態的にしか扱わない議論を脱して、制度の歴史的・動態的理解（つまり制度変化論）に道を開いたこと、（2）そして歴史理解としては、単調な量的変化の継続という連続史観に代えて、経済社会の質的転換を内包する歴史的な起伏を描き出したこと、（3）制度の機能主義的説明（制度Aが存在するのはそれがA'という機能を果たすからであるという制度理解）を排して、制度の発生原因と存続原因を区別したこと、（4）個別具体的な歴史事象とそれがもつ経路創設的な意味を強調することによって、事実上、各国資本主義の特殊性ないし「資本主義の多様性」へのパースペクティブを開いたこと、にあろう。

こうして経路依存説は制度変化論という領域を現実に切り開いたのではあるが、その制度変化理解は必ずしも説得的であるわけではない。すでに多くの批判が提起されている。なかでも以下の点は重要であろう。（1）制度変化の原因をもっぱら「外生的」および「偶然的」なショックに求めた点、（2）当初の小事象による後代の大きな結果しか視野におさめられておらず、当初の大事象の効果を見ていない点（Schwartz 2001: 4; Deeg 2001）、（3）制度変化を決定的転機における「急進的」な変化に求め、制度の「漸進的」「内生的」変化を見ていない点、（4）歴史を制度変化期（決定的転機）と制度安定期（再生産期）に機械的に二分した点。これらの点は、制度変化論の深化のために克服されていかねばならない。

以上のように経路依存説は、一方で、静態的制度観を排して動態的制度観を主題化し、その延長上に、中長期的に特定の画期をともなう質的転換としての歴史観を打ち出した点で多大な功績を残す。しかし他方、この説は制度動態に関してごく限定された諸相しか扱っておらず、また歴史変化の経路についてもきわめて機械的な二分法に陥っている。それはレジーム危機を画期とする歴史認識を開拓したにもかかわらず、どのようにしてレジーム危機が生ずるかについては示唆しない。そこで、まずは次節で、制度変化の諸類型論を手がかりにしながら、制度変化とは根本的にどういうことか、特に制度の内部代謝とはどういうことかについて考えてみたい。

3　制度変化の諸類型

制度変化についてはさまざまな基準からいくつかの類型化が可能であろう。いちばんよく知られているのは、アメリカの政治学者キャスリーン・セーレンによって提起された**図表8—1**であり、これは制度変化をその「過程」（漸増的 incremental か突発的 abrupt か）と「結果」（以前と連続的か非連続的・断絶的か）の観点からを四つに分類するものである（Streeck and Thelen 2005; Thelen 2009）。

この表において「A 適応による再生産」とは、時代の推移に対して既存の制度が適応しつつ自らを維持・存続させている状態である。「B 存続と復帰」とは、突発的な制度改革などがなされ一時的に制度変化が起きたかもしれないが、やがてすぐにその試みも失敗して元の制度に復帰するケースである。しかし、この二つはいずれも「結果」が以前と「連続的」であるという点では、制度変化でなく制度不変のケースである。したがってこの表では、制度変化の類型としては「C 漸進的変容」と「D 崩壊と置換」が挙示されているのみだということになる。前者Cは、変化の過程は部分的・漸増的でありながら、それが長期的に累積した結果、制度は当初とは非連続的な断絶をこうむるケースであり、セーレンらが特に重視する制度変化のあり方である。後者Dは、突発的な変化の過程をたどり

図表8–1　制度変化の諸類型――過程と結果

		変化の結果	
		連続的	非連続的
変化の過程	漸増的	A 適応による再生産	C 漸進的変容
	突発的	B 存続と復帰	D 崩壊と置換

出典）Streeck and Thelen（2005: 9）

つつ以前とは断絶した結果に至りつくものであり、戦争・大恐慌・革命など、危機的な決定的転換の時代において、旧制度が一気に新制度に置換されるといった変化類型である。全体として結局、図表8―1の分類にあっては事実上、制度変化が漸進的か突発的かの区別がなされているのみで、変化類型論としていささか粗略である。

そこで、もう少し立ち入った類型化を提起してみたい。制度変化の「過程」に着目してこれを「漸進的」「急進的」に分類する視点はセーレンらから受け継ぎつつも、やはり問われるべきは制度変化の「原因」である。もっとも、ひとくちに「原因」といっても無数に存在しうるが、ここではきわめて大局的に「内生的」と「外生的」に区別する。現実の変化過程をそう簡単に「漸進」「急進」に二分できないのと同様、変化原因も複雑に絡みあっていて単純に「内生」「外生」の区別を許さないこともあろう。がしかし、あえて単純化した形で変化諸類型を示せば、図表8―2のようになろう（以下、ごく簡単にはすでに第5章で触れたところであるが、ここではもっと立ち入って考察する）。

最も重要で、かつ制度変化論の中心に据えられるべきは、「A 内部代謝 endometabolism すなわち「内生的原因による漸次的な制度変化」である。内部代謝はレギュラシオン学派から提起された概念であり、ごく一般的には「構造

図表 8–2　制度変化の諸類型——原因と過程

		変化の原因	
		内 生 的	外 生 的
変化の過程	漸進的	A **内部代謝** 制度の機能それ自体による制度の漸次的変質	C **ハイブリッド化** 対外的・国際的影響の漸次的浸透と混成化
	急進的	B **閾値効果** 内部代謝の閾値到達による制度の内部崩壊	D **大事件** 国際ショック、戦争、革命、等による制度の激変

の機能が構造それ自体を変質させるような過程」(Boyer and Saillard 1995: 337) を意味する。政治経済学に引きつけていえば、「発展様式がそれ自身の内的力学のインパクトを受けて自らを変容させていくこと」(Boyer 2004: 訳 260-261) である。端的に言って、生物体がその日々の新陳代謝機能の発揮を通して、中長期的には生体構造が幼・青・壮・老と変質をとげていくように、制度が自己固有のダイナミクスによって漸次変化していくのが「内部代謝」である。ボワイエはまた、「内部代謝、すなわち、所与のアーキテクチャーの内部で緊張が内的に展開していくこと」(Boyer 2005: 70) とも言っている。経済学における「内部代謝」の語は、おそらくロルドンの学位論文(一九九三年)で最初に用いられたと思われるが、そのロルドンはこれを「構造変化の内生的過程」「長期にわたる局面の反復によって次第に構造が変形されていくこと」(Lordon 1995: 178) と定義している。

くわしくは次節で述べるが、このとき「制度」を広く「制度構造」のなかで理解すると、内部代謝の全体的構図が分かりやすい。すなわち制度は、(1) 制度の機能作用によって制度そのものを変質させていくのはもちろん、その結果として一方で、(2) 制度を取り巻く外的環境を変化させ（あるいは制度の内部代謝と関係なく制度環境が変化する場合もあろう）、他方で、（3）制度の下で行動する各種アクターの戦略を変化させていく。制度はその内部代謝や大状況の変化によって、制度環境−制度そのもの−アクターの戦略、からなるものとしての制度構造を不断に変化させてゆく。アクターの戦略とは、当該の制度に利害関係をもつ各種社会グループの意思と行動であり、それは政治的連合の形をとることによって強化される。制度の変化ないし内部代謝においては、こうした政治的契機が重要な媒介となるであろう。

さて、制度の内部代謝は、しかし一定の閾値を超えると急速な制度崩壊やレジーム危機に直面することがある。内部代謝しつつも全体として安定性を保っていた制度が、ついに不安定圏へと突入するという事態であり、「内生的原因による急進的な制度変化」である。それが**図表8—2**における「B閾値効果」threshold effectである。これは「非線形性をもたらす転換点 tipping point」の効果といってもよい（Pierson 2004: 訳 110）[4]。その意味で、「内部代謝の過程は、ある蓄積体制に特徴的なパラメーターのゆっくりとした変化が、どのようにして構造的安定性の閾値を超え、マクロ経済的諸変数の急激な調整に至るのかについて描写する」（Boyer 2015: 訳 372）ものでもある。そして閾値点に達すると経済危機のみならず、従来の支配的政治連合が分裂するなど、政治危機が生ずることが多い。

一九七〇年代のスタグフレーションは、フォーディズム的成長レジームの内部代謝がある閾値を超えたがゆえに招来された急進的変化の局面であり（Boyer 2004: 訳 260）、そこにおいて従来のフォーディズム的労使連合は崩壊した。また、現代経済社会における制度やレジームの内部代謝的な変化としては、例えば都市化、グローバル化、脱工業化、金融化、高齢化、格差社会化、そして（制度そのものではないが）地球温暖化など、多々指摘できようが、今日、そのうちのいくつかは閾値を超えて急激な非線形的変化を迎えつつあるのかもしれない。

第三の制度変化類型は「C ハイブリッド化」hybridization である。「外生的原因による漸進的な制度変化」と特徴づけられる。制度内であれ国内であれ、内部代謝がひとまず特定の同一空間内部の原因による変化であるとすれば、ハイブリッド化は対外関係ないし国際関係という、他空間との関係のなかで生ずる制度変化である。そして、ここにいうハイブリッド化は、そういった対外環境の影響による制度変化のなかでも漸進的なものを指すことにする[5]。多くの場合、一国が他国のある制度を模倣し自国に移植しようとしても、他国とまったく同じ制度にはならず、時間の経過のなかで自国の旧来の制度・慣行との混成化が生じ、ある独自な制度が生みだされてゆく。アメリカ・フォード方式を模倣しつつも日本に生まれたのがトヨタ方式という独自な制度であったことなどは、その好例である (Boyer 2004: 訳 261)。

最後に第四の変化類型として「D 大事件」big event をあげることができる。これは「外生的かつ急進的な制度変化」につながることが多い。戦争、革命、恐慌、外国での政策大転換、自然災害、疫病流行など、各種の国際的ないし経済外的ショックである。例えば一九三〇年代恐慌、第二次世界大戦、ニクソンショック、石油ショック、アジア通貨危機、リーマンショックなどが想起されよう。もっとも、ショックといっても、どこまでが外生的（大事件）でどこまでが内生的（閾値効果）かは、これを

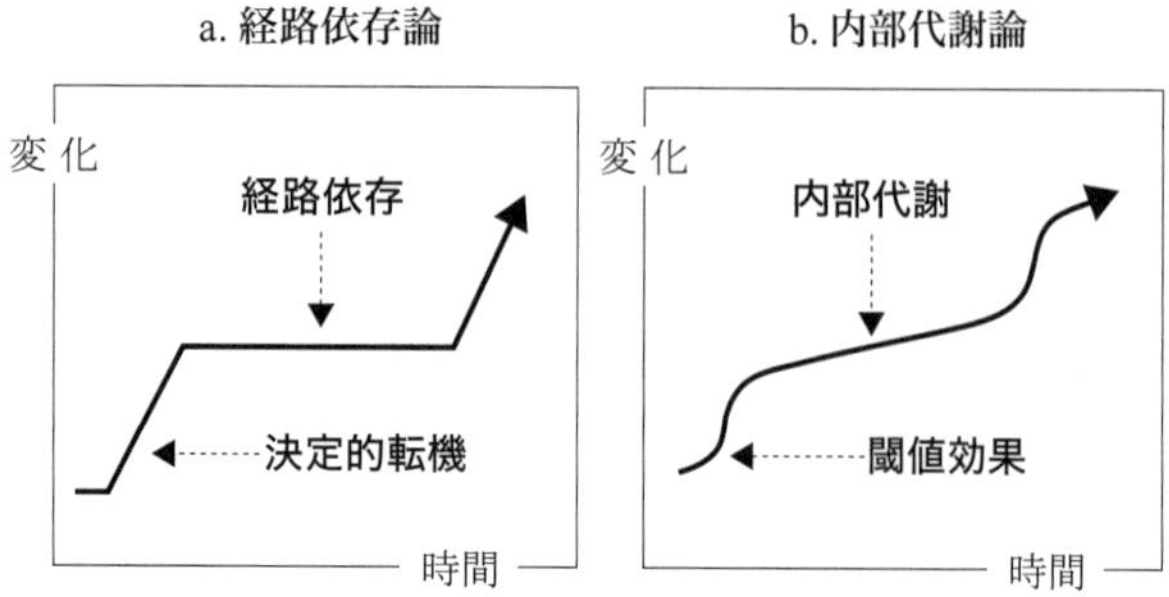

図表8–3　経路依存と内部代謝

見るさいの視角や時間幅によって異なってくるのであり、機械的に分類できない。例えば二〇〇八年のリーマンショックにしても、日本から見れば外来の大事件だという面もあるであろうが、アメリカで金融制度の自由化（グラス＝スティーガル法の廃止など）と革新（デリバティブ商品の開発など）の延長上にサブプライム・ローンが暴走した結果だとみれば、新しい金融制度の内部代謝が臨界点に達した内生的変化と見ることもできる。同じことは他の諸例についても言える。そして、これらの閾値効果や大事件はレジーム危機につながることが多い[6]。

以上のように制度変化を四つに類型化してみるとき、経路依存説は急進的変化（B、D）を「決定的転機」として重視し、漸進的変化（A、C）はむしろ制度不変の安定期つまり経路依存的な「発展軌道」として描いたことになる。経路依存説と内部代謝説の制度変化観のちがいを図示すれば**図表8―3**のようになろう。**図表8―3b**中「内部代謝」を意味する部分がなだらかな右上がり曲線を描いているが、これは制度安定期のなかにあっても不断に生じている漸進的変化を示している。

4　制度変化の概念的理解

経路依存説の功績を評価しつつも、セーレンらは制度変化の基本はむしろ漸進的変化にあるとして、経路依存説を批判的に乗り越えようとする。われわれもセーレンらとともに、漸進的変化を制度変化の基本におきたい。図表8―2でいえば「A 内部代謝」と「C ハイブリッド化」にまず注目するということである。重ねていうが、このことは急進的変化や経路依存説にいう決定的転機が重要でないということではない。決定的転機というものも、よほどの偶然的大事件を別とすれば、多くの場合、漸進的変化があるクリティカル・マスに達した転換点に相当する。そういう展望をもった漸進的変化論が求められている。はじめにまず、セーレンらによる漸進的変化論を検討することにしよう。

あらかじめ一言しておけば、制度変化の漸進的性格はすでに早くNorth (1990) によって強調されていた。制度を「ゲームのルール」として定義したノースは、同時に「フォーマルなルール」(憲法、法律、条令、個別的契約、等々) に対する「インフォーマルな制約」(ルーティン、習慣、伝統、慣習、文化、等々) の強さに注目し、この「インフォーマルな制約」のもつ粘着性ないし不変性 tenaciousness or adhesiveness を強調した。その結果、仮に公式のルールが変更されても、あるいは革命や征服などによる急進的制度変化が実施されても、インフォーマルな制約は変化しにくいので、結果として制度変化は漸進的になるという。そこには、ルールそのものと、アクターによるその解釈・運用との乖離という問題も意識されている。

さて、漸進的変化論におけるセーレンの貢献点はいくつかあるが、[7] さしあたり注目すべきは、漸進的変化の諸様態を析出しこれを類型化した点である。彼女が最初に提起した漸進的変化の様態は、制度の「重層」layering と「転用」conversion の二つであった（Thelen 2003, 2004）。制度重層とは、既存の制度を除去することなく、むしろそのいくつかの要素を温存したまま、同じ制度領域に新しい制度要素を付加することである。[8] これに対して制度転用とは、一連の目的を達成すべく考案された制度が別の目的へと方向転換されることをいう。すなわち環境が変化するとともに、当初の制度が公式には（例えば法律文面上は）変更されることなくても、変化した環境のもとでの新しい目的に向かって新しく解釈しなおされ、運用が変更されていくことである。当然ながらこの場合、制度の役割や機能は当初のそれからからは変化する。[9]

その後セーレンは、いくつかの共著論文のなかで漸進的制度変化の様態につき追加的に補足をするとともに、それらを一定の基準から分類する。Streeck and Thelen（2005b）で追加された諸様態としては、制度の「漂流」drift と「置換」displacement が挙げられる。制度置換とは、旧制度の廃止と新制度の導入という、制度の新旧入れ替えを指しているが、これは一般的には漸進的変化でなくむしろ急進的変化に分類すべきものであろう。これに対して制度漂流とは、外的環境が変化したにもかかわらず制度そのものは不変にとどまって環境不適応となり、その結果、制度の実効性が失われて制度が空洞化することである。そういう形での制度の漸次的・実質的な変化である。[10]

以上を踏まえつつセーレンは、政治的文脈が現状維持的か否か、制度の解釈・運用におけるアクターたちの自由裁量余地が大きいか小さいかを基準にしつつ、漸進的制度変化の諸様態を分類する（Thelen 2009: 489; Mahoney and Thelen 2010: 19）。この点はよく知られている。

しかしここでは、漸進的制度変化の本質を「内部代謝」（および「ハイブリッド化」）に求める立場に立って、セーレンとは異なった観点から制度変化の諸様態を概念的に整理しておこう。漸進的変化の三様態（重層、転用、漂流）は制度の内部代謝のどのようなあり方の差異に基づいているのか。しかも先に示したように、制度の内部代謝とは、制度それ自体の機能作用によって、制度そのものが変化するとともに、それとの因果関係をなしつつ、制度の外的環境（制度が埋め込まれている文脈）が変化し、また、制度の下で行動する各種アクターの戦略（制度の解釈・運用・諾否）が変化することでもあった。制度というものをこのように広く「環境」（制度をとりまくコンテキスト）、「制度」（テキストとしての制度）、「運用」（アクターによるテキストの解釈・運用）という三相からなる「制度構造」として把握するとき、内部代謝（およびハイブリッド化）すなわち漸進的制度変化の諸形態は、三相間のずれのあり方の相違として概念把握されることになる。それを示したのが**図表8―4**である。

いま仮に当初期（第一期）において制度構造I_1は、環境Aのもとaという制度をとり、それはαという形で運用されていたとする。これをI_1（A, a, α）と表現する。この状態では三相間にずれは存在せず、制度は安定的に再生産されている。しかし同時に、制度はつねに内部代謝のもとにある。それがある程度行きついた点（場合によってはある閾値を超えた点）を第二期とし、そこでは制度環境がAか

図表 8–4　制度構造論からみた制度変化の諸様態

	第 1 期	第 2 期	変化の諸様態	変化の緩急
環境	A	B		
制度	a	b	置換 I (B, b)	急進的
	a	a+b	重層 I (B, a+b)	漸進的
	a	a	漂流 I (B, a)	
制度	a	a	転用 I (B, a, β)	
運用	α	β		

らBに変化しつつある（あるいは変化した）とする。ここに環境変化とは、大状況の変化でもよいし、個々の制度をめぐる新しい事態の出現でもよい。あるいは、単純に環境の側のみの変化でなく、制度そのものの変質による環境とのずれと考えてもよい。とにかく制度的文脈の何らかの変異をBで示す。このとき、新環境Bに対応して直ちに新制度bが確立してI_2(B, b)ないしI_2(B, b, β)という制度構造が出現すれば、それは制度の「置換」であり、これは先にも述べたとおり漸進的というよりは急激かつ徹底的な制度変化であろう（したがって、これは当面の考察対象ではないが、参考のため**図表8―4**には書き入れておく）。漸進的変化が問題となるのは、新環境Bが出現しているのに、制度aが新環境に適合した新制度bによってとって代わられない場合である。つまり在来の制度aが何らかの形で粘着性を示す場合である。

まず考えられるのは、環境Bのもと、在来的制度aに加えて新制度bが追加され、両者が並存するケースである。あるいは新制度bが制定されるが、在来的制度aも存続し、両者が対抗しつつも共存する場合である。このI(B,a+b)という制度状況が「重層」である。

次に逆に、そのような制度併設が存在せず、変化した環境Bのもとで旧来の制度aが依然として存続する場合には、「漂流」が起こる。政策担当者の無為・無能によってであれ、制度aの利益に浴していた社会政治グループによる制度改変の拒否によってであれ、制度が漂流すると当然ながら制度は実質的機能を果たさなくなる。制度aが残存していてもそれがこのように実質的に機能不全化し漂流することも、まちがいなく制度構造の変化なのである。つまり漂流とはI(B, a)で示される制度構造を意味することになる。

ただし第三に、その状況にあっても、もし制度運用において自由裁量の余地があれば、あるいは強力な利害グループが自らの制度解釈を政治的・社会的に押しつけることができるならば、制度aを環境Bに適応した形βとして解釈・運用することによって、制度を実質的に変化させうるのであって、このI(B, a, β)が「転用」である。

要するに制度の漸進的変化とは、新環境Bのもとで旧制度aが何らかの形で粘着的に残存する状態を指す。そして、そのaの残存のあり方には、さしあたり三つの形態が識別される。つまり、I(B, a) = 漂流、I(B, a, β) = 転用、I(B, a+b) = 重層の三つである。これら三者のうちどれが支配的になるかは個々の制度ごとに異なるであろうし、場合によっては、この三者が一連の過程のなかで連続的または並行的に発現することもあろう。[11] 加えて、制度変更への社会的政治的拒否が大きいほど新制度は樹立されがたく、したがって政治的無為のもとでは、制度漂流が起こりやすい。変更への拒否が強い制度とは、一般に在来の支配的な政治的連合にとって死活的な制度であり、その意味で制度階層性の上位に位置する制度である場合が多い（Amable 2003: 訳 95-96）。

このように漸進的制度変化とは、$I_1(A, a, \alpha)$ と $I_2(B, b, \beta)$ という、二つの理念型的制度布置の間に介在する流動的な中間的様態として理解することができる。制度の粘着性や支配的政治連合の強弱がこれら諸様態を生み出す。そして重要なことは、この中間形態こそ制度構造の常態であり、しかもそれぞれの中間形態は短期的には安定を保ちつつも、ゆっくりと内部代謝をとげているということである。つまり安定のなかにも漸進的な制度変化が起こっていることこそ、制度――およびその総体としてのレジーム――の常態なのである。

以上のように、制度は内部代謝とハイブリッド化を通じて漸進的に変化する。その変化が一定の閾値に到達したり、突発的な大事件に遭遇したりすると、変化は急進化することがある。漸進的であれ急進的であれ、制度変化を背後で規定しているものは、制度のもとで活動している人間すなわちアクターである。制度のもとでのアクターの活動の結果、制度そのものに部分的改訂が加えられていくのはもちろん、制度を取り巻く環境が変化し、環境変化に応じてアクターによる戦略が変化し、それゆえ制度の解釈・運用も変化する。一部改訂されつつも全体としては安定的に再生産されていた制度も、やがては不安定化し崩壊や大改変に至ることがある。

このとき決定的に重要な役割をはたすのが政治的媒介である。少なくとも経済的に重要な制度に関しては、政治の役割は決定的である。つまりアクターたちは、新しい環境的条件のもと、自らの戦略を再検討し変化させる。そして新しい戦略に適合的な制度の実現を目指して、あるいは自らに不利な制度の撤廃を目指して、「社会的連合」ないし「政治的連合」を組織する。(12) もちろん組織化の程度と形態は、明確な結託によるものから暗黙的・一時的なものまで、あるいは理念の共有から贈収賄によるものまで、多様であろう。加えて新しい制度の確立のためには、それを目指す政治社会連合は、広範な人びとによる社会価値観的な同意を獲得することも不可欠である（磯谷 2022）。それを含めて「政治」は自らの利害が貫徹するよう、多数派ないし支配的社会政治グループの結成を目指す。その過程では、グループ構成の再編ないし連合の組替えも当然に生ずる。

5 新自由主義における経済と政治

以上、制度やレジームの変化を規定する諸契機について、理論的な反省を試みてきた。その上に立って本節では、今日の新自由主義レジームについて、その経済的背景と政治的契機を中心に、ひとつの批判的視角を提起しておこう。

金融が主導する新自由主義のレジームは、かつてのフォード＝ケインズ主義的成長レジームの墳墓のうえに築かれた。もちろん、こうした再構築は自動的・自然的なものではありえず、そこには特定の支配的社会グループによる明確な意図と、これを実現するための政治的連合の組替えが働いていた。と同時に、かつてのフォード＝ケインズ主義的レジームの内部代謝の結果として、主要資本主義諸国では旧来の制度文脈が大きく変質したという客観的な制度構造的要因も見逃せない。フォーディズムはその成功ゆえに自らの存立環境を掘り崩したのである。その経済的側面を見てみよう。

フォーディズムの諸制度および成長レジームの内部代謝によって、先進資本主義諸国で工業化が進展した結果、一方で過剰生産能力をかかえて国際競争が激化し、他方で生産性上昇が鈍化しインフレおよび賃金上昇が加速した。一九七〇年代のニクソンショックおよび石油ショックという国際的大事件も、この傾向を促進するものであった。国際競争激化の延長上にやがて企業の多国籍化や経済のグローバル化が、また工業生産性の鈍化や新興工業諸経済の登場とともに先進諸経済の脱工業化が、そしてこの両者の結果として、ヘゲモニー国では経済の金融化が出現した。グローバル化、脱工業化、金融化は、いずれも経済的コンテキストの大変化であるが、それは多分にフォーディズム的成長レジームの内部代謝がある閾値に到達した結果でもあった。

脱工業化は、これまで製造業大企業を中心に組織されていた労働者の減少と組合組織率の低下をもたらし、こうして労働者階級の勢力は明確に減退した (Reich 2007: 訳 9; Crouch 2004: 訳 3, 18, 20)。雇用はサービス部門へと移動し、サービス部門の特徴たる小規模性と経営不安定性のゆえ、さらにはまた雇用の非正規化を含む雇用形態の多様化のゆえに、従業員の利害は分散し分裂した。かつての労働者の団結なるものは消失した。

加えて、かつては狭義の労働者を囲むように、技術者や公務員なども労働者と同じ隊列に加わっていた。さらに言えば、かつては労働所得稼得者のみならず、福祉国家を通して非労働者をも巻き込んだ「資本と市民の合意」「国家と市民の合意」が存在していた (Bowles et al. 1983: 訳 77-81)。それほどに広範な労働者・市民と資本家的経営者が連合していたのが、戦後期の「フォーディズム連合」ないし

「ケインズ主義連合」であった。しかしこの労使連合は、経済の脱工業化や雇用の非正規化による労働者の力の減退とともに崩壊した。

国際競争の激化と経済のグローバル化も制度環境を大きく変えた。そして、労働者階級の衰退にともなう賃金停滞を穴埋めしたのは、まずは、対外開放による安価な輸入消費財であった。それらは主として中国をはじめとする新興工業諸国から供給された。先進諸国民は「労働者」として失ったものを、安い輸入品を享受する「消費者」として取り戻した（Reich 2007: 訳第2章；Boyer 2011: 訳 308-311）。と同時にそこには、先進国 対 新興国の貿易関係という単純な枠組みを超えて、先進国企業の多国籍化と強大化という新たな政治経済環境が形成されていた。

この多国籍企業は、新たな金融技術や金融商品の開発によって飛躍的に拡大した金融業とあいまって、経済のグローバル化を大きく推進した。グローバル金融業の発展と経済の金融化は、少なからぬ労働者を自らのうちに巻き込んでいった。高齢化とともに年金収入に依存する層が増え、大量の退役労働者はいわば金利生活者となり、ここに年金基金の影響力が増大した。また現役の労働者は、とりわけ好況期には各種の金融所得を得るという形で、賃金所得の停滞を穴埋めした。こうして「労働者」に代わって、人びとは「投資家」として登場するようになった。

要するに、今や労働者はより多く「消費者」および「投資家」の規定性を帯びたが、それは同時に「債務者」としての役割を担うことでもあった。クラウチはこれを「民営化されたケインズ主義」privatized Keynesianism と皮肉ってこう語る。「経済を刺激するために政府が借金をするのでなく、貧困層を含む諸個人や諸家族が借金をするようになった」（Crouch 2011: 114）、と。そして、こうした新たな規定を帯びた大衆の登場が、新自由主義ないし金融主導型のレジームを最も外側から支えることになる。

　このようにフォーディズム的レジームの内部代謝は、結果的に制度環境の脱工業化、グローバル化、金融化への前提条件を生み出した。しかし、それが特定の方向性をもって本格的に実現したのは、何といってもケインズ主義に代わって登場した新自由主義の思想と政策が一定の支持を得たからであり、そして、これを推進する新しい政治的連合――すなわち「新自由主義連合」――が構築されたからである。この新自由主義連合は、自らに好都合な新制度の創設はもちろん、既存制度の解釈・運用のレベルにおいても、自らの利害を戦略的に強力に貫徹していった。つまり自らに有利な制度創設の戦略のみならず、重層・漂流・転用という形における制度の漸進的変化戦略が進められていった[13]。

　新自由主義は、自由競争、市場の効率性（規制緩和）、国家の撤退（減税・民営化）というその標語とは裏腹に、その実質は徹底的に上層階級の権力の回復の運動である（Harvey 2005）。権力の回復は何よりも金融収益が爆発的に増大するシステム（金融主導型レジーム）の構築を基盤としていた。事実、新自由主義は、生産性上昇や経済成長の面ではみすぼらしい成果しか挙げていないが、上層階級への富の分配の面では大きな成果を挙げた。その帰結は「社会的不平等の拡大」「経済格差の拡大」として、現在、世界的に大問題となっているとおりである（Piketty 2013; Boyer 2013）。上層階級は確実に経済権力を奪回した。

その上層階級の中核に位置するのは、大資産家およびグローバル金融企業・巨大多国籍企業のトップ経営陣である。この両者の結託が新自由主義連合の核心をなす。そしてその周囲に、企業の中堅幹部や官僚層、会計士・法律家・各種コンサルタント、エコノミストやマスコミ関係者、自営業者などが位置する。これらを加えても、その限りでは新自由主義連合は少数派であり、連合の幅は狭い[14]。しかし新自由主義連合の強みの一つは、その「同心円構造」のいちばん外側に多数の消費者および投資家を引き寄せたことにある（Martinelli 2014: 295）。

もちろん、ここに取りこまれた消費者および一般投資家は、必ずしも連合の中核層と利害が一致するわけでなく、多くの場合むしろ、新自由主義政策の犠牲者となることが多い。しかし、脱工業化とサービス化のもと、製造業労働者はもちろん、これに代わって新たに形成された多様な職業に従事する人びとは、賃金所得が停滞するなか、安価な消費財を提供するグローバル企業や、魅力的な金融所得の機会を提供する金融市場との関係を強めざるをえない。こうして新自由主義連合は、その最外周に広範な消費者および投資家という、脆くあいまいな支持層を引き寄せた限りでは、広い連合を築くことができた。

新自由主義連合は、その広さにおいてはきわめて脆いが、しかし中核部はきわめて強力であり、それは彼らが強大な政治権力を手に入れたからである。それがこの連合のもうひとつの、そして決定的な強みである。金融業や大企業という経済権力が政治権力を手に入れたのである（Reich 2007; Crouch 2004: 訳 79）。すなわち、巨大諸企業は経済的競争で優位に立ったために、行政・立法など、政治的意思決定のレベルでの影響力行使を強化し、いわば政治的競争へと踏み込むようになった。その手段は企業がもつ膨大な資金であり、それをもとにした強力なロビー活動である。他方、政治の側でもとりわけ選挙資金がますます増大するという事情のなか、政治家は企業からの政治資金を頼りにすることになる（Reich 2007; Crouch 2011; Martinelli 2014）。こうして新自由主義連合の中核層は、自らの支配的利害を貫徹し、そのための制度改変を遂行する。要するにカネが政治を支配し、政治は特権階級に奉仕する道具となる。まさにここに、近年の世界金融危機にもかかわらず、新自由主義と金融主導の政治経済レジームが存続しえている理由がある。

6　おわりに

新自由主義はその「自由競争」「国家の撤退」という外向きの顔の背後で、このように巨大企業＝金融連合による徹底した「政治独占」と「国家の買収」という隠された顔によって存続してきた。このことはたんに経済的不平等の拡大をもたらすだけでなく、政治的に民主主義の空洞化ないし崩壊をもたらす。この点すでに多くの論者によって指摘されているとおりである。例えばライシュは、新自由主義のもとでの「資本主義の勝利と民主主義の衰退」を看破しつつ、「消費者および投資家としての私たちは飛躍的に成長した。しかし一方で、公共の利益を追求するという市民としての私たちの力は弱くなってしまった」（Reich 2007: 訳 6-7, 68）と批判する。クラウチは、「よくあることだが、富者の利害によって富が政治権力に転換されるとしたら、それは市場経済と民主主義をともども歪めることになる」（Crouch 2013: vii）と警告する。

つまり、新自由主義レジームは、その根底において民主主義と両立しない。それどころか民主主義の破壊者として存在する。あるいは金融主導型レジームは、金融バブルを起動因としているかぎり、つねに経済的不安定のなかにある。その不安定な動態ゆえに現存の新自由主義連合はつねに分裂のリスクに曝されている。だが、もう一度根底的な問題に戻っていえば、新自由主義が真にレジーム危機に陥るとしたら、それは民主主義を求める市民の力が大きく復活するときであろう。

新自由主義は、二〇〇八年金融危機といういわば「経済的」危機を経験したのち、今日、政治的にますます民主主義を衰退させている。二〇二〇年以降のコロナ禍は経済的社会的不平等をいっそう深刻化し、さらには諸国の分断や国内諸層の分断を強めているようだ。広がりすぎた経済的不平等、空洞化しすぎた民主主義に対して、市民の側から権利の回復と拡充の運動が一定の高さに達するとき、危機はたんに「経済的」であるのみならず同時に「政治的」なものとなろう。その克服のためには新しい市民社会を求める新しい政治連合が形成されねばならない。いずれにしても、新自由主義と民主主義とのこの矛盾がやがてこのレジームを深い構造的危機へと追いやることになるのではなかろうか。

注

（1）レギュラシオン理論において「調整様式」の概念が当初のものからある種のずれが生じたことによって、

制度変化の理論を見失ったということについて、アマーブルは次のように批判している。「レギュラシオン理論においては当初、調整様式の概念は、ある社会の再生産可能性を、またその社会を特徴づける特殊な支配関係を説明するために作られたのであるにもかかわらず、その調整様式は経済の調整様式ということになってしまった。そこから、なぜレギュラシオン理論が残酷にも制度変化の理論を欠くことになったかが説明されうる。レギュラシオン理論にとって制度は政治的妥協の産物――「制度化された妥協」――なのであり、そのおかげでほとんどの経済理論を特徴づける機能主義的仮説を採用しないですんでいた。制度変化の分析は、経済的軌道に対する社会的・政治的インパクトを説明するよう要請することになろう。」(Amable and Palombarini 2005: 248-249 強調は原著者)。

(2) 近年における経路依存論の原点は、テクノロジー軌道論における David (1985)、および複雑系経済学における Arthur (1994) にあろう。

(3) 経路依存を積極的に「収穫逓増を示す社会的過程」として概念化したのが、政治学者ピアソンである (Pierson 2000)。

(4) 内部代謝がやがてもたらすこの閾値効果を勘案するとき、決定的転機(急進的変化)は外生的にしか生じないという経路依存説は事態の一面(しかも相対的に小さな一面)しか見ていないという点で、やはり批判されるべきである。「公式の経路依存論にあっては、決定的転機は経路内の正常な変化過程からは出現しえない。……[しかし]新しい決定的転機は、外生的に生ずるというよりも、経路自体の内的論理から内生的(かつ弁証法的)に生ずる」(Schwarz 2001: 11-12)。「外生的ショックは、経路が攪乱され、つまりは根本的な制度変化が開始される唯一の道ではない。……内生的および外生的な圧力が混合して一連の経路変換的イニシアチブが導かれるのである」(Deeg 2001: 11)。

(5) 定義からして「ハイブリッド化」とは、外生的なものと内生的なものの混成であるから、これを一義的に「外生的原因」のうちに押し込めるのは問題もあろう。しかし「内部代謝」が同一空間内の通時的過程における内的変化に照準を合わせているのに対して、「ハイブリッド化」は他空間との接触という契機を重視するという意味で、これを「外生的」と位置づけておく。

（6）調整様式の変化をめぐる内生的な閾値効果と外生的な急進的変化の関係について、ボワイエは、ともども重視している発言を残している。「調整様式の変容を説明するために、当初は急進的変化の必然性という見方を特権化していたが、その後、レギュラシオンの研究は次第に、内部代謝、すなわち一連の周縁的変化が蓄積された結果としての調整様式の急激な変質の可能性を探るようになった」（Boyer 2004: 訳 271）。こう述べつつも、急進的・偶然的事件が成長レジームおよび調整様式に及ぼす決定的作用という見方を放棄したわけではないことは、最近の次の文からも明らかである。「最初にアメリカ、次いでフランスを対象とした〔レギュラシオン学派の〕創成期の研究では、レギュラシオン理論の研究者たちは、戦争や大危機が蓄積体制と調整様式の大転換における決定的なエピソードであったということを発見して驚いたものだった。実際に、これらのエピソードは……正真正銘の社会的な実験室であった」（Boyer 2013: 訳 89）。

（7）セーレンはその主著『制度はいかに進化するか』において、制度変化論に関する自らの積極的主張として、以下の諸点を挙げている。（1）制度安定性の分析と制度革新の分析を分離する議論や、制度変化要因を外生的とみる見解を批判して、制度の漸増的変化のパターンを示すこと、（2）機能主義にも断続均衡モデルにも反対し、また経路依存論における自動的制度再生産論にも反対し、制度の安定要因と変化要因の連関性を示すこと、（3）制度は不断に政治的異議申し立てを受けているものであり、制度の基盤をなす政治連合は変化するものである点を示すこと（Thelen 2004: 30-31）。

（8）例として、ドイツにおける職業訓練対象が当初の職人セクターから次第に基幹産業セクター（金属・機械製造業など）へと拡張されていったことによって、当初の職業訓練制度が漸次変質していったことが、挙げられている（Thelen 2003: 226）。日本における会社法の改正によって、監査役設置会社と並んで委員会設置会社が認められたのも、重層的制度変化の一例であろう。

(9) 制度転用についてThelen (2003) は多くの例を挙げている。そのひとつとして、第二次世界大戦期に軍需生産のために発展させられた制度が、戦後の平時になって積極的産業政策のための制度へと転用されたことなども指摘されている。

(10) 例えば、アメリカにおける企業年金制度の不安定化 (401(k) 条項による拠出建て化) にもかかわらず、公的年金制度が不変にとどまったことによって、年金制度全体としては当初目的を果たせなくなったことなど (Hacker 2005; Beland and Shinkawa 2007)。

(11) 制度の重層・転用・漂流の同時並行的進行という事態は、制度を狭い範囲で考察するか広い範囲で考察するかによって、多様に検出することができよう。この点、アメリカにおける年金制度改革を例にとった新川敏光らの次の指摘が示唆的である。「時として、制度の重層化・転用・ドリフトは、個別独立に生ずるのではなく、一つのプロセスのなかで密接不可分な形で進行する。例えばアメリカの年金の例では、ハッカー〔Hacker (2004)〕はこれを政策ドリフト〔漂流〕として説明しているが、企業年金をみれば (401(k)) という新たな制度の導入によって私的年金空間のなかで制度的重層化がなされ、多くの企業年金がそちらに移行していった結果として、企業年金の老後保障機能が低下し、リスクを被用者個人に負わせ、個人投資家を増やす機能を促進することになったのである。これは企業年金という制度の転用（目的転換）と考えることもできる」(新川／ベラン 2007: 189-190)。

(12) この点はすでに、アマーブルが「制度」の基礎に「支配的社会ブロック」を基盤とする「政治的連合」を指摘し (Amable 2003: 訳第2章)、またセーレンが「制度が立脚する政治連合的基礎」を重視したとおりである (Thelen 2014)。

(13) 制度の漸進的変化の例としては、さきの注 (11) にみたように、アメリカの年金制度改革などを挙げることができよう。

(14)「新しい新自由主義的階級連合は一九八〇年代にヘゲモニー的位置を占めるようになったが、この連合は幅の狭いものであって、レント型資本家、高額稼得の金融業者および彼らの富を管理するトレーダー、巨大多国籍企業のトップ経営陣に限られる」(Bresser-Pereira 2014: 60)。

あとがき

本書の意図と構成については「序説」で述べたので繰り返すことはしない。岸田政権の「新しい資本主義」論が、一時的な話題に終わってしまうか、それとも実現への何らかの一歩を踏み出すのか、現時点では不明である。しかし「コロナ後の新しい社会の開拓」は、政権の変転をこえて今日のわれわれが構想すべき大いなる課題である。「ウェルビーイング」と「市民社会」はその際の羅針盤となるはずであり、またそうであらねばならない。そんな思いから綴ったのが本書である。

ただし、各章はそのすべてが当初からこれを意図して書いたものだというわけではない。前編の各章はすべて新稿である。このうち第3章は、最初『新資本主義』新在何処?」（『湖北社会科学』二〇二二年第四期）として中国語訳されて発表されたものの元原稿である（若干の加筆修正あり）。また第4章は、経済理論学会第六九回大会（二〇二一年一〇月一七日）で「人間形成型の経済社会へ」と題してオンライン報告をした際の報告資料をもとに文章化したものである。

後編の第5章も新稿であるが、元となるアイデアはすでに多くの機会に発表している。第6—8章の初出を以下に記しておく。第6章の初出は「市場経済をどう調整するか」『社会思想史研究』（社会思想史学会）第四一号、二〇一七年九月。第7章のそれは「移行経済と国家資本主義」『季刊 経済理論』（経済理論学会）第五二巻二号、二〇一五年七月。第8章は「制度の内部代謝と成長レジームの転換」宇仁宏幸／厳成男／藤田真哉編『制度でわかる世界の経済――制度的調整の政治経済学』ナカニシヤ出版、二〇二〇年三月、所収、が初出である。既発表論文の収録にあたっては、いずれも部分的改訂が加えられている。転載を許可していただいた関係各位に御礼申し上げる。

本書の出版に当たっては、藤原書店の藤原良雄社長、編集担当の藤原洋亮氏、ならびに図版担当の倉田直樹氏に心から謝意を表したい。

二〇二一年五月

山田鋭夫

Schwartz, Herman (2001) 'Down the Wrong Path: Path Dependence, Markets, and Increasing Returns,' Unpublished manuscript, University of Virginia.

Streeck, Wolfgang and Kathleen Thelen eds (2005a) *Beyond Continuity: Institutional Change in Advanced Political Economies*, Oxford University Press.

—— (2005b) 'Introduction: Institutional Change in Advanced Political Economies,' in Streeck and Thelen (2005a).

Thelen, Kathleen (2003) 'How Institutions Evolve: Insights from Comparative Historical Analysis,' in James Mahoney and Dietrich Rueschemyer eds., *Comparative Historical Analysis in the Social Sciences*, Cambridge University Press.

—— (2004) *How Institutions Evolve: The Political Economy of Skills on Germany, Britain, the United States, and Japan*, Cambridge University Press.

—— (2009) 'Institutional Change in Advanced Political Economies,' *British Journal of Industrial Relations*, 47(3), September.

—— (2014) *Varieties of Liberalization and the New Policies of Social Solidarity*, Cambridge University Press.

Yamada, Toshio (2018) *Contemporary Capitalism and Civil Society: The Japanese Experience*, Springer.

David, Paul（1985）'Clio and Economics of QWERTY,' *American Economic Review*, 75 (2).

Deeg, Richard（2001）'Institutional Change and the Uses and Limits of Path Dependency: The Case of German Finance,' *Max-Plank-Institut für Gesellschaftsforschung Discussion Paper*, 01/6, November.

Hacker, Jacob S.（2004）'Privatizing Risk without Privatizing the Welfare State: The Hidden Politics of Social Policy Retrenchment in the United States,' *American Political Science Review*, 98(2).

——（2005）'Policy Drift: The Institutional Change in Advanced Political Economies,' in Streeck and Thelen (2005a).

Harvey, David（2005）*A Brief History of Neoliberalism*, Oxford University Press. 渡辺治監訳『新自由主義』作品社，2007 年.

Lordon, Frédéric（1995）'Formalising Regulationist Dynamics and Crises,' in Boyer and Saillard (1995).

Magara, Hideko ed.（2014）*Economic Crises and Policy Regimes: The Dynamics of Policy Innovation and Paradigmatic Change*, Edward Elgar.

Mahoney, James（2000）'Path Dependence in Historical Sociology,' *Theory and Society*, 29(4), August.

Mahoney, James and Kathleen Thelen eds.（2010）*Explaining Institutional Change: Ambiguity, Agency and Change*, Cambridge University Press.

Martinelli, Alberto（2014）'A Political Analysis of the Global Financial Crisis: Implications for Crisis Governance,' in Magara (2014).

North, Douglass C.（1990）*Institutions, Institutional Change and Economic Performance*, Cambridge University Press. 竹下公視訳『制度・制度変化・経済成果』晃洋書房，1994 年.

Pempel, T. J.（1998）*Regime Shift: Comparative Dynamics of the Japanese Political Economy*, Cornell University Press.

Pierson, Paul（2000）'Increasing Return, Path Dependence, and the Study of Politics,' *American Political Science Review*, 94(2), June.

——（2004）*Politics in Time: History, Institutions, and Social Analysis*, Princeton University Press. 粕谷祐子監訳『ポリティクス・イン・タイム』勁草書房，2010 年.

Piketty, Thomas（2013）*Le capital au XXIe siècle*, Seuil. 山形浩生／守岡桜／藤本正史訳『21 世紀の資本』みすず書房，2014 年.

Reich, Robert B.（2007）*Supercapitalism: The Transformation of Business, Democracy, and Every Day Life*, Vintage Books. 雨宮寛／今井章子訳『暴走する資本主義』東洋経済新報社，2008 年.

度と進化の政治経済学』日本経済評論社，所収．

新川敏光／ダニエル・ベラン（2007）「自由主義福祉レジームの多様性――断続均衡と漸増主義のあいだ」『法学論叢』160巻5/6号．

Amable, Bruno (2003) *The Diversity of Modern Capitalism*, Oxford University Press. 山田鋭夫／原田裕治ほか訳『五つの資本主義』藤原書店，2005年．

Amable, Bruno and Stefano Palombarini (2005) *L'Economie politique n'est pas une science morale*, Raisons d'Agir.

Arthur, W. Brian (1994) *Increasing Returns and Path Dependence in the Economy*, University of Michigan Press. 有賀裕二訳『収益逓増と経路依存』多賀出版，2003年．

Beland, Daniel and Toshimitsu Shinkawa (2007) 'Public and Private Policy Change: Pension Reform in Four Countries,' *Policy Studies Journal*, 35(3).

Bowles, Samuel, David. M. Gordon and Thomas. H. Weisskopf (1983) *Beyond the Wasteland: A Democratic Alternative to Economic Decline*, Anchor Press / Double Day. 都留康／磯谷明徳訳『アメリカ衰退の経済学』東洋経済新報社，1986年．

Boyer, Robert (2004) *Une théorie du capitalisme est-elle possible?*, Odile Jacob. 山田鋭夫訳『資本主義 vs 資本主義』藤原書店，2005年．

―― (2005) 'Coherenece, Diversity, and the Evolution of Capitalisms: The Institutional Complementarity Hypothesis,' *Evolutionary and Institutional Economics Review*, 2(1), October.

―― (2011) *Les financiers détruiront-ils le capitalisme?*, Economica.［参考］山田鋭夫／坂口明義／原田裕治監訳『金融資本主義の崩壊』藤原書店，2011年．

―― (2013) 'Capital in the Twenty-first Century: A Régulationist View,' *Revue de la régulation*, 14, en ligne, 2e semester/ Autumn. 横田宏樹訳「ピケティ『21世紀の資本』を読む」，同訳／ボワイエ『作られた不平等』藤原書店，2016年，所収．

―― (2015) *Economie politique des capitalismes: Théorie de la régulation et des crises*, La Découverte. 原田裕治訳『資本主義の政治経済学――調整と危機の理論』藤原書店，2019年．

Boyer, Robert and Yves Saillard eds. (1995) *Régulation Theory and the State of the Art*, Routledge.

Bresser-Pereira, Luiz Carlos (2014) 'The Hegemony Constraints in the Neoliberal Years of Capitalism,' in Magara (2014).

Crouch, Colin (2004) *Post-Democracy*, Polity. 山口二郎監修／近藤隆文訳『ポスト・デモクラシー』青灯社，2007年．

―― (2011) *The Strange Non-death of Neoliberalism*, Polity.

―― (2013) *Making Capitalism Fit for Society*, Polity.

Lubman, Stanley（2012）'China's State Capitalism: The Real World Implications,' *The Wall Street Journal*, Mar. 1.

Mielants, Eric（2007）*The Origins of Capitalism and the 'Rise of the West,'* Temple University Press. 山下範久訳『資本主義の起源と「西洋の勃興」』藤原書店，2011 年.

Musacchio, Aldo and Sergio G. Lazzarini（2014）*Reinventing State Capitalism: Leviathan in Business, Brazil and Beyond*, Harvard University Press.

Nölke, Andreas ed.（2014）*Multinational Corporations from Emerging Markets: State Capitalism 3.0*, Palgrave Macmillan.

Oi, Jean C.（1992）'Fiscal Reform and the Economic Foundations of Local State Corporatism in China,' *World Politics*, 45(1).

Reich, Robert（2009）*Supercapitalism: The Battle for Democracy in an Age of Big Business*, new edition, Icon Books. 雨宮寛／今井章子訳『暴走する資本主義』東洋経済新報社，2008 年.

Rostow, Walt W.（1960）*The Stages of Economic Growth: A Non-communist Manifesto*, Cambridge University Press. 木村健康ほか訳『経済成長の諸段階——一つの非共産主義宣言』ダイヤモンド社，1961 年.

Sapir, Jacques（2013）'Le "capitalisme d'Etat" est-il l'horizon historique de la Russie?,' *RussEurope*, 22 nov. [En ligne] http://russeurope.hypotheses.org/1750

Schmidt, Vivien A.（2003）'French Capitalism Transformed, yet Still a Third Variety of Capitalism,' *Economy and Society*, 32(4).

Schuman, Michael（2011）'State Capitalism vs the Free Market: Which Performs Better?,' *Time*, Sept. 30. [On line] http://business.time.com/2011/09/30/state-capitalism-vs-the-free-market-which-performs-better/

Screpanti, Ernesto（2001）*The Fundamental Institutions of Capitalism*, Routledge.

Stewart, Devin T.（2010）'Book Review: "The End of the Free Market" by Ian Bremmer,' *Global Policy Innovations*, May 12.

Transparency International（2020）*Corruption Perceptions Index 2020*. [On line] http://www.transparency.org

Walter, Andrew and Xiaoke Zhang eds.（2012）*East Asian Capitalism: Diversity, Continuity, and Change*, Oxford University Press.

Yamada, Toshio（2018）*Contemporary Capitalism and Civil Society: The Japanese Experience*, Springer.

第 8 章　制度の内部代謝とレジーム危機

磯谷明徳（2022）「進化経済学における制度の問題」磯谷明徳／植村博恭編『制

Boyer, Robert（2011）*Les financiers détruiront-ils le capitalisme?*, Economica.［参照］山田鋭夫／坂口明義／原田裕治監訳『金融資本主義の崩壊——市場絶対主義を超えて』藤原書店，2011 年.

Bremmer, Ian（2009a）'State Capitalism Comes of a Age,' *Foreign Affairs*, May/June.

——（2009b）'State Capitalism and the Crisis,' *Insights & Publications*, Jul.

——（2010）*The End of the Free Market: Who Wins the War between States and Corporations?*, Portfolio/Penguin. 有賀裕子訳『自由市場の終焉——国家資本主義とどう闘うか』日本経済新聞出版社，2011 年.

Campbell, Keith（2012）'Is It a Rival to Market Capitalism? And How Does it Affect the Natural Resources Industries?,' *Mining Weekly*, Mar. 30.

Chattopadhyay, Paresh（1994）*The Marxian Concept of Capital and the Soviet Experience: Essay in the Critique of Political Economy*, Praeger. 大谷禎之介ほか訳『ソ連国家資本主義論——マルクス理論とソ連の経験』大月書店，1999 年.

Cooper, Richard N.（2010）'The End of the Free Market: Who Wins the War between States and Corporations?,' *Foreign Affairs*, Sep/Oct.

Dyer, Geoff（2010）'State Capitalism: China's "Market-Leninism" Has yet to Face Biggest Test,' *Financial Times*, Sep. 13.

Economist（2012）*The Economist*, 402 (8768), Jan. 21.

Ferguson, Niall（2012）'We're All State Capitalists Now,' *Foreign Policy*, Feb. 9.

Fukuyama, Francis（1992）*The End of History and the Last Man*, Free Press. 渡部昇一訳『歴史の終わり』上・下，三笠書房，1992 年.

Gerschenkron, Alexander（1962）*Backwardness in Historical Perspective: A Book of Essays*, The Belknap Press of Harvard University. 絵所秀紀ほか訳『後発工業国の経済史』ミネルヴァ書房，2005 年.

Haley, Usha C. V. and George T. Haley（2013）*Subsidies to Chinese Industry: State Capitalism, Business Strategy, and Trade Policy*, Oxford University Press.

Janjigian, Vahan（2010）'Communism is Dead, but State Capitalism Thrives,' *Forbes*, Mar. 22.

Kurlantzick, Joshua（2012）'The Rise of Innovative State Capitalism,' *Bloomberg Businessweek*, June 28.

Lardy, Nicholas R.（2014）*Markets over Mao: The Rise of Private Business in China*, Institute for International Economics. (Book Reviews on *The Wall Street Journal*, Sep. 10, 2014; *Forbes*, Oct. 16, 2014)

Levingston, Steven（2010）'China's Authoritarian Capitalism Undermines Western Values, argue three new books,' *Washington Post*, May 30.

Li, Xing and Thimothy M. Shaw（2013）'The Political Economy of Chinese State Capitalism,' *Journal of China and International Relations*, 1(1).

加藤弘之／渡邉真理子／大橋英夫（2013）『21 世紀の中国 経済篇——国家資本主義の光と影』朝日新聞出版.
関志雄（2012）「中国，問われる国家資本主義」『日本経済新聞』5 月 24 日.
木村汎／袴田茂樹／山内聡彦（2010）『現代ロシアを見る眼——「プーチンの十年」の衝撃』NHK ブックス.
厳成男（2011）『中国の経済発展と制度変化』京都大学学術出版会.
坂田幹男（1991）『第三世界国家資本主義論』日本評論社.
——（2008）「キャッチ・アップ型工業化と国家資本主義——本多理論と中国の『社会主義市場経済』をめぐって」『北東アジア地域研究』第 14 号.
——（2012）「『国家資本主義』論の再生——〈国家資本・主義〉から〈国家・資本主義〉へ」『福井県立大学経済経営研究』第 27 号，12 月.
遠山弘徳／原田裕治（2014）「アジア資本主義の多様性」植村ほか（2014）所収.
中兼和津次（2010）『体制移行の政治経済学——なぜ社会主義国は資本主義に向かって脱走するのか』名古屋大学出版会.
日臺健雄（2009）「プーチンの『国家資本主義』」『エコノミスト』7 月 21 日号.
——（2015）「『国家資本主義』概念の理論的系譜」『比較経済研究』第 52 巻 1 号，1 月.
ボワイエ，ロベール（2014）「中国経済の発展様式と国際システムの転換——2008 年危機以後を中心に」藤田菜々子訳，植村ほか（2014）所収.
本多健吉（1970）『低開発経済論の構造』新評論.
——（1978）「国家資本主義論」アジア経済研究所編『発展途上国研究——七〇年代における成果と課題』アジア経済研究所，所収.
丸川知雄（2013）『チャイニーズ・ドリーム——大衆資本主義が世界を変える』ちくま新書.
三浦有史（2012）「中国『国家資本主義』のリスク——『国進民退』の再評価を通じて」『環太平洋ビジネス情報 RIM』第 12 巻 45 号.
レーニン，ヴェ・イ（1960）『〈問題別レーニン選集 2〉国家資本主義論』レーニン全集刊行委員会訳，大月書店.
渡辺利夫＋ 21 世紀政策研究所・監修／大橋英夫編（2013）『ステート・キャピタリズムとしての中国——市場か政府か』勁草書房.
Albert, Michel (1991) *Capitalisme contre capitalisme*, Edition du Seuil. 小池はるひ訳『資本主義対資本主義』竹内書店新社，1992 年.
Aligica, Paul Dragos and Vlad Tarko (2012) 'State Capitalism and the Rent-seeking Conjecture', *Constitutional Political Economy*, 23(4).
Äslund, Anders (2013) 'Putin's Conservative State Capitalism,' *The Moscow Times*, Dec. 18.
Bergère, Marie-Claire (2013) *Chine: Le nouveau capitalisme d'Etat*, Fayard.

訳『資本主義 vs 資本主義——制度・変容・多様性』藤原書店，2005 年.
——（2007）‘Capitalism strikes back: Why and what consequences for social sciences?’, *Revue de la Régulation*, No.1. https://regulation.revues.org/1180
——（2015）*Economie politique des capitalismes: Théorie de la régulation et des crises*, La Découverte. 原田裕治訳『資本主義の政治経済学——調整と危機の理論』藤原書店，2019 年.
Braudel, Fernand（1979）*Civilisation matérielle, économie et capitalisme*, Paris: Armand Colin. 村上光彦訳『物質文明・経済・資本主義 I ——日常性の構造』1・2 ほか，みすず書房，1985 年—.
Hollingsworth, J. Rogers and Robert Boyer eds.（1997）*Contemporary Capitalism: The Embeddedness of Institutions*, Cambridge University Press.
Mankiw, N. Gregory（1998/2014）*Principles of Economics*, 1st to 7th ed., South-Western, etc. 足立英之ほか訳『マンキュー入門経済学』東洋経済新報社，2008 年.
Polanyi, Karl（2001; original 1944）*The Great Transformation: The Political and Economic Origins of Our Times*, Beacon Press. 野口建彦／栖原学訳『［新訳］大転換——市場社会の形成と崩壊』東洋経済新報社，2009 年.
Samuelson, Paul A.（1948/1980）*Economics*, 1st to 11th ed., McGraw-Hill. 都留重人訳『経済学』上・下，岩波書店，1966-67 年.
Stiglitz, Joseph E. and Carl E. Walsh（1993/2006）*Economics*, 1st to 4th ed., Norton. 藪下史郎ほか訳『スティグリッツ入門経済学』東洋経済新報社，1994 年.

第 7 章　社会主義から国家資本主義へ

井汲卓一（1979）「現代資本主義の歴史的構造」今井則義ほか編『現代経済と国家』下，日本評論社，所収.
植村博恭／宇仁宏幸／磯谷明徳／山田鋭夫編（2014）『転換期のアジア資本主義』藤原書店.
馬田啓一（2012）「TPP と国家資本主義——米中の攻防」『季刊 国際貿易と投資』89 号.
大谷禎之介／大西広／山口正之編（1996）『ソ連の「社会主義」とは何だったのか』大月書店.
梶谷懐（2011）『現代中国の財政金融システム——グローバル化と中央－地方関係の経済学』名古屋大学出版会.
——（2012）「中国の経済成長と『分散型の開発体制』」『比較経済研究』49（1），1 月.
加藤弘之（2014）「〈Views on China〉中国は腐敗撲滅に成功するか」[On line] http://www.tkfd.or.jp/research/project/news.php?id=1306

and Yves Saillard eds., *Régulation Theory: The State of the Art*, Routledge.
Streeck, Wolfgang and Kathleen Thelen eds.（2005）*Beyond Continuity: Institutional Change in Advanced Political Economies*, Oxford University Press.
Thelen, Kathleen（2004）*How Institutions Evolve*, Cambridge University Press.
Yamada, Toshio（2018）*Contemporary Capitalism and Civil Society: The Japanese Experience*, Springer.

第6章　資本主義をどう調整するか

石川滋（1990）『開発経済学の基本問題』岩波書店.
内田義彦（1948）「戦時経済学の矛盾的進行と経済理論」『潮流』3巻1号, 1月.『内田義彦著作集』第⑩巻.
——（1966）『資本論の世界』岩波新書.『著作集』第④巻.
——（1967）『日本資本主義の思想像』岩波書店.『著作集』第⑤巻.
——（1971a）『社会認識の歩み』岩波新書.『著作集』第④巻.
——（1971b）『読むということ——内田義彦対談集』筑摩書房.『著作集』第⑦巻.
——（1988-89）『内田義彦著作集』第①〜⑩巻, 岩波書店.
大河内一男（1968）『独逸社会政策思想史（上）——大河内一男著作集1』青林書院新社.
——（1969）『社会政策の基本問題——大河内一男著作集3』青林書院新社.
杉山光信（2012）「『近代化』と『二つの道』——内田義彦の『市民社会』再考」『明治大学心理社会研究』第8号.
田中秀夫（2013）『啓蒙の射程と思想家の旅』未來社.
原洋之介（2000）『アジア型経済システム』中公新書.
山田鋭夫（2008）『さまざまな資本主義——比較資本主義分析』藤原書店.
——（2020）『内田義彦の学問』藤原書店.
若森みどり（2015）『カール・ポランニーの経済学入門——ポスト新自由主義時代の思想』平凡社新書.
Aglietta, Michel（1997）*Régulation et crises du capitalisme: L'expérience des Etats-Unis*, Nouvelle édition, Odile Jacob. 若森章孝ほか訳『増補新版 資本主義のレギュラシオン理論——政治経済学の革新』大村書店, 2000年.
Amable, Bruno（2003）*The Diversity of Modern Capitalism*, Oxford University Press. 山田鋭夫／原田裕治ほか訳『五つの資本主義』藤原書店, 2005年.
Blanchard, Olivier（1997/2016）*Macroeconomics*, 1st to 7th ed., Prentice Hall. 鴇田忠彦ほか訳『マクロ経済学』上・下, 東洋経済新報社, 1999-2000年.
Boyer, Robert（2004）*Une théorie du capitalisme est-elle possible?*, Odile Jacob. 山田鋭夫

後編　資本主義のレギュラシオン理論

第5章　レギュラシオン理論とは何か

植村博恭／宇仁宏幸／磯谷明徳／山田鋭夫編(2014)『転換期のアジア資本主義』藤原書店.

山田鋭夫（1993）『レギュラシオン理論』講談社現代新書.

——（2008）『さまざまな資本主義』藤原書店.

——（2020）「制度の内部代謝と成長レジームの転換」宇仁宏幸ほか編『制度でわかる世界の経済——制度的調整の政治経済学』ナカニシヤ出版，所収．本書第8章参照.

山田鋭夫／ロベール・ボワイエ編（1999）『戦後日本資本主義』藤原書店.

Aglietta, Michel（1976）*Régulation et crises du capitalisme: L'Expérience des Etats-Unis*, Calmann-Lévi. 若森章孝ほか訳『資本主義のレギュラシオン理論』大村書店，増補新版 2000 年.

Aglietta, Michel and Anton Brender（1984）*Les métamorphoses de la société salariale: La France en projet*, Calmann-Lévi. 斉藤日出治ほか訳『勤労者社会の転換』日本評論社，1990 年.

Amable, Bruno（2003）*The Diversity of Modern Capitalism*, Oxford University Press. 山田鋭夫／原田裕治ほか訳『五つの資本主義』藤原書店，2005 年.

Boyer, Robert（2002）*La croissance, début de siècle: De l'octet au gène*, Albin Michel. 井上泰夫監訳『ニュー・エコノミーの研究』藤原書店，2007 年.

——（2004）*Une théorie du capitalisme est-elle possible?*, Odile Jacob. 山田鋭夫訳『資本主義 vs 資本主義』藤原書店，2005 年.

——（2011）*Les financiers détruiront-ils le capitalisme?*, Economica. 山田鋭夫／坂口明義／原田裕治監訳『金融資本主義の崩壊——市場絶対主義を超えて』藤原書店，2011 年.

——（2015）*Economie politique des capitalismes: Théorie de la régulation et des crises*, La Découverte. 原田裕治訳『資本主義の政治経済学——調整と危機の理論』藤原書店，2019 年.

——（2020）*Les capitalismes à l'épreuve de la pandémie*, La Découverte. 山田鋭夫／平野泰朗訳『パンデミックは資本主義をどう変えるか——健康・経済・自由』藤原書店，2021 年.

Hall, Peter and David Soskice eds.（2001）*Varieties of Capitalism: The Institutional Foundations of Comparative Advantages*, Oxford University Press. 遠山弘徳ほか訳『資本主義の多様性——比較優位の制度的基礎』ナカニシヤ出版，2007 年.

Lordon, Frederic（1995）'Formalising regulationist dynamics and crises,' in Robert Boyer

préspérité: Les enjeux d'un tournant historique,' in Cassiers et al. (2011).
Easterlin, Richard A. (1974) 'Does Economic Growth Improve the Human Lot?: Some Empirical Evidence,' in Paul A. David and Melvin W. Reder eds., *Nations and Households in Economic Growth: Essays in Honor of Moses Abramovitz*, Academic Press.
Graham, Carol (2011) *The Pursuit of Happiness: An Economy of Well-being*, The Brookings Institution. 多田洋介訳『幸福の経済学――人々を豊かにするものは何か』日本経済新聞出版社，2013 年.
Hall, Peter and David Soskice eds. (2001) *Varieties of Capitalism: The Institutional Foundations of Comparative Advantages*, Oxford UP. 遠山弘徳ほか訳『資本主義の多様性』ナカニシヤ出版，2007 年.
Harvey, David (2005) *A Brief History of Neoliberalism*, Oxford UP. 渡辺治監訳『新自由主義』作品社，2007 年.
Marx, Karl (1953) *Grundrisse der Kritik der Politischen Ökonomie 1857-1858*, Dietz Verlag. 高木幸二郎監訳『経済学批判要綱』I〜V，大月書店，1961 年.
Méda, Dominique (2011) 'Peut-on dénouer les liens entre prospérité et croissance?,' in Cassiers et al. (2011).
OECD (2011, 2013, 2015, 2020) *How's Life?: Measuring Well-being*, Nos. 1, 2, 3 and 5, OECD Publishing. 西村美由起訳『OECD 幸福度白書――より良い暮らし指標，生活向上と社会進歩の国際比較』明石書店，2012，2015，2016，2021 年.
Our World in Data (various years) https://ourworldindata.org
―― (various years_2) https://ourworldindata.org/us-life-expectancy-low
Sen, Amartya (1999) *Development as Freedom*, Alfred A. Knopf. 石塚雅彦訳『自由と経済開発』日本経済新聞社，2000 年.
Sraffa, Piero (1960) *Production of Commodities by Means of Commodities*, Cambridge UP. 菱山泉／山下博訳『商品による商品の生産』有斐閣，1962 年.
Smith, Adam (1776) *An Inquiry into the Nature and Causes of the Wealth of Nations*, London. 高哲男訳『国富論』上下，講談社学術文庫，2020 年（底本は 1789 年出版の第 5 版）.
Stiglitz, Joseph E., Amartya Sen and Jean-Paul Fitoussi (2010), *Mis-measuring Our Lives: Why GDP Doesn't Add Up*, The New Press. 福島清彦訳『暮らしの質を測る―経済成長率を超える幸福度指標の提案』金融財政事情研究会／きんざい，2012 年.
UNDP (2010) *The Human Development Report*, UN Publications. 横田洋三ほか監修『人間開発報告書 2010』阪急コミュニケーションズ，2011 年.
―― (2020) *The Human Development Report*. human development report 2020 - Bing
Yamada, Toshio (2018) *Contemporary Capitalism and Civil Society: The Japanese Experience*, Springer.

第4章　ウェルビーイング主導の人間形成型社会
――R・ボワイエのパンデミック論から――

足立文彦（2006）『人間開発報告書を読む』古今書院.

井上泰夫（2021）「パンデミックと現代経済」『Bulletin』（日仏経済学会），第33号.

宇沢弘文（2000）『社会的共通資本』岩波新書.

――（2016）『宇沢弘文傑作論文全ファイル』東洋経済新報社.

厚生労働省（2010）『平成22年版 労働経済の分析』https://www.mhlw.go.jp/hakusho/roudou/10/dl/02-1.pdf

――（2020）『令和2年版 厚生労働白書』https;//www.mhlw.go.jo/stf/wp/hakusho/kousei/19/backdata/01-02-06.html

中村達也（2022）『交響する経済学』ちくま学芸文庫.

村上由美子／高橋しのぶ（2020）「GDPを超えて――幸福度を測るOECDの取り組み」『サービソロジー』第6巻4号.

山田鋭夫（1993）『レギュラシオン理論』講談社現代新書.

――（2008）『さまざまな資本主義』藤原書店.

――（2020）『内田義彦の学問』藤原書店.

兪炳匡（2021）『日本再生のための「プランB」』集英社新書.

Boyer, Robert（2002）*La croissance, début de siècle: De l'octet au gène*, Albin Michel. 井上泰夫監訳・中原隆幸／新井美佐子訳『ニュー・エコノミーの研究』藤原書店，2007年.

――（2004）*Une théorie du capitalisme est-elle possible?*, Odile Jacob. 山田鋭夫訳『資本主義vs資本主義』藤原書店，2005年.

――（2011）*Les financiers détruiront-ils le capitalisme?*, ［参考］山田鋭夫ほか監訳『金融資本主義の崩壊』藤原書店，2011年.

――（2015a）'Japan: From Frugal Production to an Anthropogenetic Rrgime,' in: R. K. Pachauri ed., *Building the Future We Want* (A Planet for Life Book 6), The Energy and Resources Institute.

――（2015b）*Economie politique des capitalismes: Théorie de la régulation et des crises*, La Découverte. 原田裕治訳『資本主義の政治経済学――調整と危機の理論』藤原書店，2019年.

――（2020）*Les capitalismes à l'épreuve de la pandémie*, La Découverte. 山田鋭夫／平野泰朗訳『パンデミックは資本主義をどう変えるか――健康・経済・自由』藤原書店，2021年.

Cassiers, Isabelle et al.（2011）*Redéfinir la prospérité: Jalons pour un débat public*, Editions de l'Aube.

Cassiers, Isabelle and Géraldine Thiry（2011）, 'Du PIB aux nouveaux indicateurs de

新自由主義からの転換」岸田文雄 公式サイト（kishida.gr.jp）.
――（2021b）『岸田ビジョン――分断から協調へ』講談社＋α新書.
――（2021c）令和3年10月8日 第205回国会における岸田内閣総理大臣所信表明演説，首相官邸ホームページ（kantei.go.jp）.
――（2021d）令和3年12月6日 第207回国会における岸田内閣総理大臣所信表明演説，首相官邸ホームページ（kantei.go.jp）.
――（2022a）令和4年1月17日 第208回国会における岸田内閣総理大臣施政方針演説，首相官邸ホームページ（kantei.go.jp）．なお『朝日新聞』2022年1月18日も参照.
――（2022b）「私が目指す『新しい資本主義』のグランドデザイン」『文藝春秋』2022年2月号.
佐伯啓思（2021）「『資本主義』の臨界点」『朝日新聞』12月18日号.
内閣官房（2021a）新しい資本主義実現本部／新しい資本主義実現会議，内閣官房ホームページ（cas.go.jp）.
――（2021b）新しい資本主義実現会議（第2回），内閣官房ホームページ（cas.go.jp）.
日本経済新聞（2022）「金融所得課税優先せず」5月23日.
毎日新聞（2022）「社説」6月1日.
山田鋭夫（1993）『レギュラシオン理論』講談社現代新書.
――（1994）『レギュラシオン・アプローチ』増補新版，藤原書店.
――（2008）『さまざまな資本主義』藤原書店.
Boyer, Robert（2007）'Capitalism strikes back: Why and what consequences for social sciences?,' *Revue de la Régulation*, No.1. https://regulation.revues.org/1180
――（2020）*Les capitalismes à l' épreuve de la pandémie*, La Découverte. 山田鋭夫／平野泰朗訳『パンデミックは資本主義をどう変えるか――健康・経済・自由』藤原書店，2021年.
European Commission（2010）*Europe 2020: A Strategy for Smart, Sustainable and Inclusive Growth*. EN (europa.eu)
OECD（various years）*How's Life? Measuring Well-being*, OECD Publications. 邦訳は『OECD幸福度白書』として適宜出版されている.
Stiglitz, Joseph, Amartya Sen et al.（2010）*Mis-measuring Our Lives: Why GDP Doesn't Add Up*, The New Press. 福島清彦訳『暮らしの質を測る―経済成長率を超える幸福度指標の提案』金融財政事情研究会／きんざい，2012年.
UNDP（various years）*The Human Development Report*, UN Publications. 邦訳は『人間開発報告書』として適宜出版されている.
Yamada, Toshio（2018）*Contemporary Capitalism and Civil Society*, Springer.

Proceedings 2020, 110: 1-6. https://doi.org/10.1257/pandp.20201001
Gintis, Herbert, Samuel Bowles, Robert Boyd and Ernst Fehr eds.（2005）*Moral Sentiments and Material Interest: The Foundations of Cooperation in Economic Life*, The MIT Press.
Grant, Ruth W.（2006）'Ethics and Incentives: A Political Approach,' *American Political Science Review*, 100(1), February.
Lerner, Abba P.（1972）'The Economics and Politics of Consumer Sovereignty,' *The American Economic Review*, 62(1/2), March.
Levitt, Steven D. and Stephen J. Dubner（2005）*Freakonomics: A Rogue Economist Explores the Hidden Side of Everything*, New York: William Morrow & Company. 望月衛訳『ヤバい経済学――悪ガキ教授が世の裏側を探検する』増補改訂版，東洋経済新報社，2007 年.
Polanyi, Karl（2001）*The Great Transformation: The Political and Economic Origins of Our Time*, Boston: Beacon Press [First Edition 1944]. 野口建彦／栖原学訳『大転換――市場社会の形成と崩壊』東洋経済新報社，2009 年.
Sandel, Michael（2012）*What Money Can't Buy: The Moral Limits of Markets*, New York: Farrar, Straus and Giroux. 鬼澤忍訳『それをお金で買いますか――市場主義の限界』早川書房，2014 年.
Sen, Amartya（1982）*Choice, Welfare and Measurement*, Oxford: Basil Blackwell. 大庭健／川本隆史抄訳『合理的な愚か者――経済学＝倫理学的探求』勁草書房，1989 年.
Smith, Adam（1789）*An Inquiry into the Nature and Causes of the Wealth of Nations*, The Fifth Edition [The First Edition 1776], London. 高哲男訳『国富論』上・下，講談社学術文庫，2020 年.
――（1790）*The Theory of Moral Sentiments*, The Sixth Edition [The First Edition 1759], London. 高哲男訳『道徳感情論』講談社学術文庫，2013 年.
Veblen, Thorstein（1898）'Why is Economics not an Evolutionary Science?,' *The Quarterly Journal of Economics*, 12(4), July. 高哲男訳「経済学はなぜ進化的科学でないのか」同訳／ヴェブレン『有閑階級の理論』増補改訂版，講談社学術文庫，2015 年，所収.

第 3 章 「新しい資本主義」を新しくする――岸田ビジョンを超えて

朝日新聞（2022）「『新しい資本主義』実行計画原案」5 月 28 日.
岩井克人（2021）「『新しい資本主義』を問う――過度な株主還元 見直しを」『日本経済新聞』11 月 16 日号.
岸田文雄（2021a）「『成長と分配の好循環』による新たな日本型資本主義――

岩波文庫，1975 年．
—— (1894) *Das Kapital*, Bd.3, in *MEW*, Bd.25, Dietz Verlag, 1964. 岡崎次郎訳『資本論』Ⅲ ab，大内兵衛／細川嘉六監訳『マルクス＝エンゲルス全集』第 25 巻 ab，大月書店，1966，1967 年，所収．
Marx, Karl and Friedrich Engels (1845-46) *Die Deutsche Ideologie*, in *MEW*, Bd.3, Dietz Verlag, 1962. 花崎皋平訳『新版 ドイツ・イデオロギー』合同出版，1966 年. Cf. *MEGA*, Bd. I/5.
Schmidt, Alfred (1962) *Der Begriff der Natur in der Lehre von Marx*, Neuausbage 1971, Europäische Verlagsanstalt. 元浜清海訳『マルクスの自然概念』法政大学出版局，1972 年．
Yamada, Toshio (2022) *Civil Society and Social Science in Yoshihiko Uchida*, Springer.

第 2 章　見えざる手からあやつる手へ——内田義彦と S・ボウルズ

内田義彦 (1953)『経済学の生誕』未來社．『内田義彦著作集』第①巻．
—— (1961)『経済学史講義』未來社．『著作集』第②巻．
—— (1967)『日本資本主義の思想像』岩波書店．『著作集』第⑤巻．
—— (1970)「発端・市民社会の経済学的措定——スミスの受けとめたものと投げかけるもの」内田義彦ほか『経済学史〈経済学全集 3〉』筑摩書房，所収．『著作集』第③巻．
—— (1988-89)『内田義彦著作集』①〜⑩巻，岩波書店．
大河内一男 (1969)『スミスとリスト〈大河内一男著作集 3〉』青林書院新社［初出 1943 年］．
重田園江 (2022)『ホモ・エコノミクス——「利己的人間」の思想史』ちくま新書．
高哲男 (2017)『アダム・スミス——競争と共感，そして自由な社会へ』講談社選書メチエ．
高島善哉 (1941)『経済社会学の根本問題』日本評論社．
堂目卓生 (2008)『アダム・スミス——「道徳感情論」と「国富論」の世界』中公新書．
山田鋭夫 (2018)「書評 モラル・エコノミー——インセンティブか善き市民か」『季刊 経済理論』55 巻 1 号，4 月．
—— (2020)『内田義彦の学問』藤原書店．
Bowles, Samuel (2016) *The Moral Economy: Why Good Incentives Are No Substitute for Good Citizens*, Yale University Press. 植村博恭／磯谷明徳／遠山弘徳訳『モラル・エコノミー——インセンティブか善き市民か』NTT 出版，2017 年．
Bowles, Samuel and Wendy Carlin (2020) 'Shrinking Capitalism,' *AEA Papers and*

（2016）所収.
椎名重明（1976）『農学の思想――マルクスとリービヒ』東京大学出版会.
専修大学社会科学研究所編（1982）『「作品」への遍歴〈内田義彦 大佛次郎賞受賞記念講演〉』時潮社.
野沢敏治（1995）「物質代謝の再建――内田義彦の遺産」（1）（2）『千葉大学経済研究』10巻1号，2号.
野沢敏治／酒井進編（2002）『時代と学問――内田義彦著作集 補巻』岩波書店.
橋本努（2021）『自由原理――来るべき福祉国家の理念』岩波書店.
森田桐郎（1974）「自然・人間・社会」森田桐郎／望月清司『社会認識と歴史理論〈講座マルクス経済学1〉』日本評論社，所収.
山田鋭夫（2020）『内田義彦の学問』藤原書店.
吉田文和（1980）『環境と技術の経済学――人間と自然の物質代謝の理論』青木書店.
Fischer-Kowalski, Marina（1997）'Society's Matabolism: On the Childhood and Adolescence of a Rising Conceptual Star,' in Michael Redclift and Graham Woodgate eds., *The International Handbook of Environmental Sociology*, Cheltenham and Northampton MA: Edward Elgar.
Foster, John Bellamy（2000）*Marx's Ecology: Materialism and Nature*, New York: Monthly Review Press. 渡辺景子訳『マルクスのエコロジー』こぶし書房，2004年.
――（2013）'Marx and the Rift in the Universal Metabolism in Nature,' *Monthly Review*, 65(7), December. 隅田聡一郎訳「マルクスと自然の普遍的な物質代謝の亀裂」岩佐／佐々木（2016）所収.
Marx, Karl（1844）*Ökonomisch-philosophische Manuskripte*, in *Marx/Engels Gesamtausgabe* (*MEGA*), Bd. I/2, Dietz Verlag, 1982. 城塚登／田中吉六訳『経済学・哲学草稿』岩波文庫，1964年.
――（1857-58）*Grundrisse der Kritik der Politischen Ökonomie*, Reprinted in 1953, Dietz Verlag. 高木幸二郎監訳『経済学批判要綱』Ⅰ～Ⅴ，大月書店，1959-65年. Cf. *Ökonomische Manuskripte 1857/58*, in *MEGA*, Bd. II/1, Akademie Verlag, 2006.
――（1859）*Zur Kritik der Politischen Ökonomie*, in *Karl Marx – Friedrich Engels Werke* (*MEW*), Bd.13, Dietz Verlag, 1961. 武田隆夫ほか訳『経済学批判』岩波文庫，1956年. Cf. *MEGA*, Bd. II/2.
――（1867）*Das Kapital*, Bd.1, in *MEW*, Bd.23, Dietz Verlag, 1962. 岡崎次郎訳『資本論』Ⅰab，大内兵衛／細川嘉六監訳『マルクス＝エンゲルス全集』第23巻ab，大月書店，1965年，所収.
――（1875）*Randglossen zum Program der Deutschen Arbeiterpartei* (*Kritik des Gothaer Programs*), in *MEW*, Bd.19, Dietz Verlag, 1962. 望月清司訳『ゴータ綱領批判』

参考文献

前編　市民社会とウェルビーイング

第１章　人間－自然の物質代謝と市民社会――内田義彦の視座

岩佐茂（1994）『環境の思想――エコロジーとマルクス主義の接点』創風社.
――（2016）「マルクスのエコロジー論の意義と射程――物質代謝論の視点から」岩佐／佐々木（2016）所収.
岩佐茂／佐々木隆治編（2016）『マルクスとエコロジー――資本主義批判としての物質代謝論』堀之内出版.
内田義彦（1948）「宇野氏「価値論」の使用価値――宇野弘蔵氏の近著『社会主義経済学』中の一編を中心に」『経済評論』3 巻 8 号，8 月.
――（1953）『経済学の生誕』未來社.『内田義彦著作集』第①巻.
――（1961）『経済学史講義』未來社.『著作集』第②巻.
――（1966）『資本論の世界』岩波新書.『著作集』第④巻.
――（1967）『日本資本主義の思想像』岩波書店.『著作集』第⑤巻.
――（1971a）『社会認識の歩み』岩波新書.『著作集』第④巻.
――（1971b）『読むということ――内田義彦対談集』筑摩書房.『著作集』第⑦巻.
――（1974）『学問への散策』岩波書店.『著作集』第⑥巻.
――（1977）「解説」内田義彦編『河上肇集〈近代日本思想大系 18〉』筑摩書房，所収.
――（1981）『作品としての社会科学』岩波書店.『著作集』第⑧巻.
――（1982）「内田義彦氏の謝辞」専修大学社会科学研究所（1982）所収.『著作集』第⑧巻.
――（1988-89）『内田義彦著作集』第①～⑩巻，岩波書店.
――（1992）『形の発見』藤原書店．改訂新版，2013 年.
内田義彦／長洲一二／宮崎犀一（1967）「経済学」図書新聞社編『座談会 戦後の学問』図書新聞社，所収.
宇野弘蔵（1973）『宇弘蔵著作集』第 2 巻（経済原論Ⅱ），岩波書店.
川喜多愛郎／内田義彦ほか（1982）「臨床への視座――医療が成立する場の営みと学的方法」『季刊パテーマ』1 号，1 月．内田（1992）所収.
斎藤幸平（2019）『大洪水の前に――マルクスと惑星の物質代謝』堀之内出版.
佐々木隆治（2016a）『カール・マルクス――「資本主義」と闘った社会思想家』ちくま新書.
――（2016b）「経済学批判体系における物質代謝論の意義」岩佐／佐々木

著者紹介

山田鋭夫（やまだ・としお）

1942年愛知県生。1969年名古屋大学大学院経済学研究科博士課程単位取得退学。名古屋大学名誉教授。専攻は理論経済学・現代資本主義論・市民社会論。著書に『経済学批判の近代像』（有斐閣，1985年），『レギュラシオン・アプローチ』（藤原書店，1991年;増補新版1994年），『レギュラシオン理論』（講談社現代新書，1993年），『20世紀資本主義』（有斐閣，1994年），『さまざまな資本主義』（藤原書店, 2008年）, *Contemporary Capitalism and Civil Society*（Springer, 2018），『内田義彦の学問』（藤原書店，2020年），*Civil Society and Social Science in Yoshihiko Uchida*（Springer, 2022）など。

ウェルビーイングの経済《けいざい》

2022年7月10日　初版第1刷発行©

著　者　山田鋭夫
発行者　藤原良雄
発行所　株式会社 藤原書店

〒162-0041　東京都新宿区早稲田鶴巻町523
電　話　03（5272）0301
FAX　03（5272）0450
振　替　00160-4-17013
info@fujiwara-shoten.co.jp

印刷・製本　中央精版印刷

落丁本・乱丁本はお取替えいたします
定価はカバーに表示してあります

Printed in Japan
ISBN978-4-86578-350-6